KB267663

내집마련 트렌드 2026

내집마련 트렌드 2026

최윤성 | 박지민 | 류종희 | 정은숙 | 최진곤 | 전영진 | 심형석 | 김종후

모티브

부의 판도가 뒤집히는 2026년,
당신은 사다리 위에 서 있는가, 아래에 남겨지는가?

2026년, 더 이상 '폭락'이라는 달콤한 위안이나 '관망'이라는 핑계 뒤에 숨을 곳은 없다. 냉정하게 말해, 검증되지 않은 비관론에 기대 시장을 의심하며 머뭇거렸던 시간은 당신의 자산을 지켜주지 않았다. 오히려 그 사이 기회는 조용히, 그러나 확실하게 당신 곁을 스쳐 지나 갔을 뿐이다.

우리는 지금 거대한 파도 앞에 서 있다. 2026년은 단순히 집값이 오르는 해가 아니다. 대한민국 부동산 역사상 가장 가혹하고도 선명한 '격차의 시간'이 시작되는 원년이다.

이 격차를 만들어낸 배경에는 정부와 시장 사이의 뿌리 깊은 힘겨

루기가 자리하고 있다. 2026년은 그 힘겨루기가 정점에 달하는 한 해가 될 것이다. 그러나 과거의 사례가 거듭 증명하듯, 인위적으로 시장을 억누르려 할수록 부작용만 커지고, 집값 안정이라는 목표는 더 멀어질 가능성이 크다.

지난 몇 년간 시장을 짓눌렀던 불확실성의 안개가 걷히자, 흐름을 읽는 감각이 남다른 이들은 이미 움직이기 시작했다. 서울과 수도권의 신규 주택 공급이 급격히 줄어드는 2026년이야말로, 지난 상승 사이클에서 놓쳤던 기회에 다시 올라탈 수 있는 마지막 승부처임을 직감했기 때문이다.

하지만 엄중히 경고한다. 지금 가장 경계해야 할 것은 과거의 성공 방식에 젖어 있는 안일한 태도다. "무조건 사두면 언젠가 오르겠지", "세금 문제는 그때 가서 고민하자"라는 구태의연한 접근법으로는 수익은커녕, 감당하기 힘든 조세 부담과 규제의 덫에 걸려 되돌리기 어려운 손실을 입을 수 있다. 단순히 주택 수를 늘리는 양적 팽창의 시대는 지났다. 철저한 입지 분석을 통해 핵심 자산을 먼저 확보하고, 불필요한 세금 지출을 원천적으로 막아내는 정교한 절세 설계만이 자산을 지키고 키워나가는 길이다.

그렇다면 이 격변의 시대에 무엇을, 어떻게 해야 하는가. 혼란스러운 시장에서 길을 잃지 않고 승기를 잡기 위해, 대한민국 부동산 최전선의 실전 전문가 8인이 한자리에 뭉쳤다. 이 책은 2026년이라는 결정적 전환점을 돌파하기 위한 실전 매뉴얼이다. 저자들은 오랜 기간 데이터를 분석하고 현장을 누비며 2026년 시장을 예측하고 대비해 왔다. 이 책을 통해 독자 여러분의 자산 포트폴리오를 재편하고 실질적인 부를 창출할 수 있는, 구체적이고 날카로운 해법을 제시하려 한다.

무엇보다 우리는 공급 가뭄의 현실을 직시해야 한다. 시중에 돈은 넘쳐나는데 정작 살 수 있는 새 집이 사라지는 구조적 모순 속에서, 정부가 내놓은 주택 공급 계획조차 실현 가능성에 물음표가 붙는다. 수요는 넘치는데 공급은 막혀 있으니, 핵심 자산의 가치가 오를 수밖에 없는 구조다. 그러나 모든 지역이 똑같이 상승의 혜택을 누리지는 못한다. 서울만 바라보느라 놓치고 있는 지방 거점 도시들의 반등 신호를 포착해야 하며, 대중이 외면한 미분양 단지와 틈새 청약 단지에서 숨겨진 기회를 골라내는 안목을 길러야 한다.

또한 자산을 불리는 것 못지않게 중요한 것이 '지키는 기술'이다. 갈수록 복잡해지는 세법의 틈을 파고들어 합법적으로 수천만 원, 나아가 수억 원의 불필요한 지출을 막는 절세 전략은 선택이 아니라 필수 생존 기술이다. 정부가 쏟아내는 대출·규제 정책의 행간을 꿰뚫어 시장의 왜곡 속에서 기회를 낚아채고, 노후 주거지가 신축 아파트로 새롭게 거듭나는 재개발의 새로운 흐름에 올라서야 한다. 동시에, 지난 호황기에 횡행했던 유행을 좇는 투자의 함정까지 피하는 현명함을 갖춰야 비로소 이 치열한 경쟁에서 앞서 나갈 수 있다.

2026년은 머뭇거리는 자에게는 '상대적 빈곤'의 공포를, 철저히 준비된 자에게는 '계층 이동'의 사다리를 제공할 것이다.

이 책에 담긴 전략들은 단순한 시장 전망이 아니다. 지금 당장 실행에 옮겨야 할 시급한 행동 지침이다. 여유 자금이 넉넉지 않더라도 좌절할 이유는 없다. 전략적인 갈아타기와 틈새 전략을 통해 상급지 갈아타기의 길은 여전히 열려 있다.

시장은 당신의 결단을 기다려주지 않는다.

지금 이 책을 펼치는 순간이, 2026년 승자의 대열에 합류하는 첫걸음이 될 것이다.

- 내집마련 트렌드 2026 저자 일동 -

CONTENTS

프롤로그   4

최윤성(망고쌤)

데이터로 보는
2026년 아파트 시장 사이클과 트렌드

1   데이터로 보는 아파트 시장 양극화
- 서울에서 시작된 회복 그리고 확산의 순서   19

숫자들이 의미하는 것 | 2023년 : 전국 동반 하락, 그러나 같은 하락은 아니었다 | 2024년 : 회복이 아니라 '선별'이 시작된 해 | 2025년 : 회복의 방향성이 분명해졌다 | 왜 회복은 늘 서울에서 시작되는가? | 선호는 이미 존재했고, 차이를 만든 것은 공급의 크기였다 | 인구 대비 입주물량이 보여주는 회복의 순서 | 우리가 여기서 얻을 수 있는 핵심 인사이트

2   2026년 아파트 시장 전망
- 집값은 결국 '돈'과 '입주물량'의 함수다   29

돈은 이미 움직이고 있다 - M2가 말해주는 것 | 그런데 이번에 다른 점은 '집이 없다'라는 것이다 | 2026년은 '수요의 문제'가 아니라 '수급의 문제'다 | 2024년 서울의 데자뷔, 2026년에 다시 반복된다 | 신호는 방향을 정하고, 공급은 속도를 정한다 | 인구 대비 입주물량이 보여주는 회복의 순서 | 우리가 여기서 얻을 수 있는 핵심 인사이트 | 2026년 시장을 바라보는 관점

3   2026년 시장의 핵심 키워드와 내집마련 전략
- 내집마련 전략과 유망 투자처   43

돈은 늘어나고, 새로 들어오는 집은 줄어드는 해 | 입주물량의 급감이 수급을 바꾼다 | 선호(입지)의 차이 위에 공급이 속도를 붙인다 | 노후 아파트 비율의 폭증, 재건축·재개발이 '핵심 이슈'가 된다 | 내집마련 전략 : 보유 주택 수에 따라 전략은 달라져야 한다 | 어떤 상품에 관심을 가져야 하는가 : 신축·구축·재개발/재건축 | 2026년은 "전국 상승의 원년"이 될 가능성이 높다

박지민(월용이)

2026년 대박 터지는 청약 포인트와 트렌드

---

1 2025년 청약 시장 결산
- 왜 어떤 곳은 완판이고, 어떤 곳은 미달이었는가 63

2025년 청약 시장은 왜 이렇게 갈렸나? | 2025년 청약시장 분위기를 지배한 세 가지 구조

2 정책은 소란스러웠고 실수요자는 다른 길을 선택했다
- 청약 선택 전 규제 점검 68

10·15 대책 이후 영향 - 숨 고르기에 들어간 시장 | 풍선효과의 이동 - 규제 제외 지역으로 시선 집중 | 규제가 청약시장에 미치는 영향 - 집값 하락보단 '체질 변화'

3 실제로 팔린 곳은 무엇이 달랐는가 73

비싸도 팔리고, 싸도 미달 나는 이유 | 2025년 11월 기준 전국 미분양 주택 현황

4 청약 외에 '새 집'을 사는 3가지 방법 80

입주 2-3년차 신축 아파트 | 입주를 앞둔 단지 | 속도가 붙은 정비사업

5 저마다의 상급지가 있다, 과연 인서울만 답일까?
- 3기 신도시 본격 분양시대 89

서울, 왜곡된 통계에 좌절하지 말자 | 상급지는 하나가 아니라, 각자의 위치에 따라 달라진다 | 인서울이 목표라면 '단계'를 밟아가자 | 상급지에 목매지 말자. 속도와 크기보다 중요한 건 방향과 선택이다

6 실제로 당첨된 사람들은 어떻게 선택했는가 96

청약을 준비하는 사람들이 공통적으로 하는 질문 | 사람들이 덜 선택하는 곳에는 언제나 확률이 남아 있다

7 **2026년 청약 시장 분위기와 결단** 104

미리 살펴보는 2026년 청약시장 분위기 | 2026년은 이 양극화 구조가 더 강화될 가능성이 높다

류종희(휘파람쌤)

지방 부동산 내집마련 전략과 투자 포인트

1 **지방 부동산은 끝났다?** 111

인구는 줄어도 '집'은 필요한 이유 | 돈 많이 버는 도시보다 '도시의 규모'가 우선이다 | 주택보급률 100%의 함정: '아무 집'이나 원하지 않는다 | 부동산 시장의 현실적인 단기적인 지표: 심리, 수요와 공급, 정책, 호재

2 **숫자는 거짓말을 하지 않는다 : 지방 부동산 20년의 기록** 119

지방 대장단지의 우상향 | M2 통화량과 인플레이션

3 **유동성의 수도권, 수급의 지방** 123

수도권과 지방, 왜 다른 지표로 움직이는가? | 전국 주요 도시별 수급 진단: 공급 절벽이 가져올 기회 | 수급은 배신하지 않는다

4 **지방 부동산의 상승 시작** 132

차트는 정직하다 : 4분면 차트 | 관성의 법칙 | 기회는 관성의 초입에 잡는 것

5 **전국 부동산 사이클의 시점** 137

서울과 지방의 타이밍, 반전의 디커플링 | 지방을 결코 '하나의 덩어리'로 묶어 보면 안 된다 | 별들의 이동: 실거래가 위치가 말해주는 지역별 서열의 변화 | 전국 부동산 사이클의 위치

6 **경상도가 가고 충청도가 왔다**　　143

사이클의 시계는 멈추지 않는다 | 부동산 "과도기"의 5단계 | 충청권 3인방의 4분면 진단: 2년 전 경상권의 데자뷔 | 왜 공급이 있는데도 충청권인가? (부슬비의 역설)

7 **2026년 1월 실전 리포트 :**
지역별 시황과 실거주 및 투자의 한 수　　153

울산광역시: 상승장에서 활황장으로의 변곡점 | 부산광역시: 상승장 초입, 동부산에서 서부산으로의 전이 | 대구광역시: 회복장에서 상승장으로의 변곡점 | 청주시: 회복장에서 상승장으로 | 대전광역시: 하락장에서 회복장으로의 변곡점

8 **지방도 양극화의 시대**　　167

상급지 쏠림 현상의 본질: 왜 사람들은 똘똘한 1채에 집착하는가 | 지방 상급지의 탄생과 초양극화의 시작

정은숙(메디테라)
2026년 주목해야 할 입지 트렌드

1 **용의 꼬리가 좋을까? 뱀의 머리가 좋을까?**　　178

나의 부동산 가치 판단의 눈은? | 비슷한 집값, 보다 더 가치 있는 지역 고르기 | 비슷한 집값, 보다 더 가치 있는 단지 고르기

2 **비싼 곳만 가격이 오를까?**　　188

현재 부동산 시장에서 기회를 잡는 방법 | 자본이 부족한 사람이 좋은 입지를 살 수 있는 방법 | 서울 접근 전략 | 경기도 북부권과 중부권 접근 전략 | 경기도 남부권 접근 전략

3 **이제는 뾰족하게 봐야한다**　　205

내 자산에 맞는 지역 중 가치가 높은 곳 찾아가기 | 기회의 파도에 올라탈 수 있는 서울 지역 | 기회의 파도에 올라탈 수 있는 경기도 지역

맞춤별 틈새 내집마련 전략과 역발상 비과세 전략

1 부동산 투자의 핵심인, 비과세를 활용한 부동산 투자 전략 초급　221

부동산 양도소득세 비과세 투자가 강력한 이유 | 1주택 비과세 요건 정리와 주의할 점 | 일시적 1세대 2주택 비과세 전략과 활용 예시 | 일시적 1세대 2주택 비과세 체크 질문 5개

2 부동산 투자의 핵심인, 비과세를 활용한 부동산 투자 전략 중급　231

혼인 전 일시적 1세대 2주택 전략 | 대체주택 비과세는 무엇이며 어떻게 활용할까? | 대체 주택 비과세를 받을 때 가장 많이 터지는 함정 5가지 | 아파트를 산 뒤 분양권을 살 경우에도 비과세 혜택을 받을 수 있을까?

3 부동산 투자의 핵심인, 비과세를 활용한 부동산 투자 전략 상급　246

거주 주택 비과세는 무엇이며 어떻게 활용할 수 있나? | 상속과 증여로 받았을 때 비과세 혜택을 받는 방법은? | 취득세와 비과세 같이 고려할 사항들 | 비과세를 활용한 실전 사례 예시들

전영진(재개발연구회)

대박 날 재개발 투자 포인트 &
정비사업 트렌드

---

1   **대박 날 재개발 투자 포인트 & 정비사업 트렌드**   276

당신이 몰랐던 부의 설계도: 99%의 삽질을 멈추게 할 '1%의 영감' | '나비'가 될 것인가, '벌'이 될 것인가? | 경제의 혈액, 유동성이 그리는 폭등의 시나리오

2   **2026년 경제 전망: 유동성의 팽창과 기회의 시간**   271

통화량(M2)의 증가와 자산 가치 방어 | '똘똘한 한 채'로의 쏠림 현상 | 재개발의 철학: 지속 가능한 도시를 위하여 | 2026년 시장 대응 전략의 제안 | 사이클의 역설 | 한남동이 가르쳐준 교훈: '정부의 부정'은 '강력한 긍정'이다 | 꾸준함이 만드는 복리의 마법

3   **민간 도심복합개발: 룰을 바꾸는
새로운 게임체인저**   278

노후도 20년의 파격과 빠른 사업 속도 | 5년 재당첨 제한의 덫: 전문가도 실수하는 법적 함정

4   **서울 도심복합개발의 황금기
: 2026년 부동산 시장의 거대한 전환과 투자 전략**   281

도심 정비의 역사적 흐름과 패러다임의 변화 | 2025년 10월 서울시 조례 통과와 민간 복합개발의 서막 | 왜 민간 도심복합사업인가: 노후도와 동의율의 파격적 혜택 | 2026년 하반기의 기회를 선점하라

5   **서울 도심 재개발의 미래:
용산 국제업무지구와 역세권 고밀 개발의 모든 것**   290

새로운 시대의 서막: 왜 다시 재개발인가? | 주거 비중 확대와 국가 경쟁력 사이의 신중한 접근 | 데이터로 분석하는 재개발의 과학

심형석

규제의 명암, 시장의 논리.
이재명 정부 부동산 정책 실험을 해부하다

1 2026년 주목해야 할 부동산 규제는 무엇일까?　303

2 이재명 정부 부동산 정책, 왜 이리 다급한가?　311

3 부동산 규제는 어떻게 주택시장을 왜곡시킬까?　318

4 실 거주 요구, 주택시장 불안의 주범　324

5 규제의 사전예고제, 부동산 시장을 과열시킨다　331

6 이재명 부동산 대책은
문재인 정부 시즌2인가? 2X인가?　337

7 부동산 세금 규제는 마지막 카드인가?
망할 카드인가?　344

김종후(후랭이)

하지 말아야 하는 것들, 부동산 투자의 함정

1 부동산 강의 시장 트렌드의 빛과 그림자 ... 357

10년 넘게 반복되고 있는 부동산 강의 시장의 사이클

2 얼어붙은 시장의 탈출구: 빌라 경매 투자의 흥망 ... 360

꽁꽁 얼어붙은 2014년의 부동산 시장 | 마법과도 같은 빌라 월세 소액 투자 | 시장이 깨어나다: 전제조건의 붕괴

3 규제의 틈새를 찾아서: 갭투자에서 법인 투자까지 ... 367

규제의 시대가 열리다 | 갭투자의 황금시대와 그 이면 | 법인 투자의 등장과 몰락 | 공시가격 1억 원 이하의 덫

4 광풍의 절정: 지식산업센터와 생활형숙박시설의 부침 ... 373

2020년, 유동성의 홍수가 밀려오다 | 지식산업센터 : 공장이라는 이름의 투자처 | 생활형숙박시설 : 오피스텔 같은 숙박시설 | 경고 신호를 무시한 대가

5 폭락의 시대: 수만 명의 눈물 ... 378

금리 인상, 시장의 종말을 고하다 | 거래 절벽, 공실 폭탄 | 생활형숙박시설의 비극 | 수만 명의 피해자들

6 2026년의 함정: 올해는 무엇을 조심해야 하는가 ... 383

다시 찾아온 상승장 | 2026년 주의해야 할 강의 유형 | 강의와 유튜브를 현명하게 활용하는 법

7 현명한 투자자가 되기 위한 체크리스트 ... 390

HOME BUYING TRENDS 2026
망고쌤

데이터로 보는 2026년 아파트 시장 사이클과 트렌드

데이터로 보는
아파트 시장 양극화
서울에서 시작된 회복 그리고 확산의 순서

숫자들이 의미하는 것

종종 이런 질문을 듣는다. "지금 집값, 오른 겁니까? 아직 아닙니까?" 하지만 이 질문 자체가 조금 잘못됐을지도 모른다. 지금 시장은 오르느냐 / 내리느냐의 문제가 아니라 어디는 이미 좋아졌고, 어디는 아직 그렇지 않다는 단계에 와 있기 때문이다.

2023년부터 2025년까지의 KB 아파트 매매지수는 이 사실을 매우 솔직하게 보여준다.

시도 아파트 매매지수 상승률

구분	전국	수도권	6개 광역시	서울특별시	부산광역시	대구광역시	경기도
2023	−4.90%	−5.60%	−6.10%	−4.30%	−6.20%	−7.70%	−6.00%
2024	−0.40%	1.00%	−2.00%	3.00%	−2.90%	−3.60%	0.20%
2025	1.40%	4.00%	−1.30%	11.20%	−2.20%	−2.20%	1.40%

출처: KB부동산

이 표 하나만 놓고 보더라도, 최근 아파트 시장이 어떤 방향으로 움직여 왔는지를 어느 정도는 읽어낼 수 있다. 단순히 상승과 하락을 구분하는 수준을 넘어, 회복이 어떤 순서로 진행되고 있는지를 보여주는 데이터이기 때문이다.

2023년: 전국 동반 하락, 그러나 같은 하락은 아니었다

2023년은 전국적으로 아파트 가격이 하락했던 해였다. 금리 인상과 거래 절벽, 심리 위축이 동시에 나타나면서 대부분의 지역에서 매매지수가 마이너스를 기록하였다. 이 시기를 떠올리면 "어디를 보아도 안 좋았다"는 기억이 먼저 떠오를 것이다.

그러나 데이터를 자세히 들여다보면, 2023년의 하락은 결코 균등하지 않았다. 서울은 약 −4.3% 하락에 그친 반면, 수도권 전체와 지방 광역시는 더 큰 폭으로 하락하였다. 특히 대구와 같은 일부 지역은 낙

폭이 상당히 컸다.

이 차이는 매우 중요하다. 하락장에서는 모든 지역이 영향을 받지만, 회복 가능성이 높은 지역일수록 하락폭이 상대적으로 제한되는 경향이 나타난다. 시장이 불안할수록 수요는 가장 안전하다고 인식되는 곳에 남아 있기 때문이다. 2023년의 데이터는, 하락기에도 서울이 여전히 시장의 중심 역할을 하고 있었음을 보여준다.

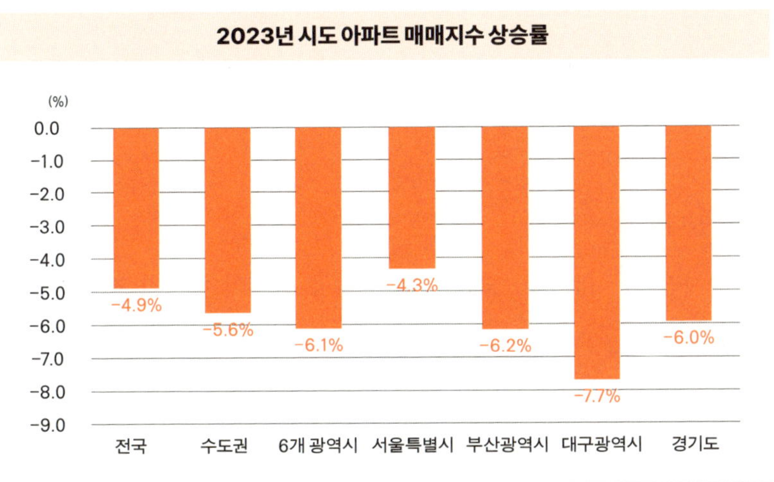

2024년: 회복이 아니라 '선별'이 시작된 해

2024년의 매매지수는 표면적으로 보면 다소 애매한 흐름을 보인다. 전국 기준으로는 -0.4%로 사실상 보합에 가까운 수치이기 때문이다. 이로 인해 상당수가 "아직 시장은 좋아지지 않았다"고 판단했을

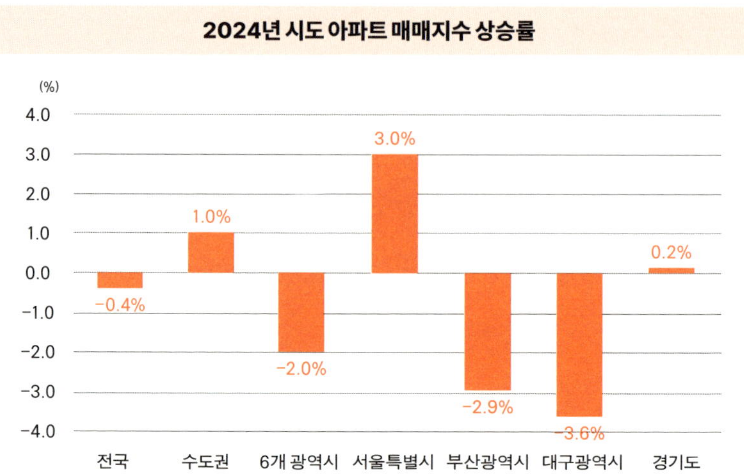

수도 있다.

하지만 이 시점에서 중요한 것은 전국 평균이 아니라 지역별 흐름의 차이다. 서울은 이미 3.0% 상승하며 명확한 반등을 보였고, 수도권도 1.0%로 플러스 전환에 성공하였다. 반면 6개 광역시는 여전히 마이너스 흐름을 이어가고 있었다.

즉, 2024년은 시장 전체가 동시에 회복된 해라기보다는, 회복이 시작된 지역과 그렇지 않은 지역이 분명하게 갈라지기 시작한 시점이라고 보는 것이 더 정확하다. 전국 지수가 크게 움직이지 않았던 이유는 시장이 정체되어 있었기 때문이 아니라, 상승 지역과 하락 지역이 동시에 존재하며 서로를 상쇄했기 때문이다. 이런 국면에서는 시장에 대한 체감이 극명하게 나뉘게 된다. 서울이나 수도권을 중심으로 시장을 바라보는 분들은 분위기가 달라졌다고 느낀 반면, 지방에 계신 분들은 여전히 시장이 어렵다고 느꼈다. 하지만 데이터상으로 보면, 두 부분 모두 충분히 설명이 가능하다.

2025년: 회복의 방향성이 분명해졌다

2025년의 데이터는 시장의 방향성을 더욱 분명하게 보여준다. 서울은 11.2%라는 두 자릿수 상승률을 기록하며 확실한 회복 국면에 진입하였고, 수도권 역시 4.0% 상승하며 서울을 중심으로 회복 흐름에 동참하고 있다. 경기도 또한 1.4% 상승하며 바닥을 지나 회복 국면에 들어섰음을 시사한다.

반면, 지방 광역시는 여전히 마이너스 구간에 머물러 있다. 부산과

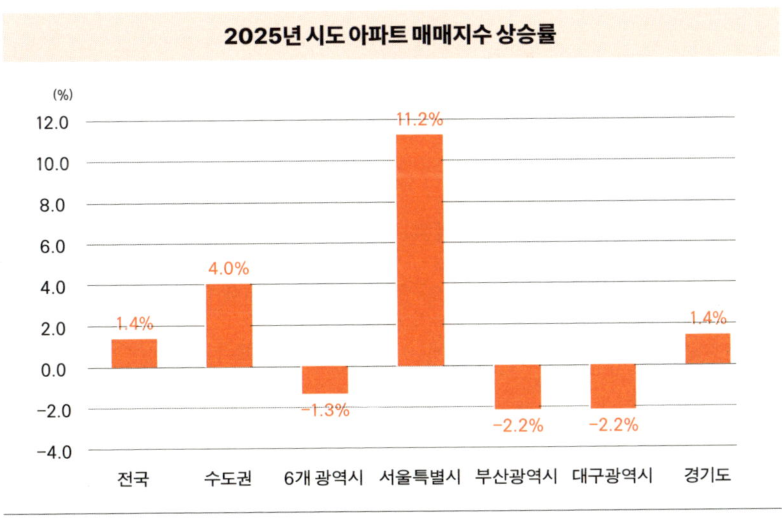

대구 모두 −2%대의 하락률을 기록하며, 아직 본격적인 회복 국면에 진입했다고 보기는 어려운 상황이다.

이 시점에서 더 이상 "시장이 좋아질 것인가"를 묻는 것은 큰 의미가 없어 보인다. 이미 어디는 분명히 좋아졌고, 어디는 아직 기다려야 하는 상태이기 때문이다. 이것이 바로 최근 몇 년간 자주 언급되어 온 '아파트 시장의 초양극화'가 데이터로 확인되는 지점이다.

왜 회복은 늘 서울에서 시작되는가?

아파트 시장의 회복이 늘 서울에서 먼저 시작된다는 점은 상당수가 이미 체감하고 있을 것이다. 이 때문에 흔히들 "서울은 원래 다르다", "서울은 수요가 강하다"는 설명으로 이 현상을 정리하곤 한다. 실제로 서울은 일자리, 교육, 자산 축적 측면에서 다른 지역과 분명한 선호의 차이를 가지고 있으며, 이 점은 부정하기 어렵다.

다만 이번 사이클을 조금 더 깊이 들여다보면, 선호만으로는 설명되지 않는 부분이 분명히 존재한다. 같은 선호 구조는 과거에도 존재했지만, 이번처럼 회복의 속도와 강도가 극명하게 갈린 적은 많지 않았기 때문이다. 그렇다면 이번에는 무엇이 달랐을까?

그 해답은 아래 첨부한 인구수 대비 입주물량 그래프에 비교적 명확하게 드러나 있다.

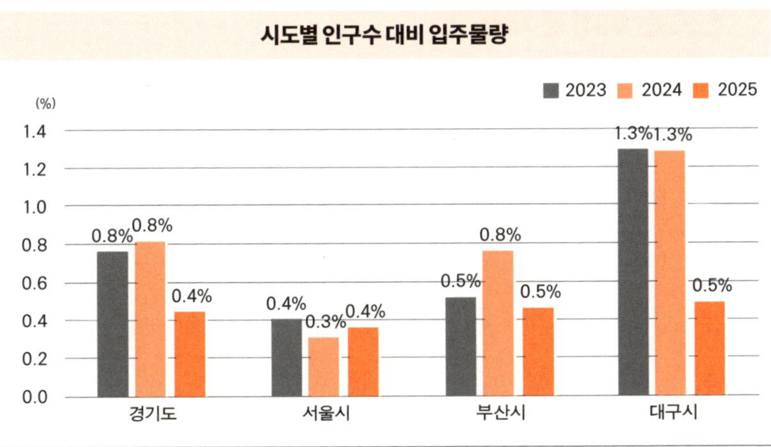

이 그래프를 보면 지역별 차이가 한눈에 들어온다. 서울시는 2023년부터 2025년까지 인구 대비 입주물량이 0.3~0.4% 수준에 머물러 있다. 이는 네 개 지역 중 가장 낮은 수준이며, 사실상 공급 부담이 거의 없는 구조라고 보아도 무방한 수치다.

반면 경기도는 2023~2024년에 0.8% 수준의 비교적 높은 공급 비율을 보였고, 부산은 2024년에 0.8%로 공급이 집중되었다. 대구는 더 극단적이다. 2023년과 2024년에 모두 1.3%에 달하는 입주물량이 인구 대비 쏟아지면서, 네 개 지역 중 가장 높은 공급 압력을 받았다.

이 차이는 단순한 숫자의 차이가 아니다. 같은 수요 회복 신호가 들어오더라도, 어느 지역은 가격으로 반응하고, 어느 지역은 그렇지 못하는지를 결정하는 구조적 차이다.

선호는 이미 존재했고,
차이를 만든 것은 공급의 크기였다

서울이 이번에 회복한 이유는, 갑자기 선호가 생겼기 때문이 아니다. 서울에 대한 선호는 이전부터 이미 존재해 왔다. 다만 이번 사이클에서는 그 선호가 '낮은 공급'이라는 환경을 만나면서 훨씬 빠르게 가격으로 반영되었을 뿐이다. 서울은 하락 국면에서도 공급 부담이 크지 않았고, 하락이 멈추는 순간 가격이 반응할 수 있는 구조를 이미 갖추고 있었다. 반면 대구나 부산은 수요가 조금씩 회복되더라도, 그 수요를 상쇄할 만큼의 신규 입주물량이 동시에 시장에 풀리면서 가격 회복이 지연될 수밖에 없었다.

경기도는 그 중간 지점에 위치해 있다. 서울보다 공급은 많았지만, 장기적으로 흡수 가능한 수준이었고, 서울이 먼저 반등한 이후 점진적으로 회복 흐름에 편입되는 모습을 보이고 있다. 이 역시 선호와 공급이 동시에 작용한 결과라고 볼 수 있다. 즉, 이번 시장을 설명하는 핵심은 "서울이 특별해서"라기보다는, 선호의 차이 위에 얹힌 인구 대비 공급 규모의 차이라고 정리하는 것이 더 정확하다.

인구 대비 입주물량이 보여주는 회복의 순서

이전에 첨부한 그래프를 통해 회복의 순서를 다시 정리해 보면 다음과 같다.

서울시 : 선호가 높은 상태에서 공급 부담이 극히 낮음 → 가격이 가장 먼저 반응

경기도 : 공급 부담은 있으나 흡수 가능한 수준 → 서울 회복 이후 추종

부산시 : 특정 연도에 공급 집중 → 회복 지연

대구시 : 인구 대비 과도한 공급 → 회복이 가장 늦어짐

이 흐름은 감정이나 기대가 아니라, 숫자와 구조가 만들어낸 결과라고 볼 수 있다. 회복은 동시에 오지 않았고, 이미 공급 구조에 따라 순서가 정해져 있었다고 해석하는 것이 자연스럽다.

우리가 여기서 얻을 수 있는 핵심 인사이트

이 그래프와 데이터를 통해 얻을 수 있는 인사이트는 다음과 같다.

첫째, 선호는 방향을 결정하고, 공급은 속도를 결정한다. 서울의 장기적인 강세는 선호의 문제이지만, 이번처럼 빠른 회복은 공급 구조가 결정했다.

둘째, 인구 대비 입주물량은 지역 비교에서 가장 직관적인 지표 중 하나다. 절대 입주물량보다 훨씬 명확하게 회복 가능성을 보여준다.

셋째, 하락 이후 초기 회복 국면에서는 수요보다 공급이 더 큰 변수로 작용한다. 수요는 천천히 회복되지만, 공급은 한 번에 시장에 영향을 주기 때문이다.

넷째, 지금의 가격 흐름은 이미 몇 년 전 결정된 공급의 결과다. 지금 오르고 있는 지역은, 과거에 공급이 제대로 준비 안된 지역이다.

다음 장으로 이어지며: 2026년 시장을 바라보는 관점

이제 다음 질문이 자연스럽게 이어진다.

"그렇다면 2026년에는 어떤 변화가 나타날 것인가?"

2026년은 서울과 수도권을 중심으로 공급이 급격히 줄어드는 시기다. 인구 대비 입주물량이 이미 낮은 수준인데, 그마저도 더 줄어드는 구조다. 이는 회복이 일시적인 반등이 아니라, 구조적 흐름으로 이어질 가능성을 시사한다.

다음 장에서는

2026년 이후 지역별 공급 구조 변화

서울·수도권·지방의 회복 속도 차이

그리고 이 흐름 속에서 내집마련 전략을 어떻게 가져가야 할지를 중심으로 2026년 아파트 시장 전망을 이어서 살펴보겠다.

2026년 아파트 시장 전망

집값은 결국 '돈'과 '입주물량'의 함수다

부동산 시장을 전망할 때 가장 흔히 빠지는 오류는, 하나의 변수만으로 시장을 설명하려 한다는 점이다. 어떤 시기에는 금리가 모든 것을 설명하는 것처럼 보이고, 어떤 시기에는 공급이 전부인 것처럼 보이기도 한다. 그러나 조금 더 긴 시간축에서 시장을 관찰해 보면, 집값을 움직이는 핵심 변수는 두 가지로 요약된다.

집값은 결국 '돈의 크기'와 '집의 공급량'의 함수다. 수요는 돈으로 표현되고, 공급은 입주물량으로 표현된다. 두 가지가 동시에 같은 방향으로 움직일 때, 시장은 거의 예외 없이 가격 상승으로 반응해 왔다. 2026년은 바로 이 두 변수가 동시에 상승 방향을 가리키는 시기다.

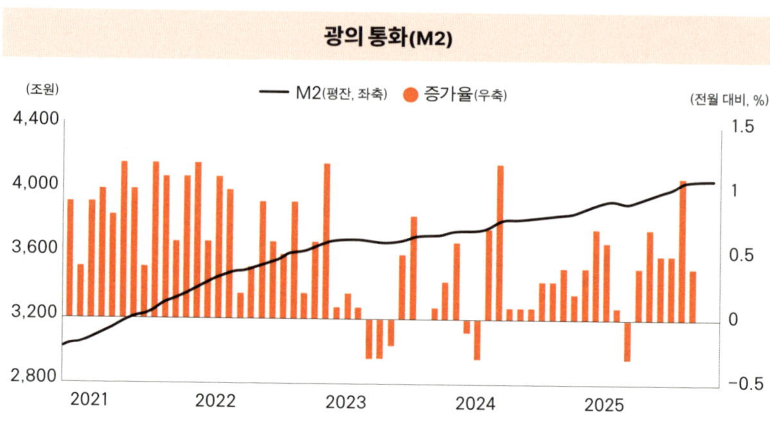

돈은 이미 움직이고 있다 – M2가 말해주는 것

먼저 돈의 흐름을 살펴보겠다. 아래 한국은행의 광의 통화(M2) 그래프를 보면, 2023년을 기점으로 통화 증가율이 바닥을 지나 다시 우상향하고 있음을 확인할 수 있다. 절대 규모 역시 꾸준히 증가하고 있으며, 증가 속도도 다시 빨라지고 있다.

M2는 단순히 "시중에 돈이 많다"는 의미를 넘어선다. 이는 가계·기업·정부가 동시에 사용할 수 있는 구매력의 총합을 의미한다. 자산 시장에서 M2가 중요한 이유는, 집값이 오르기 위해 반드시 필요한 연료이기 때문이다.

과거 사례를 돌아보면,

- 2006~2007년

- 2015~2017년
- 2020~2021년

모두 M2 증가 속도가 빨라진 이후 자산 가격이 본격적으로 반응했다. 그리고 지금, 같은 조건이 다시 만들어지고 있다. 중요한 점은, 이번 M2 증가는 단기 부양이 아니라 구조적인 확장 국면이라는 점이다. 재정지출, 정책금융, 가계부채 구조 조정 이후의 재확대 등 여러 요인이 겹치면서, 돈은 이미 다시 움직이기 시작했다.

그런데 이번에 다른 점은 '집이 없다'라는 것이다

자산 가격은 언제나 유동성과 공급이라는 두 축 위에서 움직여 왔다. 돈이 늘어난다고 해서 자동으로 가격이 오르는 것은 아니며, 그 돈이 흘러 들어갈 수 있는 제한된 그릇이 존재할 때 비로소 가격은 반응한다. 과거의 상승 국면 역시 예외 없이 이 구조를 따랐다. 바로 이 지점에서 2026년의 주택 시장은 과거와 분명히 다른 조건을 갖는다. 이번에는 돈이 늘어나는 것만이 아니라, 집이 실제로 부족해지는 국면으로 진입하고 있기 때문이다.

시도별 연도별 입주물량 자료를 보면, 2026년 이후 공급 구조의 변화는 단순한 감소 수준을 넘어선다. 서울의 경우 인구 대비 입주물량이 사실상 0%에 수렴하는 구간에 들어서며, 이는 신규 주택이 시장의 수요를 흡수하기에는 턱없이 부족한 상태를 의미한다. 선택지가 사라지는 환경에서는 수요가 조금만 움직여도 가격이 먼저 반응하게 된다.

경기도 역시 절대적인 입주물량은 존재하지만, 인구 규모를 고려하면 공급 부담은 빠르게 해소되는 방향으로 움직인다. 서울의 회복 흐름을 흡수하면서 동시에 자체적인 공급 압박도 줄어드는 구조에 놓이게 되는 것이다. 부산과 대구 또한 과거 공급이 집중되었던 시기를 지나, 2026년 이후에는 핵심 생활권을 중심으로 공급 부담이 완화되는 국면에 접어든다.

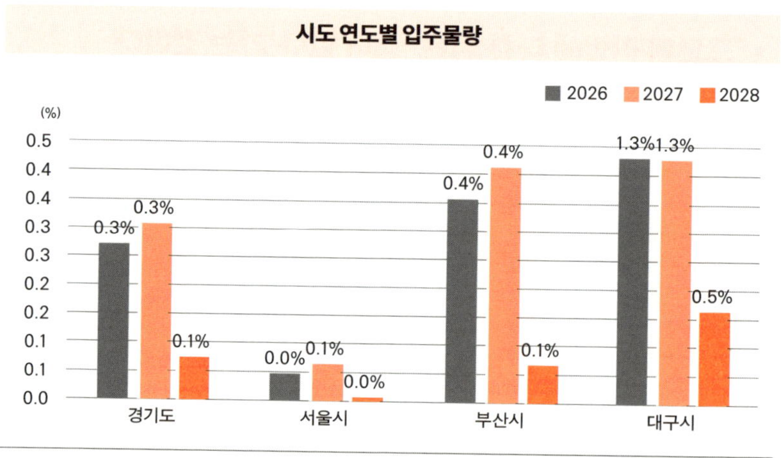

출처: 연도별, 데이터 출처 : 리얼망고

결국 지금 시장에서 던져야 할 질문은 단순하다. 돈은 늘어나고 있는데, 집은 줄어들고 있다면 가격은 어디로 움직일 것인가. 2026년 이후의 시장은 이 질문에 대한 답을 가격으로 보여주게 될 가능성이 크다.

2026년은 '수요의 문제'가 아니라 '수급의 문제'다

2026년의 주택 시장을 수요 관점에서만 바라보면, 여전히 조심스러운 해석이 나올 수 있다. 인구 감소에 대한 우려는 이미 널리 알려져 있고, 가계가 체감하는 경기 역시 빠르게 회복되고 있다고 보기는 어렵기 때문이다. 이런 이유로 "아직은 집값을 이야기하기 이르다"는 의견이 나오는 것도 자연스러운 반응이다. 그러나 부동산 시장은 언제나 사람들의 체감보다 구조에 먼저 반응해 왔다. 심리가 완전히 회복된 이후에 가격이 움직이는 경우는 드물었고, 오히려 구조가 먼저 바뀐 뒤에 가격이 반응하고, 그 다음에야 체감과 인식이 따라오는 경우가 훨씬 많았다. 2026년의 시장 역시 이 익숙한 흐름에서 벗어날 가능성은 크지 않다.

지금의 구조를 단순하게 정리하면 다음과 같다. 시중의 유동성은 다시 증가하는 방향으로 움직이고 있고, 입주물량은 서울과 수도권을 중심으로 빠르게 줄어들고 있다. 동시에 기존 주택 재고는 전·월세 시장을 통해 빠르게 소화되고 있다. 이 세 가지 조건이 동시에 맞물리는 환경은 과거에도 거의 예외 없이 가격 상승 국면으로 이어졌다. 이 지점에서 중요한 것은 수요가 '강한가, 약한가'가 아니다. 수요가 완전히 회복되지 않았더라도, 공급이 줄어드는 속도가 더 빠를 경우 시장은 가격으로 먼저 반응하게 됩니다. 다시 말해 2026년의 주택 시장은 수요의 문제가 아니라, 수급 구조의 문제에 가깝다.

따라서 2026년 이후의 시장을 이해할 때 던져야 할 질문은 바뀌어야 한다. 바로, "사람들이 얼마나 사고 싶어 하는가"가 아니라, "사고 싶어질 때 선택할 수 있는 집이 얼마나 남아 있는가"다. 이 질문에 대한 답이, 향후 가격 흐름을 결정하게 될 가능성이 크다. 중요한 것은 "오르느냐, 안 오르느냐"가 아니라, 어디부터 오르느냐다. 수요가 회복되는 속도보다 공급이 줄어드는 속도가 빠른 지역, 그리고 기존 선호가 이미 형성되어 있는 지역부터 가격이 반응할 가능성이 큽니다. 2026년은 바로 이런 수급 구조의 변화가 시장 전반에 영향을 미치기 시작하는 시점이라고 볼 수 있습니다.

2024년 서울의 데자뷔, 2026년에 다시 반복된다

2024년을 떠올려 보면, 당시의 시장 분위기는 결코 낙관적이지 않았다. 금리에 대한 부담은 여전히 남아 있었고, 많은 지역에서는 가격 하락이 이어지고 있었다. 언론과 시장의 시선 역시 "아직은 회복을 이야기하기 이르다"는 쪽에 가까웠다. 지금 우리가 2026년을 바라보며 느끼는 불안과 크게 다르지 않은 분위기였다.

그러나 그 시기에도 시장 내부에서는 이미 미세한 변화가 나타나고 있었다. 서울의 일부 주요 지역을 중심으로, 거래가 먼저 살아나기 시작했고 가격의 움직임도 제한적으로 나타났다. 이 변화는 처음에는 눈에 띄지 않을 정도로 작았지만, 시간이 지나면서 서울 전반으로 확산되었고, 이후 수도권으로까지 이어졌다. 당시에도 많은 사람들은

"일시적인 반등 아니냐"는 반응을 보였지만, 결과적으로 그것은 다음 국면으로 넘어가는 신호에 가까웠다.

2026년에 예상되는 흐름은 이와 매우 유사할 가능성이 크다. 지금 역시 시장 전반의 분위기는 조심스럽고, 모든 지역이 동시에 움직이고 있지는 않다. 그러나 중요한 것은 어디에서 먼저 변화가 나타나느냐다. 2024년에는 그 출발점이 서울의 핵심 지역이었고, 2026년에도 이 순서가 크게 달라질 가능성은 높지 않다.

다만 이번에는 회복의 범위가 더 넓어질 수 있다. 2024년에는 서울 내부에서의 확산이 중심이었다면, 2026년에는 서울을 출발점으로 경기도의 핵심 지역까지 흐름이 이어질 가능성이 크다. 이후에는 부산과 대구 역시 지역 전체가 아니라, 공급 부담이 해소되고 선호가 유지되는 핵심 주거지를 중심으로 회복 흐름에 편입될 수 있다.

이러한 전개 방식은 자산 시장에서 반복되어 온 전형적인 패턴이다. 상승은 언제나 핵심에서 시작해 주변으로 확산됐지, 모든 지역이 동시에 반응하는 경우는 거의 없었다. 2024년 서울의 반등이 그랬던 것처럼, 2026년의 회복 역시 같은 순서를 따를 가능성이 크다. 그래서 지금의 시장은 새로운 국면이라기보다, 이미 한 번 경험했던 장면이 다시 재생되는 과정, 다시 말해 '데자뷔'에 가깝다고 볼 수 있다.

선호는 방향을 정하고, 공급은 속도를 정한다

주택 시장을 설명할 때 흔히 사용되는 말 중 하나가 "서울이니까 오른다"는 표현이다. 이 말은 완전히 틀린 말은 아니다. 서울은 일자리, 교육, 교통, 생활 인프라 등 여러 측면에서 높은 선호를 유지해 왔고, 이러한 선호는 장기적으로 가격의 방향을 결정하는 중요한 요인이다. 그러나 이 설명만으로는 한 가지 질문이 남는다. 왜 서울은 항상 먼저, 그리고 더 빠르게 움직이는가라는 질문이다.

이 질문에 대한 답은 선호가 아니라 공급에 있다. 선호는 가격이 오를 수 있는 방향을 정하지만, 실제로 가격이 언제 반응하느냐를 결정하는 것은 공급의 크기와 타이밍이다. 같은 선호를 가진 지역이라도 공급이 충분한 시기에는 가격의 움직임이 제한되고, 반대로 공급이 줄어드는 시기에는 작은 수요 변화에도 가격이 빠르게 반응합니다. 이 차이가 바로 시장에서 체감되는 '속도'의 차이다.

서울의 경우, 이미 오랜 기간 높은 선호를 유지해 왔지만, 가격이 본격적으로 움직이는 시점은 항상 공급 부담이 낮아지는 구간과 겹쳐 왔다. 2026년을 전후로 나타나는 변화 역시 같은 맥락에서 이해할 수 있다. 인구 대비 입주물량이 급격히 줄어들면서, 서울은 다시 한 번 선호와 공급이 동시에 유리한 조건을 갖추게 된다. 이때 가격이 먼저 반응하는 것은 자연스러운 결과에 가깝다.

중요한 점은 이 논리가 서울에만 적용되는 특별한 공식이 아니라는 사실이다. 공급 압박이 해소되는 지역이라면, 동일한 메커니즘이 작동하게 된다. 경기도의 일부 핵심 생활권, 그리고 부산과 대구의 중심 주거 지역이 2026년 이후 주목받는 이유도 여기에 있다. 이들 지역은 이미 일정 수준의 선호를 확보하고 있지만, 과거에는 공급 부담이라는 구조적 요인 때문에 가격이 움직이지 못했다. 그러나 공급이 줄어드는 국면에 들어서면, 선호는 그대로인 상태에서 속도만 달라지게 된다.

결국 주택 시장에서 반복되는 패턴은 단순하다. 선호는 어디로 갈지를 정하고, 공급은 얼마나 빠르게 갈지를 정한다. 이 두 가지 조건이 동시에 맞물리는 지역이, 항상 회복의 출발점이 되어 왔다. 2026년 이후의 시장 역시 이 공식을 벗어나지 않을 가능성이 크다.

인구 대비 입주물량이 보여주는 회복의 순서

앞에서 살펴본 '선호와 공급의 공식'을 실제 숫자에 대입해 보면, 주택 시장의 회복이 결코 우연이나 감정에 의해 이루어지지 않았다는 점을 확인할 수 있다. 인구 대비 입주물량이라는 지표는, 각 지역이 감당해야 할 공급 부담의 크기를 가장 직관적으로 보여주는 지표 중 하나다. 그리고 이 지표를 통해 보면, 회복의 순서는 이미 상당 부분 정해져 있었다고 해석하는 것이 자연스럽다.

먼저 서울을 보면, 2026년을 전후로 인구 대비 입주물량이 사실상 0%에 수렴하는 구간에 들어선다. 이는 단순히 공급이 줄어든다는 의미가 아니라, 새로운 선택지가 거의 제공되지 않는 환경에 가까워진다는 뜻이다. 이런 구조에서는 수요가 완전히 회복되지 않더라도, 거래가 조금만 살아나면 가격이 먼저 반응할 수밖에 없다. 서울이 항상 회복의 출발점이 되는 이유는, 선호라는 조건 위에 이러한 공급 구조가 반복적으로 만들어졌기 때문이다.

경기도의 경우는 조금 다르다. 절대적인 입주물량은 여전히 존재하지만, 인구 규모를 고려하면 공급 부담은 빠르게 줄어드는 방향으로 움직이고 있다. 인구 대비 입주물량이 0.3% 수준에서 0.1% 수준으로 낮아진다는 것은, 서울의 회복 흐름을 흡수하면서 동시에 자체적인 공급 압박도 완화되는 구조로 전환된다는 의미다. 이런 환경에서는 서울의 가격 흐름이 먼저 움직인 이후, 시간차를 두고 경기도의 핵심 지역이 뒤따르는 패턴이 자연스럽게 나타난다.

부산과 대구는 과거 몇 년간 공급 부담이 상대적으로 컸던 지역이다. 이로 인해 가격 회복이 지연되는 모습을 보였지만, 인구 대비 입주물량 지표를 기준으로 보면 2026년 이후에는 상황이 달라진다. 공급 부담이 점차 해소되면서, 특히 중심 주거 지역을 중심으로 시장의 압력이 완화되는 국면에 접어들게 된다. 이는 지역 전체가 동시에 움직인다는 의미가 아니라, 선호가 유지되는 핵심 지역부터 회복이 시작될 가능성을 시사한다.

이렇게 정리해 보면, 주택 시장의 회복은 결코 무작위적이지 않다. 서울이 먼저 반응하고, 그 다음 경기도의 핵심 지역이 뒤따르며, 이후 부산과 대구의 중심 지역으로 흐름이 확산되는 구조는 이미 숫자 속에 드러나 있었다. 감정이나 기대가 아니라, 인구 대비 공급이라는 구조적 조건이 회복의 순서를 결정해 왔다고 볼 수 있다.

결국 인구 대비 입주물량이라는 지표가 말해주는 핵심은 단순하다. 절대적인 공급 규모보다 중요한 것은, 그 지역이 감당해야 할 공급의 밀도다. 그리고 이 밀도가 낮아질수록, 시장은 더 빠르게 반응하게 된다. 2026년 이후의 주택 시장은 바로 이 원리에 따라 움직일 가능성이 크다.

우리가 여기서 얻을 수 있는 핵심 인사이트

지금까지 살펴본 데이터를 종합해 보면, 2026년을 둘러싼 주택 시장의 조건은 매우 분명한 방향성을 갖고 있다. 시중의 유동성은 다시 증가하는 국면으로 접어들고 있고, 서울과 수도권을 중심으로 입주물량은 빠르게 줄어들고 있다. 여기에 노후 아파트 비율이 급격히 높아지면서, 새 아파트에 대한 희소성은 과거 어느 때보다 강해지고 있다. 이 세 가지 변화가 동시에 나타나는 환경에서 가격이 다시 상승 흐름을 타는 것은, 기대라기보다 구조적으로 설명 가능한 결과에 가깝다.

따라서 2026년은 단순한 반등의 해가 아니라, 집값이 다시 전국적으로 움직이기 시작하는 출발점, 다시 말해 '상승의 원년'이 될 가능성이 높다고 판단된다. 다만 이 상승은 언제나 그랬듯, 모든 지역에서 동시에 나타나지 않는다. 회복은 이미 구조적으로 정렬된 순서를 따라 움직일 가능성이 크다.

그 출발점은 여전히 서울이다. 인구 대비 입주물량이 사실상 공백에 가까운 수준으로 낮아진 서울은, 선호와 공급이라는 두 조건이 동시에 가장 유리한 위치에 놓여 있다. 이로 인해 서울은 다시 한 번 회복의 신호를 가장 먼저 가격으로 보여줄 가능성이 크다. 그리고 서울 내부에서도 전 지역이 아니라, 재건축·재개발 가능성이 존재하는 핵심 주거지부터 움직일 확률이 높다.

서울의 흐름이 분명해지면, 다음 순서는 경기도의 핵심 지역이다. 서울과 생활권을 공유하고 있고, 장기적으로 서울의 주거 기능을 분담해 온 지역, 그리고 공급 부담이 빠르게 줄어드는 지역이 먼저 반응할 가능성이 크다. 이 과정에서 경기도 전체가 아니라, 선호와 공급 조건이 동시에 맞는 일부 지역부터 움직이는 흐름이 나타날 수 있다.

부산과 대구 역시 2026년 이후를 전후해 회복 흐름에 편입될 가능성을 배제하기 어렵다. 다만 이들 지역에서는 과거와 마찬가지로, 지역 전체가 아니라 공급 압박이 해소되고 선호가 유지되는 핵심 지역 중심의 상승이 나타날 가능성이 크다. 이는 이미 인구 대비 입주물량 지표를 통해 확인한 구조적 흐름과도 일치한다.

이제 독자가 던져야 할 질문은 더 이상 "집값이 오를 것인가"가 아니라, 어디에서, 어떤 형태의 집을 먼저 보유할 것인가"다. 2026년 이후의 시장에서는 신축과 구축의 구분보다, 미래에 새 아파트가 될 가능성이 있는 자산인지, 그리고 공급이 줄어드는 구조 안에 위치한 자산인지가 훨씬 중요해질 가능성이 크다.

결국 2026년은 시장을 예측하는 해가 아니라, 이미 정해진 구조 위에서 자신의 자리를 선택해야 하는 해에 가깝다. 이 책에서 반복해서 강조해 온 것은 단 하나다. 시장은 언제나 감정보다 구조에 먼저 반응해 왔고, 그 구조는 이미 숫자로 드러나 있다. 이 흐름을 이해한 독자라면, 이제 남은 선택은 바라보는 사람이 될 것인지, 아니면 그 흐름 안에 미리 자리를 잡는 사람이 될 것인지에 대한 결정뿐이다.

이 장을 덮는 순간, 독자의 머릿속에 남아야 할 질문은 이것이다. "나는 그 상승의 흐름이 시작되기 전에, 이미 어디에 서 있을 것인가."

2026년 시장을 바라보는 관점

여기까지 우리는 과거의 흐름을 되짚고, 현재의 구조를 확인해 왔다. 그렇다면 이제 자연스럽게 다음 질문으로 시선이 옮겨진다. "이 구조 위에서, 2026년의 시장은 어떤 모습으로 전개될 것인가."

2026년은 서울과 수도권을 중심으로 입주물량이 급격히 줄어드는 시기에 해당한다. 이미 인구 대비 입주물량이 낮은 수준에 진입해 있는 상황에서, 그마저도 더 감소하는 구간으로 들어서게 된다. 이는 최근 나타난 가격 회복이 단순한 기술적 반등에 그치기보다, 보다 긴 흐름으로 이어질 가능성을 시사한다.

이제 시장을 바라보는 관점도 바뀌어야 한다. 단기적인 가격 움직임이나 개별 지역의 등락을 넘어서, 공급 구조가 어떻게 바뀌고 있는

지, 그리고 그 변화가 지역별로 어떤 속도 차이를 만들어내는지를 살펴볼 필요가 있다. 특히 서울과 수도권, 그리고 지방 주요 도시가 왜 같은 시점에 서로 다른 흐름을 보일 수밖에 없는지에 대한 이해는, 앞으로의 판단에 중요한 기준이 될 것이다.

다음 장에서는 이러한 구조적 변화를 바탕으로, 2026년 이후 지역별 공급 환경이 어떻게 달라지는지, 그에 따라 회복의 속도와 강도가 왜 달라질 수밖에 없는지, 그리고 이 흐름 속에서 내집마련 전략을 어떻게 세워야 하는지를 보다 입체적으로 살펴본다. 이제부터는 전망을 넘어, 실제 선택을 준비해야 할 시간이다.

2026년 시장의 핵심 키워드와 내집마련 전략

내집마련 전략과 유망 투자처

2026년 핵심 키워드 ①:
"돈은 늘어나고, 새로 들어오는 집은 줄어드는 해"

시장 참여자들이 체감하는 분위기야 언제든 흔들릴 수 있지만, 결국 가격을 움직이는 힘은 구조에서 나온다. 특히 주택 시장은 '사람들의 기분'보다 '돈의 방향'과 '공급의 크기'에 먼저 반응하는 경우가 많다. 그리고 2026년은 이 두 변수가 동시에 같은 방향을 가리키는 시기다.

이 장에서는 2026년 시장을 관통하는 핵심 키워드를 먼저 정리하고, 그 위에서 무주택자·1주택자·다주택자가 각각 어떤 내집마련 전략을 취해야 하는지, 그리고 어떤 상품(신축·구축·재건축·재개발)에 관심을 가져야 하는지를 하나의 흐름으로 정리해 본다.

2026년 핵심 키워드 ②:
"입주물량의 급감이 수급을 바꾼다"

2026년 시장을 전망할 때 절대 빼놓을 수 없는 키워드는 공급이다. 다만 여기에서 말하는 공급은 막연히 '언젠가 많이 짓겠지'가 아니라, 실제 입주로 연결되는 입주물량이다. 주택시장은 공급이 많아도, 그것이 당장 시장에 풀리지 않으면 가격에는 제한적으로만 영향을 준다. 반대로 공급이 줄면, 그 효과는 생각보다 직접적이다. 사람들이 체감하는 전·월세 시장의 압력부터 달라지고, 매매로 넘어오는 수요의 움직임도 빨라지기 때문이다.

특히 인구 대비 입주물량을 보면 더 명확해진다. 단순히 "입주가 몇 만 호다"라고 말하면 체감이 어렵지만, 인구로 나누는 순간 공급 압력이 얼마나 큰지, 혹은 얼마나 작아지는지 한눈에 드러난다. 서울은 2026년 이후 인구 대비 입주물량이 사실상 0%에 가까워지는 구간을 맞이한다. 이는 '공급이 조금 줄어든다'는 수준이 아니라 공급 공백에 가깝다고 보는 편이 더 정확하다. 경기도 또한 서울보다는 물량이 존재하지만, 인구 대비로 보면 공급 부담이 빠르게 낮아지는 흐름이 나타난다. 부산과 대구 역시 과거 몇 년 간의 공급 압력이 완화되는 방향으로 전환된다.

결국 2026년은 "돈은 늘어나는데, 새 집은 줄어드는 시기"라는 구조가 현실화되는 해다. 이런 환경에서는 시장이 어느 순간부터 가격 상승으로 반응하는 것이 자연스럽다. 다만 모든 지역이 동시에 오르기보다는, 늘 그렇듯 가장 먼저 구조가 좋아지는 곳부터 오르고, 그다음이 뒤따르는 순서로 진행될 가능성이 크다.

2026년 핵심 키워드 ③: "선호(입지)의 차이 위에 공급이 속도를 붙인다"

여기서 반드시 짚고 넘어가야 할 부분이 있다. 공급만으로 모든 것이 설명되는 것처럼 읽히는 것은 정확한 해석이 아니다. 선호의 차이는 분명히 존재한다. 서울이 선호되는 이유는 이미 잘 알려져 있다. 일자리, 교육, 인프라, 교통, 자산 축적의 역사까지, 서울이 갖는 장점은 단기간에 복제되기 어렵다. 수도권의 핵심 지역 역시 마찬가지다. 사람들은 결국 '살기 편한 곳', '기회가 많은 곳'으로 몰린다.

다만 이번 사이클에서는, 이러한 선호의 차이가 가격으로 반영되는 속도를 입주물량 구조가 결정하게 된다. 선호가 높은 지역이면서도 공급이 부족한 곳은 상승이 빠르고 강하게 나타날 가능성이 크다. 반대로 선호가 상대적으로 약하거나 공급 부담이 큰 지역은, 회복이 늦어지거나 상승폭이 제한될 수 있다. 즉, 선호는 방향을 정하고, 공

급은 속도를 정하는 역할을 한다고 이해하면, 2026년 시장의 움직임
이 훨씬 자연스럽게 설명된다.

2026년 핵심 키워드 ④:
"노후 아파트 비율의 폭증, 재건축·재개발이
'핵심 이슈'가 된다"

이제부터가 2026년 이후 아파트 시장을 이해하는 데 있어 가장
중요한 지점이다. 많은 사람들이 재건축과 재개발을 여전히 "일부 투
자자들만의 영역", 혹은 "아주 오래 기다려야 하는 불확실한 사업" 정
도로 인식하고 있다. 그러나 앞으로의 시장에서는 이러한 인식 자체
가 달라질 가능성이 크다. 그 이유는 단순한 정책 변화나 기대 심리가
아니라, 주택 재고의 구조 자체가 임계점에 다가가고 있기 때문이다.

아래의 '시도별 노후 아파트 비율(30년 이상)' 자료를 보면, 이미 현
재 시점에서도 서울을 비롯한 수도권과 주요 광역시의 노후 아파트
비율은 결코 낮지 않다. 하지만 이 데이터를 해석할 때 더 중요하게 보
아야 할 것은 '지금 얼마나 낡았느냐'가 아니라, 시간이 조금 더 흐른
뒤 어떤 구조에 도달하게 되는가다. 10년이라는 시간은 일상적으로는
길게 느껴질 수 있지만, 주택 시장에서는 생각보다 빠르게 지나간다.
신규 공급이 충분히 이어지지 않는 상황에서 기존 주택은 매년 자연
스럽게 노후화되고, 그 결과 특정 시점을 기점으로 노후 주택 비중이

급격히 높아지는 구간이 나타나게 된다.

서울의 경우, 현재도 30년 이상 된 아파트 비율이 적지 않은 수준인데, 이 추세가 유지될 경우 10년 후에는 전체 아파트의 60%를 훌쩍 넘는 비율이 노후 주택으로 분류되는 구조에 도달하게 된다. 이는 단순히 "낡은 집이 좀 많아진다"는 차원의 문제가 아니다. 주택 재고의 절반 이상이 노후 주택이 되는 도시에서는, 주거에 대한 선호가 근본적으로 바뀔 수밖에 없다. 사람들은 더 이상 '위치만 좋은 집'을 선택하지 않고, 주거 품질과 미래 가치가 함께 보장되는 집을 찾게 된다.

이러한 변화는 서울에만 국한되지 않는다. 경기도 역시 현재 시점에서는 서울보다 상대적으로 젊은 주택 비중을 유지하고 있지만, 신규 공급이 충분히 이어지지 않는다면 10년 후에는 절반에 가까운 아파트가 30년 이상 노후 주택으로 전환되는 구조로 향하게 된다. 부산과 대구는 상황이 더 뚜렷하다. 과거 특정 시기에 공급이 집중되었던 영향으로, 시간이 지날수록 노후 비율이 빠르게 상승하게 되고, 10년 후에는 부산은 60% 수준, 대구 역시 50%를 넘는 노후 비율에 도달하게 된다.

결국 수도권과 광역시가 공통으로 마주하게 되는 질문은 더 이상 "집이 남아도는가"가 아니라, "좋은 집, 새 집이 충분한가"라는 질문이다. 이 지점에서 재건축과 재개발은 선택지가 아니라, 도시가 정상적으로 유지되기 위해 반드시 거쳐야 하는 과정이 된다. 노후 주택을 정비하지 않고서는 주거 품질을 유지할 수 없고, 주거 품질이 떨어지는 도시는 자연스럽게 경쟁력을 잃게 된다. 따라서 앞으로 서울과 수도

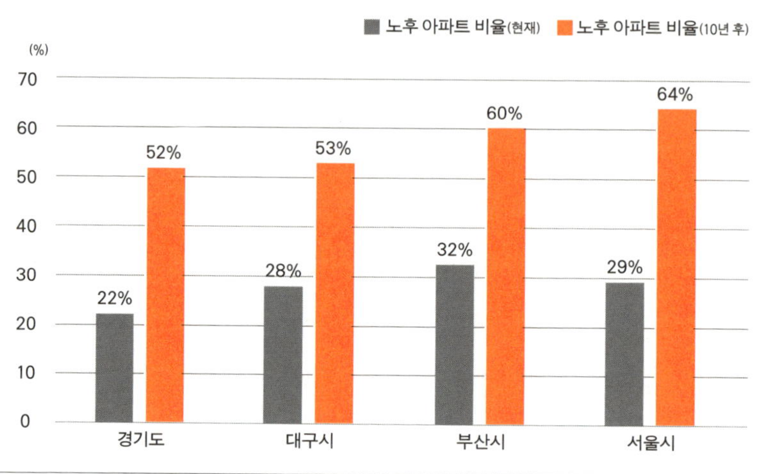

권, 그리고 광역시의 핵심 지역에서 가장 강력하게 부각될 테마는 재건축·재개발이 될 가능성이 매우 높다. 그리고 2026년은 이러한 흐름이 시장에서 점점 더 분명하게 가격으로 반영되기 시작하는 시점이 될 수 있다.

내집마련 전략:
보유 주택 수에 따라 전략은 달라져야 한다

이제부터는 실전이다. 같은 시장이라도 무주택자, 1주택자, 다주택자의 처지는 완전히 다르다. 2026년을 '상승의 원년'으로 본다면, 더더욱 자신의 위치에 맞는 전략이 필요하다.

① 무주택자

지금이 가장 자유롭고, 가장 유리한 시기다.

무주택자는 언제나 시장의 불확실성을 가장 크게 체감하는 집단이다. 가격이 오를 것 같으면 "지금 사도 되는 걸까"가 고민이고, 가격이 잠시 조정 받으면 "조금 더 기다려야 하지 않을까"라는 생각이 들기 마련이다. 그러나 정책과 구조의 관점에서 보면, 무주택자는 지금 시장에서 가장 자유로운 위치에 서 있다. 정부 규제의 대부분은 다주택자를 향해 설계되어 있고, 무주택자는 정책적으로 보호받는 대상에 가깝기 때문이다.

따라서 무주택자의 전략은 명확해진다. 자금 여력이 허용하는 범위 내에서, 가능한 한 빠르게 내집마련에 나서는 것이 합리적인 선택이 될 가능성이 크다. 여기서 말하는 '빠르게'란 무리해서 최고가를 사라는 의미가 아니다. 본인의 소득과 자산 구조를 냉정하게 점검한 뒤, 정책자금을 최대한 활용해 시장에 진입하라는 뜻이다.

생애최초주택구입자금대출, 서민실수요자주택구입자금대출, 신생아 특례론과 같은 정책자금은 단순히 금리가 낮다는 장점만 있는 것이 아니다. 이러한 제도의 진짜 가치는 구매 시점을 앞당길 수 있는 힘에 있다. 가격이 본격적으로 상승한 이후에는, 같은 정책자금이라도 소득 요건이나 주택 가격 기준이 오히려 진입 장벽으로 작용하는 경우가 많다. 결국 무주택자에게 가장 중요한 전략은 복잡하지 않다. 쓸 수 있을 때 정책자금을 활용해 구조적으로 유리한 위치를 먼저 확보하는 것, 이것이 가장 현실적인 내집마련 전략이다.

② 1주택자

가능하다면 상급지로 갈아타는 것이 좋다.

1주택자는 하락기에는 비교적 안정적인 위치에 서 있지만, 상승 국면으로 접어들수록 오히려 선택의 중요성이 더 커지는 집단이다. 이미 집을 한 채 보유하고 있기 때문에 가격 상승의 혜택을 전혀 누리지 못하는 것은 아니지만, 어디에 있는 1주택인가에 따라 향후 자산 격차는 생각보다 크게 벌어질 수 있다. 2026년 이후 시장을 전망할 때 1주택자의 전략이 중요한 이유도 바로 여기에 있다.

많은 사람들이 "전국적으로 다 오를 텐데 굳이 움직여야 할까"라는 생각을 한다. 그러나 과거의 상승 국면을 차분히 되돌아보면, 시장은 결코 균등하게 움직이지 않았다. 상승은 항상 선호와 공급 구조가 맞물리는 지역에서 먼저 시작되었고, 그 이후에 주변 지역으로 확산되는 방식으로 전개되었다. 다시 말해, 같은 상승장 안에서도 어떤 지역은 빠르고 강하게 오르고, 어떤 지역은 느리게 혹은 제한적으로 움직였다. 이 차이가 몇 년이 지나면, 회복하기 어려운 자산 격차로 이어지는 경우가 적지 않았다.

2026년 이후의 상승 국면 역시 크게 다르지 않을 가능성이 높다. 전국적으로 가격이 상승하는 흐름이 나타난다고 하더라도, 상승의 강도는 결국 선호와 공급 구조가 동시에 유리한 지역에서 더 크게 나타날 수밖에 없다. 이런 환경에서는 1주택자가 현재의 위치에 안주할지, 아니면 한 단계 더 위로 이동할지를 고민해야 하는 시점이 된다.

특히 서울과 경기도의 핵심 지역은 앞으로의 시장 구조에서 중요한 의미를 갖는다. 이들 지역은 이미 선호가 충분히 형성되어 있는 상태에서, 향후 입주물량이 급격히 줄어드는 흐름에 놓여 있다. 여기에 더해 노후 아파트 비율이 빠르게 높아지면서, 재건축·재개발이라는 추가적인 변수가 결합될 가능성도 크다. 이런 조건이 동시에 맞물리는 지역은, 단순히 가격이 오르는 수준을 넘어 상승 사이클의 중심축이 될 가능성이 높다. 따라서 1주택자가 이런 지역으로 이동한다는 것은 단순히 더 좋은 집으로 이사하는 정도의 문제가 아니다. 이는 다음 상승 사이클에서 어디에 자리를 잡을 것인가를 결정하는 선택에 가깝다. 물론 갈아타기에는 세금, 대출, 자금 조달 등 현실적인 제약이 따른다. 하지만 이러한 제약을 이유로 판단을 미루다 보면, 시장이 본격적으로 움직인 이후에는 선택지가 오히려 줄어들 수 있다. 상승 국면에서는 가격이 먼저 움직이고, 그 다음에 대출 규제나 정책 변화가 따라오는 경우가 많기 때문이다.

결국 1주택자의 전략은 단순히 "지금 집을 팔까 말까"의 문제가 아니라, 향후 5년, 10년 뒤 내 자산의 위치를 어디에 두겠는가라는 질문으로 정리할 수 있다. 가능하다면, 그리고 감당할 수 있다면, 공급이 줄어들고 선호가 집중되는 상급지로의 갈아타기는 1주택자에게 매우 중요한 선택지가 될 수 있다.

③ 다주택자

버틸 수 있는지부터 냉정하게 점검해야 한다.

다주택자의 경우, 시장을 바라보는 시선은 무주택자나 1주택자와 근본적으로 다를 수밖에 없다. 다주택자에게 가장 중요한 변수는 가격 그 자체가 아니라, 제도와 조세 환경이다. 가격이 오르더라도 세금 부담이 이를 상당 부분 상쇄해 버린다면, 체감되는 수익은 생각보다 크지 않을 수 있기 때문이다. 앞으로의 정책 환경을 낙관적으로만 보기 어려운 이유도 여기에 있다. 양도세, 보유세 등 다주택자에게 직접적인 영향을 미치는 조세는 언제든 강화될 가능성이 존재한다. 반면 전세와 월세 시장을 보면, 입주물량 감소와 맞물리면서 임대료 상승 압력이 높아질 가능성이 크다. 즉, 다주택자는 한쪽에서는 세금 부담이라는 압박을 받으면서, 다른 한쪽에서는 임대 수익이라는 기회를 동시에 마주하게 된다. 이처럼 상반된 요인이 공존하는 상황에서는, 막연한 기대보다는 냉정한 판단이 필요하다.

이 시점에서 다주택자가 스스로에게 던져야 할 질문은 단순하다. 바로, "집값이 오를까, 내릴까"가 아니라, "나는 이 자산 구성을 끝까지 버틸 수 있는가"다. 세금 부담이 늘어나고, 정책 환경이 바뀌더라도 감당할 수 있는 구조인지, 혹은 일정 시점에서 반드시 정리가 필요한 구조인지를 점검해야 한다. 이 질문에 대한 답이 명확하지 않다면, 그 자체로 이미 리스크 신호가 켜졌다고 볼 수 있다.

만약 끝까지 버티기 어렵다고 판단된다면, 전략은 비교적 명확해진다. 비선호 지역부터 정리하는 것이다. 다주택자의 포트폴리오를 보면, 대개 핵심 지역의 자산과 그렇지 않은 자산이 섞여 있는 경우가 많다. 이때 모든 자산을 동일한 기준으로 끌고 가려 하기보다는, 향후 정책 변화에 가장 취약하고, 장기적인 선호 회복 가능성이 낮은 지역부터 정리하는 것이 합리적인 선택이 될 수 있다.

특히 "가격이 조금 더 오르면 팔겠다"는 전략은 상승 국면에서 생각보다 위험할 수 있다. 가격이 오르기 시작하면 매도 결정을 미루게 되고, 그 사이 정책 환경이 바뀌면 예상했던 출구가 갑자기 막히는 경우도 적지 않았다. 실제로 과거 여러 차례의 사이클에서, 다주택자들이 가장 큰 어려움을 겪었던 시점은 가격이 떨어질 때가 아니라, 가격이 오르는 국면에서 제도가 바뀌었을 때였다. 따라서 다주택자는 2026년 이후를 단순한 상승 기대의 시기로만 바라볼 것이 아니라, 자신의 자산 구조를 재점검하는 시기로 삼을 필요가 있다. 임대 수익과 세금 부담을 모두 고려했을 때 감당 가능한 자산인지, 아니면 지금이라도 일부를 정리해 포지션을 단순화하는 것이 나은지에 대한 판단이 요구된다. 이 판단을 미루지 않고 선제적으로 내릴 수 있는 다주택자일수록, 향후 시장 변화에 훨씬 유연하게 대응할 수 있을 것이다.

2026년, 어떤 상품에 관심을 가져야 하는가: 신축·구축·재개발/재건축

2026년 이후 상품 선택의 핵심은 "좋은 집"이 아니라, "좋은 집이 될 가능성이 있는 자산"이다. 노후 비율이 빠르게 상승하는 환경에서, 신축은 언제나 귀해질 수밖에 없다. 문제는 신축이 이미 비싸다는 점이다. 그래서 현실적인 답은 대개 '미래의 신축'으로 이동한다. 즉, 재건축·재개발 가능성이 있는 구축이다.

특히 재건축 관점에서 주목해야 할 Top3는 다음과 같이 정리할 수 있다. 목동, 여의도, 그리고 노후계획도시특별법 적용 가능성이 있는 분당·평촌이다. 이 지역들은 단순히 '낡은 아파트가 많은 곳'이 아니라, 생활 인프라가 이미 완성되어 있고, 정비가 이루어질 경우 도시의 위상이 한 단계 재편될 수 있는 곳이다.

물론, 이런 지역은 가격대가 높아, 아무나 접근 가능한 곳은 아니다. 하지만 이런 지역의 상승은 주변으로 확산이 된다. 그리고 이렇게 확산된 상승은 결국 저가 아파트까지 오게 된다. 이때가 중요하다. 저가 아파트로 상승의 확산이 왔을 때, 재건축 재개발 사업성이 잘 나오는 저가 아파트들과 그렇지 못한 아파트들은 많은 차이를 보일 것이다.

내집마련을 준비하는 사람들, 특히 가용할 수 있는 자금이 적은 사람들은 6억 원대 근처의 초기 재건축 아파트를 현실적인 관심 대상으로 두라고 말하고 싶다. 이 가격대는 정책자금 활용 가능성이 열려 있을 확률이 높고, 실거주를 하면서도 장기적인 업사이드(미래 가치)를 함께 가져갈 수 있기 때문이다. 물론 모든 초기 재건축 단지가 좋은 것은 아니다. 사업 추진 가능성, 단지 규모, 입지, 규제 환경 등을 함께 점검해야 한다. 그러나 방향만 놓고 보면, 2026년 이후에는 이런 자산이 시장에서 더욱 주목받을 가능성이 높다.

2026년은 "전국 상승의 원년"이 될 가능성이 높다

그리고 지금 선점해야 할 곳은 이미 정해져 있다

지금까지 살펴본 흐름을 종합해 보면, 2026년을 둘러싼 시장 환경은 매우 분명한 방향성을 가지고 있다. 돈의 흐름은 이미 확대 국면으로 전환되었고, 입주물량은 서울과 수도권을 중심으로 급격히 줄어드는 구조에 진입하고 있다. 여기에 노후 아파트 비율이 빠르게 높아지면서, 주택 시장의 관심은 자연스럽게 '얼마나 많이 짓느냐'가 아니라 '어디에서 새 집이 만들어질 수 있느냐'로 이동하고 있다.

이 세 가지 요소는 각각만 놓고 보아도 가격 상승을 자극할 수 있는 요인이다. 그러나 2026년의 특징은 이 변수들이 동시에, 같은 방향으로 작동한다는 점이다. 이런 환경에서 집값이 다시 상승 흐름을 타는 것은 단순한 기대나 낙관이 아니라, 구조적으로 충분히 설명 가능한 시나리오에 가깝다.

다만 여기서 반드시 분명히 해야 할 점이 있다. 2026년을 '전국 상승의 원년'으로 본다고 해서, 전국 모든 지역이 동시에, 같은 속도로, 같은 폭으로 오를 것이라고 기대하는 것은 현실적이지 않다. 시장은 언제나 선택적으로 움직여 왔고, 이번 역시 크게 다르지 않을 가능성이 크다. 따라서 이 결론의 핵심은 "오를 것이다"가 아니라, "어디를, 어떤 상품을, 어떤 순서로 선점해야 하는가"에 있다.

먼저 지역부터 정리해보자. 2026년 상승의 출발점은 여전히 서울일 가능성이 가장 높다. 서울은 이미 인구 대비 입주물량이 극히 낮은 상태에 진입해 있고, 여기에 노후 아파트 비율까지 빠르게 상승하고 있다. 이는 곧 수요가 조금만 회복되더라도 가격이 가장 먼저 반응할 수밖에 없는 구조라는 뜻이다. 특히 서울 전반이 동시에 움직이기보다는, 재건축·재개발 기대가 현실적인 지역, 그리고 이미 선호가 검증된 핵심 생활권부터 상승이 시작될 가능성이 크다.

서울의 흐름이 분명해지면, 그 다음 순서는 경기도의 핵심 지역이다. 여기서 말하는 경기도는 모든 지역을 의미하지 않는다. 서울과 생활권을 공유하고, 장기적으로 서울의 주거 기능을 분담해 온 지역, 그리고 향후 재정비 가능성이 존재하는 지역이 우선 대상이 된다. 이미 설명했듯이, 경기도 역시 입주물량 부담이 빠르게 줄어드는 구조에 들어서고 있기 때문에, 서울의 회복 이후에는 자연스럽게 그 흐름을 이어받을 가능성이 크다.

부산과 대구 역시 2026년 이후를 전후해 '핵심 지역 중심의 회복'이라는 흐름에 편입될 가능성을 배제하기 어렵다. 다만 이들 지역에서는 "지역 전체"가 아니라, 공급 부담이 해소되고 선호가 유지되는 중심 지역과 핵심 생활권 위주로 움직임이 나타날 가능성이 높다. 이는 과거 여러 차례의 상승 국면에서도 반복되어 온 전형적인 패턴이다.

이제 상품으로 좁혀 보겠다. 2026년 이후 시장에서 가장 중요한 상품 구분은 신축이냐 구축이냐가 아니라, '미래에 새 아파트가 될 가능성이 있는가'다. 이미 지어진 신축 아파트는 언제나 매력적이지만, 가격 부담이 크고 정책자금 활용에도 제약이 따르는 경우가 많다. 반면 구축 아파트 중에서도 입지와 규모, 제도 환경을 고려했을 때 재건축·재개발 가능성이 존재하는 단지는 전혀 다른 평가를 받게 된다.

특히 서울과 수도권에서 눈여겨봐야 할 상품은, 이미 여러 차례 언급했듯이 초기 단계의 재건축 아파트다. 이들 단지는 아직 외형상으로는 낡아 보일 수 있지만, 노후 비율 상승이라는 구조적 변화 속에서 시간이 지날수록 희소성이 커질 가능성이 크다. 여기에 정책자금 활용이 가능한 가격대까지 겹친다면, 실거주와 미래 가치를 동시에 고려할 수 있는 매우 현실적인 선택지가 된다.

정리하면, 2026년을 대비한 전략은 더 이상 추상적인 전망에 머물러서는 안 된다.

- 서울의 핵심 재건축/재개발 가능 지역.
- 경기도의 서울 인접 핵심 생활권 주변.
- 부산·대구의 공급 부담이 해소되는 중심 지역.

그리고 그 안에서 신축이 아니라 '미래의 신축'이 될 가능성이 있는 구축 아파트를 선별적으로 바라보는 것이, 지금 시점에서 가장 구체적인 준비라고 할 수 있다.

결국 2026년은 집값이 다시 오르느냐 마느냐를 두고 고민하는 해가 아니라, 이미 어디에 자리를 잡고 있느냐에 따라 결과가 달라지는 해가 될 가능성이 크다. 그래서 나는 2026년을 단순한 반등의 해가 아니라, 전국적으로 상승이 시작되는 원년, 그리고 동시에 입지와 상품에 따른 격차가 다시 벌어지기 시작하는 출발점으로 보고 있다.

이 장을 읽고 난 독자에게 남아야 할 질문은 하나다. "나는 그 상승의 흐름을 바라보고만 있을 것인가, 아니면 그 안에 이미 자리를 잡고 있을 것인가."

바로 이 질문에 답하는 것이, 2026년을 준비하는 가장 현실적인 출발점이 될 것이다.

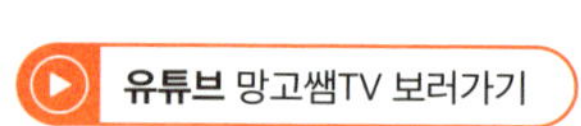

HOME BUYING TRENDS 2026

월용이

2026년
대박 터지는
청약 포인트와 트렌드

2025년 청약 시장 결산

왜 어떤 곳은 완판이고, 어떤 곳은 미달이었는가

2025년 청약 시장은 왜 이렇게 갈렸나?

2025년은 청약 시장의 양극화가 역사상 가장 선명해진 해다.

① 분양가 하락의 기대감이 전혀 없었다.

건축비 원가, 공사기간 확대 등의 배경이 그대로 분양가에 반영되고 10·15대책의 투기과열지구 확대가 되었지만 분양가 상한제는 배제가 되면서 건설사 입장에서도 "싸게 팔 여지가 없다"는 구조가 고착됐다. 가격 조정은 분양가 인하가 아니라 완판이 되거나 미분양이 되는 양 끝단의 결과로만 나타났다.

② 수요가 전국적으로 퍼지지 않고 특정 축에 극단적으로 몰렸다.

서울은 강남·서초 같은 전통 코어 뿐 아니라 성동, 영등포, 광명, 안양 같은 코어를 추종하는 2, 3선 축까지도 고분양가에 완판을 기록했다. 지방 역시 부산 해운대·수영·동래, 대구 수성구처럼 도시의 중심축만 살아남았다.

③ 청약통장 시장도 이 양극화를 그대로 따라갔다.

고분양가와 낮은 당첨 가능성 때문에 해지하는 사람은 늘었지만, 반대로 '그래도 한 번 찔러보자' 라며 신규 가입도 2025년 중반 이후 다시 증가세를 탔다. 물론 이내 다시 하락세를 보였지만.

정리하자면 어떤 사람들은 포기했고 어떤 사람들은 기회를 보았다. 그리고 그 둘을 가른 기준은 '입지의 구조'였다.

2025년을 청약시장 분위기를 지배한 세 가지 구조

2025년 청약 시장을 움직인 기준은 놀랍도록 단순하다. 강남권, 분상제지역, 지방 일극지 이 세 가지 중 하나만 충족하면 수요가 붙었고, 없으면 시장에서 밀려났다.

① 강남권

고분양가 시대에도 강남권이 안정적인 청약 수요를 유지하는 이유는 단순히 선호의 문제가 아니다. 현재 분양가와 입주 후 시세 간의 구조적 괴리가 가장 크게 발생하는 지역이기 때문이다. 강남권은 교통, 학군, 직장, 인프라, 자연환경 등 최고의 입지 조건이 중첩된 우위 속에서 신규 아파트의 프리미엄이 시장 평균을 압도한다.

이 구조는 자연스럽게 청약 경쟁의 양극화와 청약통장 해지율 증가로 이어진다. 4인 가족 최고 점수인 69점도 당첨이 매우 힘들고 5인 가족도 당첨을 위해 눈치 싸움을 해야 할 정도다. 점수가 높다고 되는 것은 아니다. 분양가 전액에 가까운 자금을 갖춰야 한다. 그러니까 청약 스펙과 자금까지 모두 갖춘 소위 말하는 '있는' 사람들이 강남권 청약을 독점하면서 무주택 중·저가점층은 '진입불가 시장'이라는 인식을 강화한다. 이 과정에서 "될 사람만 되는 시장(될놈될)"이라는 정서가 확산되고, 청약통장을 유지할 동기가 약화되며 해지가 가속화되었다.

② 분양가 상한제 & 3기 신도시

분양가상한제가 적용되는 지역은 정책적으로 분양가가 억제되는 구조적 특징을 갖는다. 이러한 지역은 시세 대비 분양가가 낮게 책정되는 경향이 뚜렷하며, 특히 신도시급 개발지에서는 이 '제도적 가격 차익'이 청약 경쟁의 핵심 요인이 된다. 과거의 1, 2기 신도시들이 그랬으며 올해부터 공급되고 있는 3기 신도시들도 이에 해당이 된다.

올해 분양했던 왕숙/진접신도시, 교산신도시에서 분양했던 공공분양 단지들〈Ex. 왕숙 B17(공공분양)과 A24(신혼희망타운)〉은 이를 단적으로 보여준다. 이들 단지들은 예상되는 시세 대비 확연히 낮은 분양가로 공급되었고, 이는 단기적으로 교통, 생활 인프라가 미완성이라는 약점을 갖더라도 입주 시점에는 정상 시세 이상의 수준으로 가격이 형성 될 가능성이 매우 높은 배경을 갖고 있다.

이러한 지역은 무주택·청년·신혼부부 등 실수요층에게는 고분양가 시대에도 유효한 마지막 가격 메리트가 된다. 단순히 저렴해서가 아니라 입지 대비 가격 판단의 시각에서 재평가할 내재 가치를 갖고 있기 때문이다.

③ 지방 일극지

지방 전체가 상승하던 시대는 끝났다. 지방은 고분양가 시대에 더욱 극단적인 선별 시장으로 변모했다. 산업 / 행정 / 인구 / 교통 / 교육의 중심축 역할을 하는 도시의 코어 단지만 살아남았다. 부산과 대구의 최근 사례는 이를 명확히 방증한다. 부산은 해운대, 수영, 동래 등 도심 핵심 축이 여전히 안정된 수요를 유지함을 보여줬다. 국민주택규모인 전용 $84m^2$의 14억 원 전후의 고분양가에도 금세 완판되었다. 올 하반기 분양했던 '베뉴브 해운대', '써밋 리미티드 남천', '르엘 리버파크 센텀'이 그 예다.

대구는 지난 5년 간 공급 과잉의 조정을 거쳤음에도 최근엔 수성구처럼 도시의 코어 역할을 하는 지역은 최근 신고가를 기록하면서 수요 회복이 뚜렷해지는 곳들이 보인다. 또한 창원·청주·전주 등 특례시 혹은 도청 소재지 역시 도시 기능이 집중된 지역을 중심으로 수요가 유지된다. 이 지역들의 공통점은 명확하다. 도시 전체의 경기 변동과 무관하게 핵심축에 수요가 집중되는 특성을 가진다는 점이다.

2025년 청약 시장은 입지의 구조가 수요를 가르고, 그 결과는 완판과 미달이라는 극단적인 숫자로 나타났다. 그러나 시장의 양극화가 입지에서 끝난 것은 아니다. 같은 시기, 정책과 규제는 또 다른 기준선을 만들었고 실수요자들은 그 안에서 각자의 선택지를 다시 정리하기 시작했다. 다음 장에서는 혼란스러웠던 정책 환경 속에서 사람들이 왜 이전과 다른 길을 택했는지, 그리고 청약을 고민하기 전에 반드시 점검해야 할 규제의 현실을 짚어본다.

정책은 소란스러웠고
실수요자는 다른 길을 선택했다

청약 선택 전 규제 점검

10·15 대책 이후 영향
- 숨 고르기에 들어간 시장

지난 10월 15일 발표된 정부의 '부동산시장 안정화 방안'은 시장의 과열된 흐름에 브레이크를 거는 역할을 했다. 대출 규제 강화와 공급 여건 불확실성이 맞물리며, 부동산 시장은 다시금 '숨 고르기' 단계로 접어들었었다. 서울과 수도권 주요 지역이 투기과열지구와 토지거래허가구역으로 동시에 묶이면서 투기수요를 억제하는 기조가 한층 강화됐다. 그 결과, 갭투자와 2주택 이상 공격적 매수는 주춤한 반면, 실거주 중심의 '안정적 매수세'가 시장의 주류가 되었다. 그리고 이 기조는

2026년까지 이어지고 있다.

대책 여파로 서울과 수도권의 일부 지역은 거래량이 일시적으로 감소했지만, 실수요층이 두터운 신축 아파트나 생활 인프라가 잘 갖춰진 지역에서는 여전히 견고한 수요가 유지되는 모습이다. 부동산은 늘 틀어진 간극(시장에 의해 자연스럽게 생기든, 인위적으로 제한하든) 속에서 균형을 찾는다. 10·15 대책의 목적도 시장의 과열을 식히되, 실수요자가 안정적으로 내집마련을 할 수 있는 환경을 마련하기 위한 속도조절 장치의 역할을 일부 하기도 했다.

풍선효과의 이동
- 규제 제외 지역으로 시선 집중

한쪽을 누르면 다른 쪽이 부풀어 오르는 '풍선효과'는 이번에도 예외가 아니었다. 규제 지역의 거래가 위축되자 비규제 지역이나 규제완화 기대감이 있는 곳으로 수요가 자연스럽게 이동하는 흐름이 이어졌다. 용인시 수지구와 같은 지역이 그 예다. 2026년 1월 4주차까지 KB주간 시세 상승률 연속 6주 1위를 기록하기까지 했다. 한편 아파트 청약에서는 대출규제에서도 중도금 대출이 상대적으로 더 많이 대출을 해주고, 전매 제한이 완화된 지역은 실수요와 투자수요가 맞물리는 교집합 역할을 하면서 거래량도 꾸준하다. 10·15 대책은 수도권 전반의 열기를 식히면서 동시에 규제 밖 지역의 존재감을 부각시키기도 했다.

이번 대책 이후 일부에서는 "집값이 본격 하락할 것"이라는 전망도 나오지만, 실제 시장은 그렇게 단순하지 않다. 지난 3년간의 흐름처럼 지루한 답보 상태가 지속되거나 가격 조정은 일시적일 수 있으나, 일부 지역 일극화로 집중되는 수요를 규제를 통해 분산, 균형을 맞추려는 의도도 내포된다. 한편 분양 시장으로 일부 관심이 집중되는 흐름은 오히려 뚜렷하다. 물론 합리적 가격에 내 집을 마련해야 하는 전제는 확실히 두고 말이다.

규제가 청약시장에 미치는 영향 – 집값 하락보단 '체질 변화'

정부의 정책 방향이 '청약 당첨=실거주'라는 원칙을 강화시키면서 이 과정에서 눈에 띄는 변화는 실거주 중심의 청약 재편이다. 대출 한도는 줄고, 전월세 전환 비율이 높아져 주거비 상승이 예견되는 현 시점에서, 확실한 내 집, 새 집이라는 만족감에 '잔금 유예' 성격이 짙은 청약이, 되려 매력적으로 보이는 상대적 이점을 갖게 되기도 했다.

10·15 규제는 '가격 조정'보다는 '시장 체질 개선'의 방향으로 작용했다(일시적이었지만). 즉, 시장을 왜곡시키는 투기 수요를 거르고 실수요자 중심으로 재편하려는 균형의 목적이었다. 이러한 정책과 그로 인한 사람들의 행동은 시장의 분위기를 바꿨다. 10·15 규제 후 청약에

서의 가장 큰 인식 변화는 '청약만이 유일한 답'이라는 맹신이 흔들리기 시작했다는 점이다. 그렇다고 해서 청약이 완전히 외면받은 것은 아니다. 다만 실수요자들은 무작정 청약에 매달리기보다, 자신이 처한 상황에서 가장 합리적인 선택이 무엇인지 다시 점검하기 시작했다.

정책 발표 직후 나타난 첫 번째 반응은 관망이었다. 대출 규제가 강화되면서 자금 계획이 불확실해졌고, 이로 인해 일부 수요는 잠시 발을 빼고 상황을 지켜봤다. 그러나 이 관망은 포기가 아니었다. 실수요자들은 이 시간을 활용해 기준을 정리했다. 청약을 계속 가져갈 것인지, 기존 주택을 매수할 것인지, 혹은 전세로 버티며 다음 기회를 노릴 것인지에 대한 판단이 이뤄졌다.

흥미로운 점은 이 시기에 나타난 선택의 분화다. 점수가 높고 자금 여력이 충분한 일부 실수요자들은 여전히 청약 시장에 남았다. 다만 이전처럼 모든 단지에 무작위로 도전하지는 않았다. 입지와 가격, 입주 시점의 안정성이 분명한 단지에만 선택적으로 청약을 넣었다. 반면 점수가 낮거나 자금 부담이 큰 실수요자들은 청약 외의 선택지를 적극적으로 검토하기 시작했다.

또 다른 변화는 청약 전략의 재정비다. 특별공급과 일반공급의 활용 방식, 지역 우선 여부, 예비당첨까지 고려한 전략적 접근이 늘어났다. 청약을 포기한 것이 아니라, 청약을 대하는 태도가 달라진 것이다. 무조건적인 도전에서 선별적인 선택으로의 전환이었다.

결국 10·15 대책 이후 청약 시장에서 나타난 변화의 핵심은 '정리'였다. 무작정 도전하던 시대는 지나가고, 실수요자들은 점수·자금·규제를 동시에 계산하며 선택의 범위를 좁혀 나갔다. 정책은 시장의 속도를 늦췄지만, 수요 자체를 사라지게 하지는 못했다. 그렇다면 이 선별의 과정 끝에 실제로 선택받은 곳은 어디였을까. 규제 속에서도 경쟁이 붙은 단지, 반대로 가격을 낮췄음에도 외면받은 단지의 차이는 무엇이었을까. 다음 장에서는 결과로 드러난 청약 시장을 통해, 비싸도 팔린 곳과 싸도 미달 난 곳의 구조적 차이를 구체적으로 살펴본다.

실제로 팔린 곳은
무엇이 달랐는가

비싸도 팔리고, 싸도 미달 나는 이유

2025년 청약 시장을 관통하는 또 하나의 중요한 질문은 이것이다. 도대체 어떤 곳이 실제로 팔렸는가? 이 질문에 대한 답은 분양가가 싸냐 비싸냐라는 단순한 기준에서 설명이 되진 않는다. 오히려 비싸도 팔린 곳과, 싸지만 외면받은 곳의 차이가 더욱 선명하게 드러났다.

초고분양가 시대라는 체감을 한 번 느껴보자. 2025년 전용 $59\,m^2$(24평형)의 분양가는 2022년 전용 $84\,m^2$(34평형)의 분양가 수준을 뛰어 넘어 버렸다. 2025년 영등포에서 분양한 '리버센트 푸르지오 위브'의 전용 $84\,m^2$의 분양가는 약 17억 원, 이 가격 수준은 2021년에 분양

2022년
84㎡ 분양가
=
2025년
59㎡ 분양가

2021년
강남 분양가
=
2025년
영등포 분양가

2021년
강남 분양가
(분상제)
=
2025년
분당 분양가
(분상제×)

서울 국평
10억 이하 소멸

2024년 국평 최저
12.11억

2026년 분양가
15억부터 시작

했던 '래미안 원베일리'의 전용 $84m^2$ 분양가격 수준이다. 2025년 강남 (분양가상한제지역)의 분양가는, 같은 해 분양했던 더샵 분당 티에르원의 분양가와 거의 같았다. 이처럼, 국민주택규모라고 불리는 전용면적 $84m^2$의 분양가는 서울 기준으로 이제 15억 원 이하는 찾아보기 힘들어졌다.

그럼에도 불구하고 완판 행진이 이어지는 이유는 아주 간단하다. 바로, 신규 분양단지의 가격이 시세보다 낮거나 적어도 비슷하기 때문이다.

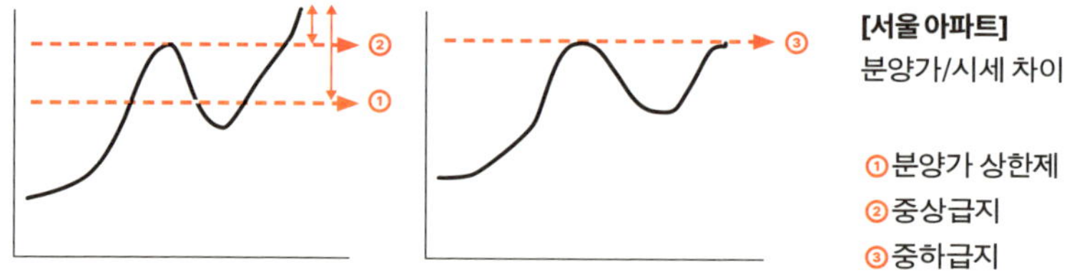

최근 10년 간의 서울 아파트 시세를 간단한 그래프로 보면 대부분 위와 같은 선이 그려질 것이다. 서울 중상급지는 왼쪽의 그래프를 나

타내며, 시세보다 30~40% 저렴하게 분양하는 분상제 지역의 경우 소위 말하는 로또의 차익이 기대된다. ① 한편 비강남권 중에서도 동작, 성동처럼 가격이 세게 형성되는 지역 내 분양가는 엄청나게 비싸지만 그래도 차익은 조금 있다 ② 노도강/금관구 등으로 대표되는 서울 외곽지에서의 분양도 ③과 같이 시세차익은 없거나, 기대감이 낮지만 분양 완판에 문제없는 상황이다.

이러한 상황을 단적으로 보여주는 예가 있다.

25년 10월	주택형	공급세대	접수건수	경쟁률	가점 최저	가점 최고	평균
	44A	12	2,174	181.17	69	74	71
	44B	3	398	132.67	66	69	67.5
	49A	24	6,368	265.33	69	70	69.1
	49B	10	1,820	182	69	71	69.5
	49C	2	1,370	685	70	70	70
힐스테이트 이수역센트럴	59A	3	2,198	732.67	74	74	74
	59B	3	1,433	477.67	74	74	74
	74A	2	603	301.5	69	69	69
	84A	10	4,479	447.9	69	74	72.5
	84B	3	269	89.67	69	71	70
	84C	1	160	160	72	72	72
	84D	3	465	155	69	72	70.5
합계		76	21,737				

특히 10·15규제를 적용받기 전 마지막 비규제지역 서울 분양이었던 '힐스테이트 이수역 센트럴'의 경우, 분양가와 시세가 당시 같은 수준이었음에도 불구하고 단 76세대의 일반공급을 당첨받기 위해 21,737개의 서울 통장이 접수되었다.

지방에서도 부산, 대구와 같은 5대 광역시 외에도 오랜만의 분양이거나 공급이 부족하여 신축의 갈망이 큰 지역에서는 서울과 비슷한 청약 열기를 보이기도 했다. 전주와 창원이 그 예다.

25년 1월	주택형	공급세대	접수건수	경쟁률	가점 최저	가점 최고	평균
	39A	8	151	18.88	50	64	57.5
	59A	17	344	20.24	56	63	59.43
	59B	12	140	11.67	56	63	59
	59C	29	774	26.69	59	82	63.25
	59D	47	685	14.57	58	69	61.89
	84A	65	3,947	60.72	65	79	68.88
더샵 라비온드	84B	50	1,136	22.72	61	70	64.45
	84C	9	323	35.89	67	69	68
	84D	365	5,719	15.67	58	84	62.59
	101A	37	1,032	27.89	–	–	–
	101B	134	2,760	20.6	–	–	–
	117A	57	2,278	39.96	–	–	–
	117B	6	281	46.83	–	–	–
합계		836	19,570				

다음의 표는 2025년 1월에 분양했던 '더샵 라비온드'의 청약결과다. 전주에서는 전주에코시티, 서신동 등 쾌적한 주거지와 학군지에서의 분양이 거의 마무리가 된 상태였고, 이들 아파트에 청약했다가 낙첨된 2만여 명의 청약자들이, 그보다 입지와 시세차익의 기대감이 낮은 더샵 라비온드에 '막차'라도 타자라는 생각으로 몰렸다.

그리고 2025년 12월에 분양한 '창원 센트럴 아이파크'는 18세대 일반공급 분양에 11,586명의 창원 거주자 통장이 접수되었다. 신월 2주택 재건축정비사업조합으로 1,509세대 규모에 1:1 재건축으로 진행되었어서 특별공급 포함 36세대만 일반분양으로 공급한 단지이다. 전용 $59m^2$ 소형면적만 저층 위주로 분양, 7억 원에 가까운 부담스러운 분양가임에도 해당 지역 거주자에게는 정말 갖고 싶고, 살고 싶은 주거지로 인식이 되었던 것이다.

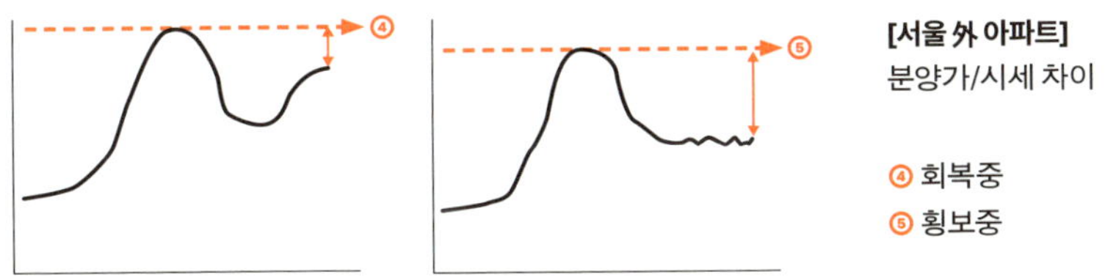

한편 시세 상승이 약하거나 아직도 횡보중인 지역에서는 고분양가에 공급하는 신축아파트를 소화하지 못하고 있다. 위와 같은 상황인 것이다.

상승 탄력이 살아 있는 곳에서 고분양가는 미래 가치 선반영으로 인식하지만, 위와 같이 정체된 지역에서는 시세와 동일하게 분양을 해도 이 가격은 부담으로 인식된다. 문제는 이러한 온도 차이가 시간이 지나며 공급 성적표로 드러난다는 점이다. 청약에서 외면받은 물량은 1순위 미달과 저조한 계약률로 나타나고 다시 미분양 통계로 이어지며 지역별 시장 체력을 적나라하게 보여준다. 결국 분양가를 소화하지 못한 곳에서는 그 결과가 숫자로 쌓이기 시작한다. 2025년 11월 기준 전국 미분양 주택 현황을 보자.

2025년 11월 기준 전국 미분양 주택 현황

'25. 11월 말 기준 전국 미분양 주택 현황

구분	'21.12	'22.12	'23.12	'24.12	'25.10	'25.11	전월대비	
							증감	증감률
전국	17,710	68,148	62,489	70,173	69,069	68,794	△275	△0.4%

(단위 : 호)

최근 4년 간 전국 미분양은 7만 호 안팎으로 크게 늘지도 않고 줄어들지도 않은 상태를 유지하고 있다. 그렇지만 악성 미분양으로 분류되는 '준공 후 미분양'은 심각하다.

2024년부터 준공 후 미분양이 크게 증가하여 2025년 11월 기준 29,166호를 기록, 준공 전 미분양까지 더하면 약 10만 호의 미분양이 적체되어 있는 상태다. 시세보다 더 비싸게 분양하고 있는 수도권 외

구분	'21.12	'22.12	'23.12	'24.12	'25.10	'25.11	전월대비	
							증감	증감률
전국	7,449	7,518	10,857	21,480	28,080	29,166	1,086	3.9%

(단위 : 호)

곽과 대부분의 지방이 현 상황이라면, 준공 전후 미분양 수는 조금씩 더 증가할 수도 있다.

그런데 마냥 비싸다고 청약 경쟁률이 미달이고 미분양이 쌓이는 것은 아니다. 외지 수요를 끌어올 수 없는 공급과잉의 특정 지역은, 시세와 같거나 조금 낮더라도 청약자들은 외면한다. 이천, 평택, 영종도와 같은 곳이 그렇다. 단기간에 공급이 집중되면서 수요층이 얇아진 것이다. 또한 공공택지 내 분양하는 신도시는 투자수요도 원천 차단이 된 상태다. 비규제지역이라도 입주 전까지 분양권 전매제한을 적용받기 때문에, 실수요만 참여할 수 있는 시장이다. 즉 동시에 투자성이 없다는 얘기다. 먼저 분양했던 단지의 분양권을 저렴하게 사거나 인근 신축을 매수하는 등 청약의 대체 방법도 많다. 다음 장에서는 청약보다 나을 수도 있는, 내 집을 갖는 방법에 관해 얘기를 해보겠다.

청약 외에 "새 집"을 사는 3가지 방법

청약 파트에서 청약의 대체재를 찾는 것이 나을 수도 있다는 것이 무슨 뚱딴지 같은 소리냐 할 수도 있겠다. 청약의 목적은, 내집마련이 제 1목표라지만 좀 더 본질로 들어가면 결국 집을 소유했을 때 가격이 올라줘야 하는 투자의 영역이다. 풀어서 얘기하면 청약은 '새 집'을 시세보다 '싸게' 사서 '이익'을 남겨야 하는 대전제인 것이다.

이 대전제를 잊는 순간 청약은 투자가 아니라 도박이 된다. 그런데 지금의 청약 시장을 보면 어떤가. 분양가 상한제는 '될놈될' 시장이 되었고, 건설사는 누가 더 높은 분양가를 책정하고 잘 파느냐 경쟁 중이다. 동시에 신규 분양단지가 프리미엄은 커녕 마이너스가 나는 단지도 많고, 준공 후 악성 미분양의 재고로 고생하는 경우도 잦다. 이런 환경에서 무작정 청약만 바라보는 게 과연 답일까.

집을 사는 방법은 많아 보이지만, 선택지는 그리 많지 않다. 특히 실수요자 관점에서라면 더 그렇다. 결국 집을 산다는 건 언제, 어떤 집을, 얼마에 사느냐의 문제다. 이 중에서도 가장 중요한 건 단연 가격이다. 아무리 좋은 입지, 아무리 새 아파트라도 비싸게 사면 좋은 선택이 되기 어렵다.

가성비 철철 넘치게 새 집을 사는 방법은 대표적으로 세 가지다.

입주 2~3년 차 신축 아파트

이 시기의 단지는 의외로 급매가 자주 나온다. 1주택 비과세 요건을 채운 집주인이 갈아타기를 준비하면서, 가격을 낮춰 매물을 내놓는 경우가 많기 때문이다. 외관은 여전히 새 아파트고, 하자도 대부분 정리된 상태다. 단지의 실제 생활 여건, 학군, 상권도 어느 정도 검증이 끝난 시점이라 실패 확률이 낮다. 분양권 프리미엄이 빠지고 시장의 관심이 식은 시점이지만, 실거주 관점에서는 오히려 가장 안정적인 구간이다.

매물을 찾는 방법도 아주 간단하다. '호갱노노', '네이버페이(부동산)'만 확인하면 된다. 전국의 매물을 한 눈에 서치가 가능하다. 인천 역세권 34평, 5억 원대 새 아파트를 찾고 싶다면 일단 호갱노노에 접속한다. 웹이든 모바일이든 편한 접속 방법이면 된다.

이처럼 필터 기능을 사용해서 검색 대상을 뾰족하게 줄인다.

- 32평 이상 36평 이하

- 매매 5억 원 이상 6억 원 미만

- 단지 규모 500세대 이상 (중규모)

- 입주년차 2년 이상 4년 이내

입주년차를 2년 이상 4년 이내로 설정하면 입주만 2년, 3년된 아파트가 걸러진다. 2년 이상으로 설정한 이유는 곧 만 2년차가 도래될 아파트까지 검색에 걸리게 하여, 매수 대상을 미리 준비할 수도 있기 때문이다.

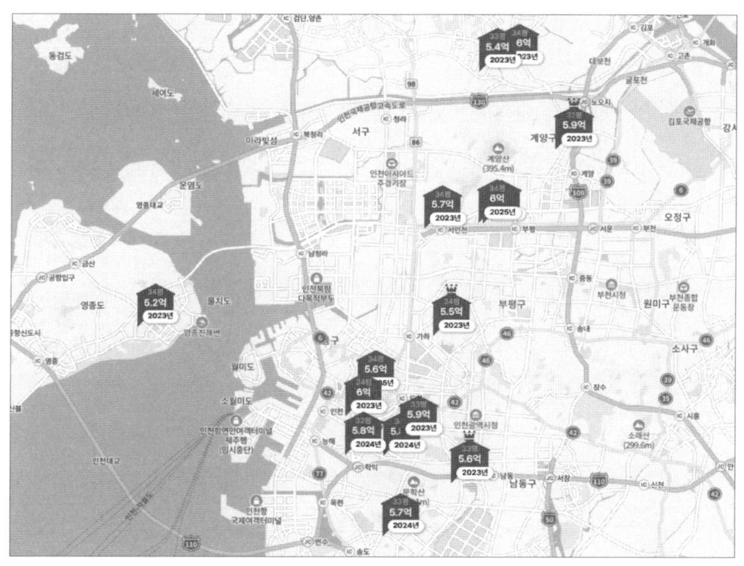

이렇게 해서 나온 아파트들이다. 위쪽부터 시계 방향으로 서구, 계양구, 미추홀구, 중구(영종도)에 위치한 단지들이 보인다. 서구(검단신도시)의 최근 분양가는 34평형 기준 6억 원을 넘겼고, 계양구는 7억 원, 미추홀구는 6억 원 중반, 영종도는 5억 원 중후반 대에서 공급하고 있다.

청약을 통해 분양을 받는 것이 나은 지, 이렇게 검색하여 가성비 있는 신축을 찾아내는 것이 나은지 기존 생활권과 출퇴근, 자녀가 있다면 학교 등을 고려하여 선택지를 이렇게 넓혀 낼 수가 있는 것이다.

입주를 앞둔 단지

이 시기는 생각보다 많은 변수가 동시에 터진다. 수분양자가 잔금을 마련하지 못하거나, 전세 세팅이 막히는 경우가 대표적이다. 특히 시장이 조정기일수록 이런 상황은 더 자주 발생한다. 입주를 코앞에 두고 급하게 매물이 출현한다. 초급매다. 이 경우 분양가 수준이나 그보다 낮은 가격에 거래되기도 한다. 입주기간은 길어야 두어달, 말 그대로 일시적인 바겐세일 구간이다. 타이밍을 맞추긴 쉽지 않지만, 자금과 용기가 준비된 사람에게는 확실한 기회다.

입주를 앞둔 단지는 주로 "아실" 홈페이지에서 검색하여 찾아낸다. 인천의 예를 이어서 보자.

APT 입주물량

위치	단지명	입주년월	총 세대수
인천 서구 불로동	인천검단AA21블록	2025년 6월	1,224세대
인천 서구 당하동	검단역금강펜테리움더시글로 2차(주...)	2025년 6월	483세대
인천 연수구 옥련동	송도역경남아너스빌	2025년 6월	218세대
인천 미추홀구 숭의동	두산위브더제니스센트럴여의	2025년 6월	1,115세대
인천 연수구 송도동	힐스테이트레이크송도4차	2025년 7월	1,319세대
인천 계양구 효성동	제일풍경채계양위너스카이B블록	2025년 8월	566세대
인천 계양구 효성동	제일풍경채계양위너스카이A블록	2025년 8월	777세대
인천 미추홀구 도화동	서희스타힐스더도화	2025년 8월	144세대

인천 중구 운서동	영종유승한내들스카이2차 (민간임대)	2025년 8월	243세대
인천 서구 불로동	검단신도시우미린클래스원	2025년 9월	875세대
인천 중구 운남동	영종국제도시제일풍경채디오션	2025년 9월	670세대
인천 계양구 작전동	인천작전한라비발디	2025년 10월	340세대
인천 서구 불로동	검단신도시금강펜테리움 3차센트럴...	2025년 11월	1,049세대
인천 남동구 간석동	인천시청역한신더휴	2025년 12월	469세대
인천 미추홀구 주안동	주안센트럴파라곤	2025년 12월	1,321세대
		총 세대수	10,813세대

출처 : 분양물량조사

　'아실' 입주물량을 검색하면 쉽게 찾을 수 있다. 이 중에서 거래가 능한 단지를 걸러내야 한다. 위 표에서 회색 음영으로 해 둔 곳은 분양권 매매 불가 단지다. 공공택지인 검단신도시, 영종국제하늘도시 내 분양한 아파트라서, 입주 전까지는 분양권을 사고 팔 수가 없다. 그럼 그 외 분양권을 보면 된다. 현재 이 글을 쓰고 있는 시기는 2026년 2월이지만 입주가 7개월 이상 훌쩍 지난 분양권들의 급매가 아직까지 남아 있다.

　송도역경남아너스빌의 경우 마이너스 프리미엄 6천만 원의 초급매도 보인다. 24평형이 현재 이 지역에서 분양을 한다면 5억 원 이상이다. 실제 2025년 7월에 분양한 인근 단지인 '송도역 한신더휴 프레스턴'은 동일 평형을 5.2억 원대에 분양한 이력이 있다. 즉 입주기간이거나 입주기간이 조금 지났어도 잔금을 못 치른 초급매는 이렇게 바겐세일 기간이 일시적으로 존재하는 것이다.

속도가 붙은 정비사업

재개발·재건축 중에서도 사업이 정체된 곳이 아니라, 이주나 철거, 분양을 앞둔 단계의 입주권을 말한다. 정비사업은 일반분양보다 구조가 복잡하고, 추가분담금이라는 불확실성이 존재한다. 그래서 많은 사람들이 막연히 위험하다고 느낀다. 하지만 사업 단계가 상당 부분 진행된 곳은 변수의 범위가 제한적이다. 관리처분 이후, 혹은 이주가 본격화된 시점의 입주권은 결과적으로 새 아파트를 시세보다 합리적

집주인 **주안센트럴파라곤 108동**

매매 4억 7,540

아파트분양권 · 114/84m², 20/35층, 남동향
P 1억5,000

2년이내 대단지 화장실두개 방세개

확인매물 26.01.20. 중개사 2곳 ∨

집주인 **주안센트럴파라곤 108동**

매매 5억 6,651~5억 6,818

아파트분양권 · 114/84m², 저/35층, 남동향
P -2,000

2년이내 대단지 급매 방세개

확인매물 26.01.20. 중개사 2곳 ∨

으로 확보할 수 있는 좋은 투자처가 되기도 한다. 물론 옥석 가리기는 필수다.

인천 예시를 계속 들어보자.

2025년 12월에 입주를 하고 이 당시 동일 평형대의 각각 입주권, 분양권 매물이다. 입주권은(재개발 물건 중에는 입주권인데 분양권으로 표기되는 매물들이 상당히 많다.) 20층으로 좋은 층에 4.7억 원, 분양권은 저층에 마이너스 프리미엄 2천만 원을 적용하더라도 5.6억 원이다. 입주권이 무려 1억 원이나 싸다. 이렇게 입주기간이 맞물리면 정비사업의 일반분양 매물(분양권)과 기존 조합원 매물(입주권)이 혼재한 상황에서 확실히 싼 매물이 튀어나오기도 한다. 이 정도만 알려줘도 엄청난 팁

아닌가? 평생 써 먹어도 될 쉬운 세 가지 방법을 간단하고 확실하게 제시했다.

청약에 당첨되는 것보다 중요한 건, 결국엔 '가격'이다. 새 집을 갖고 싶다면 치열한 경쟁 속 운이 따라주길 바라거나, 기다림의 희망고문을 스스로 감내할 필요는 없다. 시장에는 항상 비효율이 생기고, 그 틈에서 기회는 나온다. 중요한 건 방법이 아니라 원칙이다. 새 집을, 좋은 입지에서, 감당 가능한 가격으로 사는 것. 이 원칙을 놓치지 않는다면 선택지는 생각보다 많다.

청약 말고도 새 집을 마련할 수 있는 방법은 생각보다 다양하다. 입주 몇 년 차 신축도 있고, 입주를 앞둔 단지의 급매도 있고, 진행이 꽤 된 정비사업도 있다. 이렇게 선택지를 하나씩 살펴보다 보면 자연스럽게 시선이 옮겨간다. 더 위로. 방법의 문제가 아니라, 내가 어디를 목표로 삼고 있는지 다시 되묻기 때문이다. 다음 장에서는 상급지를 조금 다른 각도에서 바라본다. 남들이 정해놓은 기준, "상급지=서울"이 아니라, 각자의 위치에서 한 단계 위로 올라갈 수 있는 상급지에 대해 이야기해보려 한다.

저마다의 상급지가 있다 – 과연 인서울만 답일까?

3기 신도시 본격 분양시대

서울, 왜곡된 통계에 좌절하지 말자

KB부동산 2025년 12월 4주 아파트시장 동향 발표에서 서울 아파트는 평균 매매가 15억 810만 원, 중위 매매가 11억 556만 원으로 사상 최고치를 돌파했다. 분양가도 초고가 행진이다. 전용 $84m^2$ 분양가도 15억 원 이하는 이제 서울 전 지역에서 찾아볼 수 없고, 강남권 분양은 경쟁률 수백 대 일, 당첨 가점 70점 이상, 숫자만 보면 서울은 이미 '선택받은 사람들만의 리그'가 되었다. 이 때문에 많은 이들이 서울 아파트 입성을 포기 한다. 포기에 앞서 우리가 보고 있는 이 통계가, 과연 나의 현실을 정확히 반영하고 있는지부터 물어봐야 한다.

우리가 매일 접하는 서울 청약 통계의 대부분은 강남·서초·송파, 이른바 로또 청약지에 집중되어 있다. 극단값이 평균을 끌어올리고 그 평균은 다시 좌절을 생산한다. 문제는 이 숫자가 서울 전체의 모습인 것처럼 해석된다는 점이다. 실제로 서울 아파트에는 다양한 가격대, 다양한 입지, 다양한 소유 방법이 존재한다. 그런데 통계는 늘 가장 비싸고 가장 경쟁이 치열한 곳을 전면에 세운다. 통계는 정보라기보다, 심리전으로 쓰이기도 한다. 하지만 시장은 평균이 아니라 개별 사례들의 합으로 움직인다. 그리고 내 인생은 평균으로 사는 게 아니다. 내집마련도 마찬가지다.

상급지는 하나가 아니라, 각자의 위치에 따라 달라진다

상급지는 절대적인 개념이 아니다. 누군가에게 상급지는 반포의 신축 34평이지만, 다른 누군가에겐 광명, 또 다른 누군가에겐 미사나 다산일 수 있다. 중요한 건 "남들이 부러워하는 곳"이 아니라 "지금의 나에서 한 단계 위"다. 무주택자에게 첫 분양권은 상급지이고, 수도권 외곽에 있는 사람에게 서울 외곽은 충분히 상급지다. 상급지는 늘 현재 위치 대비 상대적 이동으로 정의되어야 한다. 그런데 우리는 목표를 한 번에 끝까지 당겨버리는 오류를 항상 범한다. 강남이 아니면 실패, 서울 핵심지가 아니면 의미 없다고 생각한다. 이 사고방식이 문제다. 시장은 계단식으로 움직이는데 우리는 엘리베이터만 찾고 있다.

인서울이 목표라면 '단계'를 밟아가자

서울을 포기하자는 말이 아니다. 다만 접근 방식을 바꾸자는 이야기다. 한 번에 들어가려 하지 말고, 쪼개고, 우회하고, 시간을 활용하자. 비강남 소형, 3기 신도시, 입주장 매수, 규제와 비규제의 경계 지점들 등 서울 진입 경로는 생각보다 많다. 다만 그 길은 뉴스 헤드라인에 잘 나오지 않을 뿐이다.

예를 들어 진접 2지구 24평형 아파트는 4억 원에 분양을 하며, 수도권에 거주하는 무주택자라면 청약이 가능하다. 거주의무도 없어서 기존 거주지에서 계속 살면서 전세를 놓아도 된다. 예상되는 전세가격은 최소 3억 원 이상으로 큰 부담이 되지 않는다. 현재 예상되는 시세는 6억 원으로, 당첨받자마자 확보되는 이익도 상당히 크다. 이런 기회를 놓치지 말고 탄탄하게 자산을 쌓아가면서 원하는 나만의 상급지로 결국 이동할 수 있게 된다.

2025년을 기점으로 2026년부터 청약 시장에서 가장 분명하게 드러나게 될 변화 중 하나는 공공분양의 존재감이다. 그동안 청약 시장의 중심은 민간분양, 그중에서도 서울과 서울 인접 핵심지에 집중되어 있었다. 하지만 고분양가 구조가 고착화되고, 실수요자의 자금 부담이 커지면서, 시장은 자연스럽게 다른 선택지를 찾기 시작했다. 그 대안이 바로 3기 신도시를 중심으로 한 공공분양이다.

공공분양은 오랫동안 '저렴하지만 불편한 선택지'로 인식되어 왔다. 입지가 애매하고, 교통과 생활 인프라가 미완성이라는 이유로 평가절하되기 일쑤였다. 그러나 2026년의 공공분양은 과거와 성격이 다르다. 단순히 가격이 저렴한 주택이 아니라, 구조적으로 가성비가 성립되는 상품으로 재편되고 있다. 이 변화의 배경에는 정부의 분명한 정책 기조가 있다. 민간분양만으로는 실수요자의 내집마련 수요를 감당하기 어렵다는 판단 아래, 공공분양의 비중을 점진적으로 확대하고 있다. 특히 수도권에서는 3기 신도시를 중심으로 대규모 물량이 단계적으로 공급될 예정이다.

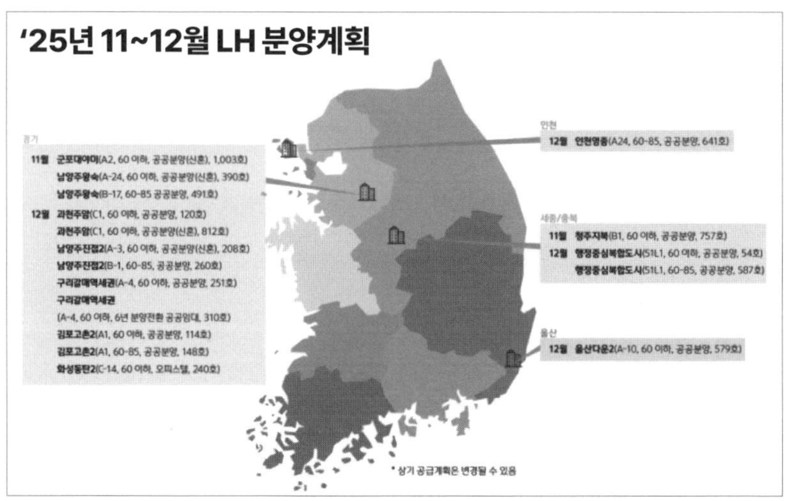

2025년 하반기에는 위와 같은 공급 계획을 공개했고 실제 대부분 분양을 완료했다. 그리고 2026년에는 수도권 공공분양주택 공급계획을 아래와 같이 발표하기도 했다. 적어도 시세와 비슷하거나 과천, 창릉, 교산, 왕숙, 진접2 등 지역은 시세보다 20~30% 저렴한 공급가가 예상된다. 3기 신도시 공공분양의 가장 큰 장점은 가격 구조다. 분양가는 주변 시세 대비 확연히 낮게 책정되는 경우가 많다. 이는 단기적인 시세 차익보다는 안정적인 주거 확보와 중장기적인 자산 형성에 초점이 맞춰진 구조다. 실수요자 입장에서는 고분양가 민간분양과 비교했을 때 진입 장벽이 훨씬 낮다.

여기서 중요한 것은 단순히 '싸다'는 사실이 아니다. 공공분양의 진짜 강점은 가격 대비 불확실성이 상대적으로 적다는 점이다. 분양가 상한 구조로 인해 초기 가격 리스크가 제한되고, 입주 시점까지 자금 계획을 비교적 명확하게 세울 수 있다. 이는 변동성이 커진 시장 환경에서 실수요자에게 큰 안정 요소로 작용한다.

이러한 변화는 공공분양에 대한 시장의 인식도 바꾸고 있다. 예전에는 '어쩔 수 없을 때 선택하는 카드'였다면, 이제는 전략적으로 검토해야 할 주요 선택지로 자리 잡고 있다. 특히 서울 접근성이 개선되는 지역이나, 기존 생활권과 자연스럽게 연결되는 곳일수록 기대 가치는 빠르게 상승한다.

2026년 청약 시장에서 공공분양은 선택이 아니라 전략의 일부가 된다. 서울 민간분양을 목표로 삼되, 현실적인 대안으로 공공분양을 함께 검토하는 복수 전략이 필요하다. 이는 포기의 문제가 아니라, 가능성을 넓히는 긍정과 발전의 문제다. 모두가 서울만 바라볼 때, 또는 아예 청약 자체를 외면하고 포기할 때 누군가는 기회를 찾아 조용히 준비하고 있다.

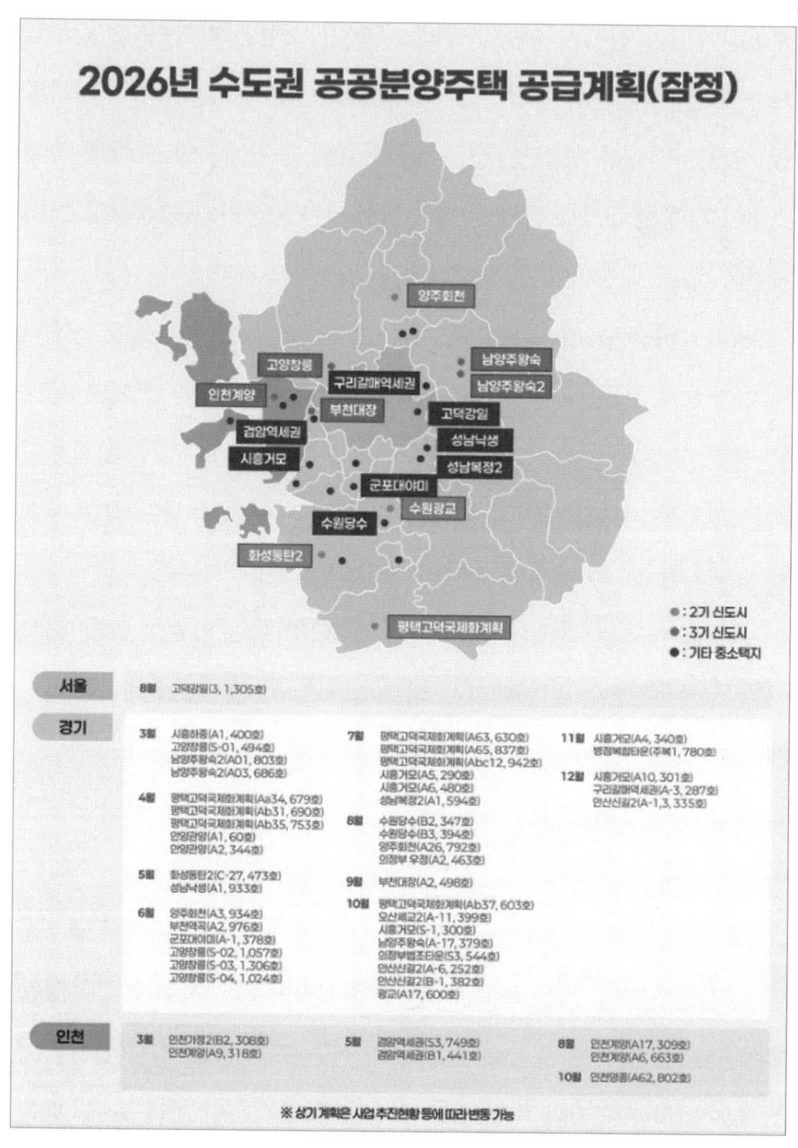

청약은 단거리 경주가 아니라 장기전이다. 수 만 명의 수강생, 수천 명의 당첨자를 만들어 낸 경험적 입장에서 보면, 청약만 놓고 봤을

때 10년 동안 3번은 기회가 온다. 안테나를 바짝 세워 타이밍을 놓치지 않고, 청약 선택을 제때 해주면 누구나 당첨 가능성을 엿보았다는 것이다. 그 기회를 살리려면 남의 상급지를 부러워할 시간이 아니라, 나만의 상급지를 정의하는 시간이 필요하다. 서울은 여전히 높은 벽이지만, 모든 벽이 같은 높이는 아니다. 문제는 벽이 아니라, 우리가 벽 전체를 한 장의 통계로 착각하고 있다는 점이다.

상급지에 목매지 말자.
속도와 크기보다 중요한 건 방향과 선택이다

상급지를 다시 정의하고 나면 시선이 조금 달라진다. 어디가 더 좋아 보이느냐보다, 지금의 나에게 현실적인 선택이 무엇인지가 먼저 보이기 시작한다. 문제는 여기서부터다. 방향은 잡혔는데, 막상 선택의 순간에는 다시 망설이게 된다. 여기까지 생각해 온 사람들은 실제로 어떻게 움직였을까라는 궁금증이 남는다. 다음 장에서는 이 질문에 답해본다. 점수의 고하, 특별한 조건의 유무, 각자의 상황에서 선택을 좁혀 나간 사람들이 어떤 판단을 했고, 그 선택이 어떻게 당첨으로 이어졌는지를 실제 사례를 통해 살펴본다.

실제로 당첨된 사람들은
어떻게 선택했는가

청약을 준비하는 사람들이 공통적으로 하는 질문

청약을 준비하는 사람들이 공통적으로 하는 질문이 있다. "도대체 어떤 사람들이 당첨되었나요?" 이 질문 속에는 막연한 기대와 좌절이 동시에 담겨 있다. 높은 점수나 많은 자금이 있어야만 가능하다는 생각 때문이다. 그러나 실제 당첨 사례를 하나씩 분석해보면, 결과를 가른 요소는 스펙 그 자체보다 선택의 방식이었다.

서울 강남권 초고스펙 당첨 사례를 보면 흔히 오해하는 부분이 있다. 높은 가점이 곧 당첨을 보장해준다는 생각이다. 하지만 강남권 청약은 점수만으로 설명되지 않는다. 동일한 점수대에서도 어떤 타입을 선택했는지, 일반공급과 특별공급을 어떻게 병행했는지, 예비당첨까지 고려했는지에 따라 결과는 달라진다.

물론, 1순위 일반공급에서는 가점이 높아야 당첨되는 것이 훨씬 유리하다. 아래와 같은 경우다.

25년 10월	주택형	공급세대	접수건수	경쟁률	가점 최저	가점 최고	평균
반포 래미안 트리니원	59A	103	25251	245.16	73	79	74.02
	59B	58	11518	198.59	72	79	74.04
	59C	13	1980	152.31	71	74	72.17
	59D	34	4871	143.26	70	74	71.79
	84A	6	2744	457.33	75	82	78.4
	84B	14	7440	531.43	74	79	75.8
	84C	2	827	413.5	77	79	78

2025년 10월, 투기과열지구 내 위치한 반포주공1단지 3주구를 재건축한 '반포 래미안 트리니원'의 청약 결과를 보면 5인 가족 또는 6인 가족이 얻을 수 있는 최고점 정도는 되어야 1순위 일반공급에 당첨을 받을 수 있었다.

한편 당시 비규제지역 내 분양한 '오티에르 포레'의 경우, 강남에 버금가는 입지와 시세차익으로 로또 청약이 예견된 분양이었고 청약 결과 또한 강남급의 결과였다. 역시 1순위 일반공급에서는 점수가 높아야 당첨이 되었지만, 특별공급에서는 점수와 무관하게 '조건'이 충족된 경우엔 또 다른 전략으로 공략이 가능했다.

25년 06월	주택형	공급세대	접수건수	경쟁률	가점 최저	가점 최고	평균
오티에르 포레	39	3	1,355	451.67	69	69	69
	49	2	1,318	659	69	69	69
	59A	15	11,575	771.67	74	75	74.17
	59B	13	4,632	356.33	69	74	70.83
	74	3	808	269.33	69	73	71
	84A	2	3,314	1657	76	76	76
	84B	1	703	703	70	70	70
	104	1	738	738	–	–	–

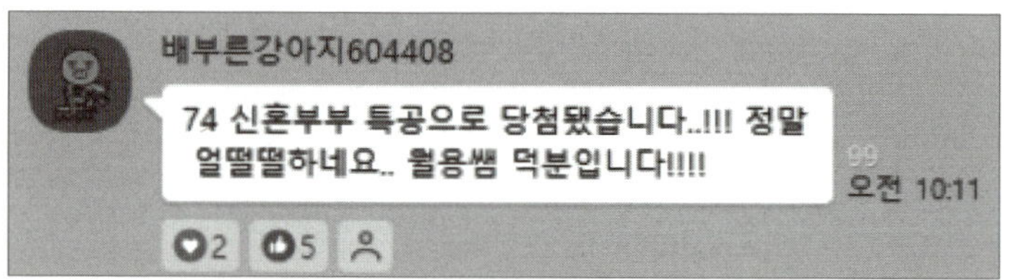

신혼부부 특별공급 우선소득 2자녀(신생아 우선공급 1단계 해당)로 74타입에 당첨된 사례다. 공급세대가 워낙 적어 단 1세대만 뽑는 타입이었지만 청약자 수는 당시 43명으로 고작 43:1의 경쟁에 그쳤다. 1순위 경쟁률 최소 269:1에서 최대 1657:1을 기록한 수치보다 훨씬 가벼운 경쟁이다.

또 한 분의 당첨자다. 이 분 역시 신혼부부 특별공급 대상자로 세 명의 자녀를 둔 수강생의 경우다.

신혼 부부 / 생애 최초 특별 공급 단계별 배정 비율

구분	단계	신혼 부부	생애 최초
신생아 우선	1단계	25%	15%
신생아 일반	2단계	10%	5%
우선 공급	3단계	25%	35%
일반 공급	4단계	10%	15%
추첨 공급	5단계	30%	30%

단순 점수로 계산되는 1순위 일반공급과 달리, 특별공급은 각 유형별로 청약 기준과 당첨자 선정기준이 각각 다르다. 본 책에서는 상세히 다루긴 어렵지만, 청약자 본인에게 적용되는 특별공급의 유형과 어느 정도의 위치인지 객관적으로 판단이 된다면, 강남권 분양과 같이 경쟁이 극심한 청약단지에서도 당첨 확률을 비약적으로 높일 수가 있다.

사람들이 덜 선택하는 곳에는 언제나 확률이 남아 있다

민간분양에서 당첨되는 사람들은 특별한 정보를 가진 경우가 거의 없다. 대신 그들은 비슷한 선택을 반복한다. 사람들이 몰리는 곳을 피하고, 숫자를 냉정하게 바라보며, 확률이 움직이는 지점을 고른다.

가장 먼저 살펴봐야 할 것은 세대수다. 단지의 총 가구, 통상 1,000세대 이상 단지는 대단지로 인식되고, 500세대 이상 1,000세대 미만은 중규모, 500세대 미만은 소형 규모로 분류가 된다. 세대수가 작은 단지는 자연스럽게 관심에서 밀려난다. 커뮤니티가 작고, 브랜드 효과가 약해 보이기 때문이다. 또한 총 가구수는 대단지이지만, 조합원 분양을 제외한 일반분양 공급이 너무 적어, 타입 별 공급 물량이 10세대 내외로 공급되는 경우도 있다. 이렇게 단지 규모가 작거나 타입 공급세대가 적은 경우엔 청약자들의 관심에서 멀어진다. 세대수가 적다는 것은 곧 경쟁자가 적다는 뜻이고, 경쟁자가 적다는 것은 당첨 확률이 높아진다는 의미다.

다음은 평형이다. 대부분의 사람들은 $59m^2$와 $84m^2$만 바라본다. 살기 좋고, 되팔기 쉽다는 이유 때문이다. 그러나 같은 단지 안에서도 이 두 평형에 수요가 몰리면서 경쟁률은 급격히 치솟는다. 반면 전용 $49m^2$, $51m^2$처럼 애매하다고 여겨지는 평형은 늘 소외되어 왔다. 이 평형들이 바로 틈새다. 동과 라인 선택도 중요하다. 역세권 단지라 하더라도 역에서 가장 먼 동, 조망이 애매한 라인, 선호도가 낮은 향은 항상 경쟁률이 낮다. 실거주 관점에서는 아쉬울 수 있지만, 당첨이라는 관점에서는 분명한 기회다.

이 모든 전략의 공통점은 하나다. 사람들이 덜 선택하는 곳에는 언제나 확률이 남아 있다는 사실이다. 민간분양에서 당첨이 잘 되는 방법은 비밀 기술이 아니라, 불편함을 감수할 수 있느냐의 문제다.

가성비 공공분양 당첨 사례는 또 다른 방향의 접근이다. 남양주 진접2지구, 왕숙신도시, 고양 창릉신도시, 하남 교산신도시 등과 같이 3기 신도시는 상대적으로 분양가가 낮고 초기 자금 부담이 작은 단지들은 저가점(민간분양으로는) 실수요자에게 현실적인 기회를 제공했다. 이들 중 상당수는 20~30대 신혼부부나 생애최초 수요자였다.

구분			특별공급						일반 공급
			다자녀	신혼 부부	생애 최초	노부모	신생아	기관추천	
공공분양 (85㎡이하만 공급)			10%	10%	15%	5%	20%	15%	25%
민간 분양	공공 택지	85㎡ 이하	10%	23%	19%	3%	0%	10%	35%
		85㎡ 초과	10%	0%	0%	3%	0%	0%	87%
	민간 택지	85㎡ 이하	10%	23%	9%	3%	0%	10%	45%
		85㎡ 초과	10%	0%	0%	3%	0%	0%	87%

공공분양의 일반공급은 민간분양의 일반공급에 비해 낮은 25%의 비율로 공급하지만 "신생아특별공급"을 신설, 그 비중을 20%나 두고 있다. 이를 활용하는 것이다. 공공분양에서 20년 이상 묵혀 온 청약을, 비중이 작은 일반공급에 주로 집중한다면 신혼부부나 신생아 가구에게는 또 다른 기회가 제공된다.

한편 사람들이 몰리는 공공분양 단지는 공통점이 있다. 입지가 좋고, 분양가가 싸며, 시세 차익이 크다. 이런 곳은 경쟁률이 폭발한다. 반대로 입지가 애매하거나(그러나 미래가치가 큰), 평형이 작거나, 사람들이 선호하지 않는 조건을 가진 단지는 상대적으로 관심이 적다. 그리고 바로 이 지점에서 틈새가 만들어진다.

일반 공급 접수현황

주택형	공급 세대수	사전 청약 (배정)	사전 청약 (접수)	특별 공급 (배정)	특별 공급 (접수)	일반 공급 (확정물량)	일반 공급 (접수)
계	920	657	367	198	4,100	355	5,784
51타입	359	235	109	92	265	158	994
59타입	561	422	258	106	3,835	197	4,790

남양주 진접 2지구 A1 공공분양의 경우가 전형적인 사례다. 같은 단지 안에서도 전용 $59\,m^2$는 수천 명이 몰렸지만, 전용 $51\,m^2$는 경쟁률이 한 자릿수에 그쳤다. 단지의 문제가 아니라, 사람들이 선택하지 않은 조건이 만든 결과였다.

이 사례들의 공통점은 제도에 대한 이해도다. 자신에게 유리한 특별공급 유형을 정확히 파악하고, 해당 요건을 충족하는 단지만을 선별했다. 무작정 많은 청약을 넣기보다 될 가능성이 있는 선택지에 집중했다. 결국, 경쟁 구도를 단순화한 전략이 결과로 이어졌다.

이 장에서 다룬 사례들은 청약이 특정 계층만의 전유물이 아님을 보여준다. 중요한 것은 남의 기준을 따라가는 것이 아니라, 자신의 상황을 정확히 인식하고 그에 맞는 전략을 세우는 것이다. 당첨은 우연처럼 보일 수 있지만 그 이면에는 일관된 판단이 존재한다.

이제 이러한 사례들을 바탕으로, 마지막 장에서는 2026년 청약 시장을 어떻게 받아들여야 할지 정리해본다.

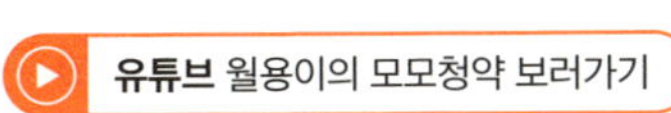

2026년 청약 시장 분위기와 결단

미리 살펴보는 2026년 청약시장 분위기

1장에서 짚고 간 2025년 청약 결산 내용을 간단하게 정리하고 2026년 청약시장 분위기를 미리 살펴본다. 우선, 2025년 청약 시장은 단순한 침체가 아니라, 수요가 살아남는 곳과 완전히 이탈하는 곳이 명확히 갈린 '구조적 양극화의 해'였다. 분양가는 건축비 상승과 공사 기간 확대, 분양가 상한제 배제라는 환경 속에서 하락 기대가 사라졌고, 결과적으로 가격 조정은 인하가 아닌 '완판과 미분양'이라는 극단적인 결과로만 나타났다.

수요는 전국적으로 퍼지지 않았다. 서울은 강남·서초 같은 전통 코어를 넘어 성동, 영등포, 광명, 안양 등 코어를 추종하는 축까지 고분양가에도 완판을 기록했고, 지방 역시 부산 해운대·수영·동래, 대구 수성구처럼 도시의 핵심 축만 살아남았다. 입지의 구조가 수요를 가르는 기준이 된 것이다.

이 흐름은 청약통장 시장에도 그대로 반영됐다. 당첨 가능성과 가격 부담 앞에서 포기하며 해지하는 사람과, 그럼에도 구조적 기회를 노리며 새로 가입하는 사람이 동시에 존재했다. 결국 2025년 청약 시장은 '될 사람만 되는 시장'이라는 인식 속에서, 입지를 이해한 사람과 그렇지 못한 사람의 격차가 더욱 벌어진 해였다.

시장을 지배한 기준은 놀라울 만큼 단순했다. 강남권, 분양가상한제 적용 지역(3기 신도시), 지방 일극지. 이 세 가지 중 하나라도 충족하면 수요가 붙었고, 그렇지 않으면 시장에서 밀려났다. 2025년은 청약이 더 이상 기대나 분위기가 아니라, 구조를 읽는 게임이 되었음을 분명히 보여준 해였다.

2026년은 이 양극화 구조가 더 강화될 가능성이 높다

그 이유는 세 가지다.

① 정책/금리

금리는 완만한 하향 가능성이 있지만, 과거처럼 초저금리 시대로 돌아가긴 어렵다. 여러 지역의 동시 다발적 과열을 촉발할 정도의 자금 유입이 제한적이라는 것이다. 이는 현 정부의 다주택자 억제책과도 함께 맞물린다. 추가로 주택을 구입할 자금은 예/적금 또는 주식시장으로 이미 흘러간지 오래다. 코스피 지수도 5000에 도달하였고 그 결과로 수 많은 주식부자가 탄생했다면, 이들이 보유한 금융자산은 일부 또 부동산 시장으로 다시 흘러 들어온다. 에셋파킹인 것이다. 이러한 순환이 각 지역과 권역 내 '일극지'로의 선호 현상을 더욱 뚜렷하게 만들어 간다.

② 입주 물량 감소

2026~2028년 입주물량 감소는 이미 확정된 착공 물량 축소의 결과다. 주택 공급은 착공 이후 준공·입주까지 평균 3~5년의 시차를 갖는데, 2021년 이후 착공 물량이 급격히 줄어들면서 중기 입주 감소는 구조적으로 불가피해졌다. 실제로 전국 주택 착공은 2021년 약 58만 가구에서 2022년 38만 가구, 2023년에는 24만 가구 수준까지 축소되었다.

이 영향으로 2026년 전국 입주물량은 약 18만 가구 수준으로 전망되며, 이는 2025년 대비 20% 이상 감소한 수치다. 특히 민간 분양 비중이 높은 수도권과 서울의 감소폭이 상대적으로 크게 나타날 가능성이 높다. 이러한 입주 공백은 단기간에 해소되기 어렵고, 이후 주택 시장에서는 지역별 수급 불균형과 가격 변동성을 확대시키는 요인으로 작용할 가능성이 크다. 특히 서울 및 서울 출퇴근이 가능한 수도권 신축 공급 부족이 심화되면서 신규 분양에 대한 선호가 더 커질 가능성이 높다.

③ 3기 신도시 본게임

2026년에는 3기 신도시 분양이 본격화된다. 남양주 왕숙, 하남 교산, 고양 창릉, 부천 대장 등 주요 3기 신도시에서 본격적인 공급이 이어지며, 청약 시장의 무게중심은 다시 한 번 정책 주도의 신도시로 이동하게 된다. 다만 과거와 같은 민간 중심의 대량 분양 구조를 기대하기는 어렵다. 현행 공급 정책 기조상 공공 주도 비중은 유지되거나 확대될 예정이다. 'LH시행'이라는, 아직은 뚜렷하지 않은 형태의 공급도 예정되어 있다.

민간 분양을 통한 확실한 소유권 이전 방식의 공급은, 점진적으로 축소되는 흐름이 뚜렷한 상황에 이를 미리 알고 있는 청약 예비자들이라면 분명 초장 게임에서 베팅을 할 수 있는 배짱도 필요하다.

예전처럼 당첨만 되면 오르는 청약시장은 끝났다. 여러 채의 집을 보유해 리스크를 분산하던 시대도 정책과 제도 변화에 따라 사실상 불가능해졌다. 이제 청약은 수량의 게임이 아니라 선택의 게임이다. 주어진 조건 안에서 가장 경쟁력 있는 한 채를 고르고, 그 선택이 중장기적으로도 최선이 될 수 있는지를 동시에 검증해야 한다. 2026년 청약 시장을 준비하는 자세는 기다림이 아니라 정확한 판단과 신속한 결정이다.

휘파람쌤
HOME BUYING TRENDS 2026

지방 부동산
내집마련 전략과
투자 포인트

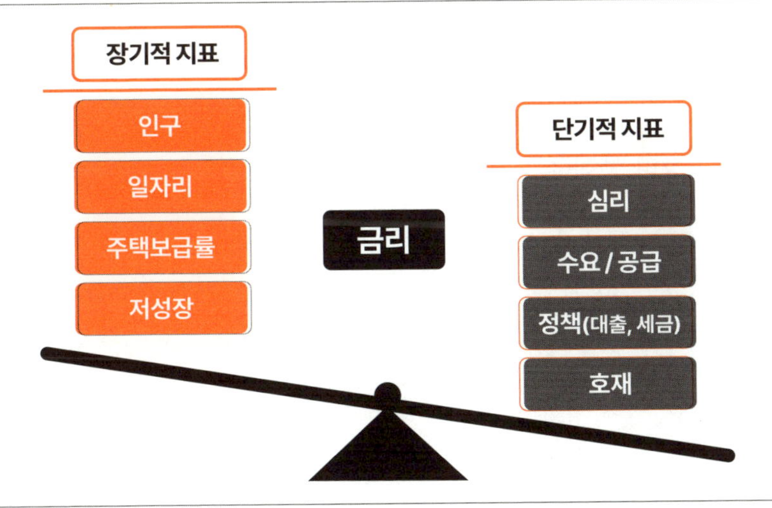

출처: 부.투.만 교재 (부동산 투자자 만들기 정규강의)

부동산 시장의 온기가 조금이라도 식을 때면, 어김없이 들려오는 이야기들이 있다. "지방 부동산은 이제 끝났다", "부산은 노인과 바다만 남을 것이다", "대구는 일자리가 없어서 결국 유령 도시가 될 것이다" 같은 자극적인 말들이다. 대중은 물론이고, 유명 부동산 강사들 중에서도 "이제 수도권 외에는 쳐다보지도 마라"며 지방 투자를 금기시하는 분들을 보면 놀라움을 금할 길이 없다.

필자는 이런 이야기를 들을 때마다 기시감을 느낀다. 부동산 투자를 시작했던 15년 전에도, 그리고 수년전 지방이 하락할때도 사람들은 토씨 하나 틀리지 않고 똑같이 말했다. "일본처럼 빈집이 속출할 것이다", "인구가 줄어드는데 누가 집을 사겠느냐"는 말들은 시장이 얼어붙을 때마다 등장하는 단골 이야기다. 하지만 재미있는 사실은 무엇인지 아는가? 그렇게 지방 소멸을 외치던 사람들이, 막상 상승장이 찾아와 집값이 무섭게 치솟으면 언제 그랬냐는 듯 "지방 집값이 왜 이렇게 말도 안 되게 비싸냐"며 거품론을 들고나온다. 결국 대중의 목소리는 시장의 본질을 보기보다는, 현재의 가격이 떨어지면 공포를 느끼고 오르면 탐욕을 부리는 본능의 반복일 뿐이다.

물론 20~30년이라는 초 장기적인 관점에서 인구 감소와 저성장 기조는 부정할 수 없는 사실이다. 하지만 우리가 주목해야 할 것은 "장기적인 지표"가 아니라, 당장 내 자산을 지키고 키워줄 현실적인 시장의 "단기적인 지표"이다.

인구는 줄어도 '집'은 필요한 이유

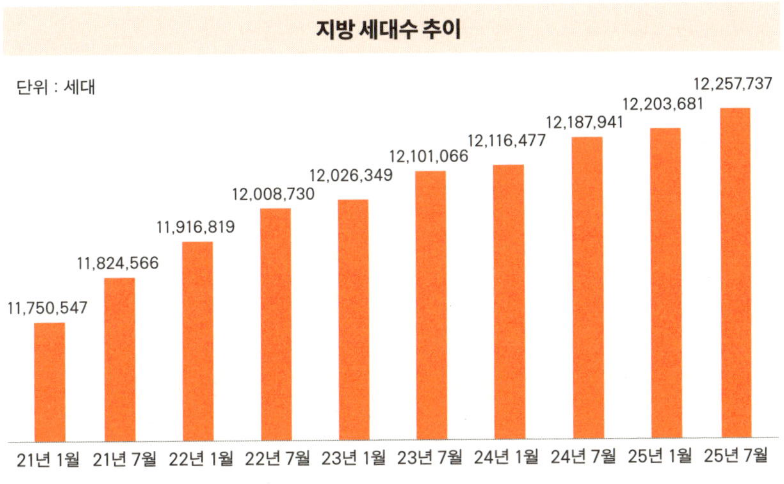

"지방은 인구가 줄어들어 집값은 떨어질 거야" 이 말에 여러분은 동의하는가? 동의한다면 이제부터 이 책을 열심히 봐야한다. 사실 이 말은 얼핏 합리적으로 보이지만, 부동산 시장의 지표를 간과한 질문이다. 결론부터 말하자면, 부동산 수요를 결정하는 직접적인 원인은 '인구수'가 아니라 '세대수'다.

전국적 지방 세대수 통계를 보면 인구 총량은 감소하고 있지만, 주택을 필요로 하는 최소 단위인 '가구'는 오히려 증가하고 있다. 예전에는 할아버지부터 손주까지 한 지붕 아래 4~5명이 모여 살았다면, 1~2인 가구의 독립이 가속화되면서 주택의 수요 구조가 변하고 있기 때문이다.

이런 현상은 수도권 뿐만 아니라 지방에서도 뚜렷하게 나타나는 현상이다. 한 가구가 여러 세대로 쪼개지는 속도가 인구 감소 속도를 앞지르고 있는 것이다. 인구라는 큰 숫자만 보면 시장이 죽어가는 것 같지만, 실제로 '살 집'을 구하는 세대수를 보면 알 수 있다. "사람이 없어서 빈집이 많아질 거다"라는 주장은 시대의 흐름을 읽지 못한 단순한 계산에 불과하다.

돈 많이 버는 도시보다 '도시의 규모'가 우선이다

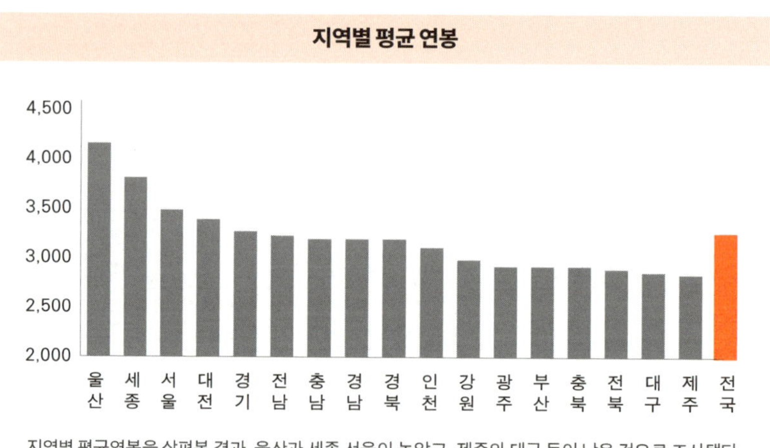

지역별 평균 연봉

지역별 평균연봉을 살펴본 결과, 울산과 세종 서울이 높았고, 제주와 대구 등이 낮은 것으로 조사됐다.

출처 : 윤호중 의원실, 국세청 연말정산

흔히 "소득 수준이 높은 동네가 당연히 집값도 비싸겠지"라고 생각한다. 하지만 실제 부동산 시장은 일반적인 상식과 다르게 움직일 때가 많다. 대한민국에서 평균 연봉이 가장 높은 도시인 울산보다, 연봉이 가장 낮은 대구의 집값이 더 비싸게 형성되는 현상을 어떻게 설명할 것인가? 그 답은 바로 '도시의 규모'에 있다. 부동산은 단순히 그 동네 사람이 얼마를 버느냐보다, 그 도시가 해당 권역에서 얼마나 큰 중심지 역할을 하느냐에 따라 가치가 매겨진다. 울산보다는 대구가, 대구보다는 부산이 더 거대한 인프라를 갖춘 '상급 도시'다.

필자는 이를 '명품 가방의 서열'에 비유하곤 한다. 루이비통 가방이 에르메스 가방보다 비싸게 팔리고 있다면 누구나 이상하다고 느낄 것이다. 도시도 마찬가지다. 전국 "도시들 서열"을 머리에 정리해 두면, 지금 이 지역의 집값이 싼지 비싼지를 판단할 수 있는 나만의 절대적인 기준점이 생긴다. 예를 들어, 21년 대구의 아파트가 부산보다 비싸진 경우, 그리고 25년 울산의 상승으로 울산 아파트 분양가가 대구

의 아파트 분양가보다 비쌌던 경우는 '시장 불균형의 신호'로 읽어야
한다.

주택보급률 100%의 함정: '아무 집'이나 원하지 않는다

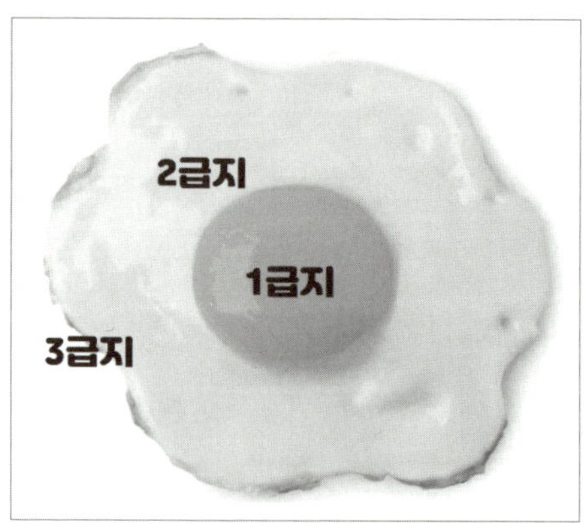

"지방은 주택보급률이 100%를 넘어서 집이 남아돌고 공급 과잉이다"라는 말도 비관론자들이 즐겨 쓰는 논리다. 하지만 이 숫자에 함정이 숨어 있다. 통계상의 100% 안에는 도저히 살 수 없는 낡은 반지하 빌라, 기반 시설이 전무한 외곽의 노후 아파트 등 모두 포함되어 있다는 점이다.

70~80년대에는 방 두 칸에 네 식구가 부대끼며 살던 시절이었다. 하지만 국민 소득이 3만 달러를 넘어선 지금, 대중의 주거 기준은 당연히 높아졌다. 도시 중심지이며, 브랜드, 대단지여야 하고, 아이들이 차를 건너지 않고 학교에 갈 수 있는 '초품아'여야 하며, 커뮤니티 시설이 잘 갖춰진 평지 아파트를 갈망한다. 오죽하면 "브역대신평초"라는 말이 있겠는가. 차로 비유해 보자면, 경차보다 고급 세단을 타고 싶어 하는 것과 같다. 누구나 아무 집 보다는 그 지역의 "상급지 신축"을 찾는다. 그래서 노른자 지역의 좋은 아파트는 언제나 수요가 있다. 결국 주택보급률이라는 숫자는 데이터일 뿐이다.

부동산 시장의 현실적인 단기적인 지표: 심리, 수요와 공급, 정책, 호재

그렇다면 장기적인 지표 말고, 현실성 있는 단기적인 지표는 무엇인가?

첫 번째는 심리다. 투자는 결국 사람이 하는 심리 게임이다. 상승장이 오면 매수 심리가 폭발하며 완만한 상승보다는 급등 현상이 나타나고, 하락장이 오면 공포에 질려 아무리 싼 매물도 거들떠보지 않는다. 시장의 분위기가 '공포'에서 '무관심'으로, '무관심'에서 "관심"으로 변하는 시점을 포착해야한다.

두 번째이자 가장 중요한 것은 수요와 공급(수급)이다. 팬데믹 시절 마스크 한 장이 2,000원까지 올랐던 이유는 찾는 사람은 많은데 물건이 없었기 때문이다. 아파트도 똑같다. 향후 3년치 입주 물량 데이터만 정확히 알고 있어도, 가격이 오를지 내릴지 예측하는 것은 쉬워진다.

세 번째는 정책이다. 부동산 정책에는 크게 세금, 대출 2가지가 있는데 정부가 세금을 올리고 대출을 조이는 것은 시장의 유동성을 억제하려는 시도다. 단기적으로는 시장이 주춤할 수 있지만, 상승장에서는 오히려 풍선 효과를 불러일으킨다. 특히 2026년 현재처럼 다주택자 규제가 강한 시기는 무주택자, 실거주자들이 투자자와 경쟁 없이 좋은 물건을 잡을 수 있는 기회의 시장이다.

마지막은 호재다. 호재는 음식의 풍미를 돋우는 '양념'과 같다. 부동산의 기본인 시장 사이클(수요·공급)이 망가져 있는데 호재 하나만 보는 것은 위험하다. 하지만 공급이 부족한 상승 사이클에서 지하철 개통 같은 호재가 있다면 상승장 이익에 호재 이익까지 더해진다.

2

숫자는
거짓말을 하지 않는다

지방 부동산 20년의 기록

지방 대장단지의 우상향

"지방은 일자리가 없고 인구가 줄어 망한다"는 비관론에도, 각 지역을 상징하는 핵심 단지들은 묵묵히, 우상향 해왔다.

서울의 반포자이나 도곡렉슬이 상징적인 단지이듯, 지방에도 상징적 단지들이 존재한다.

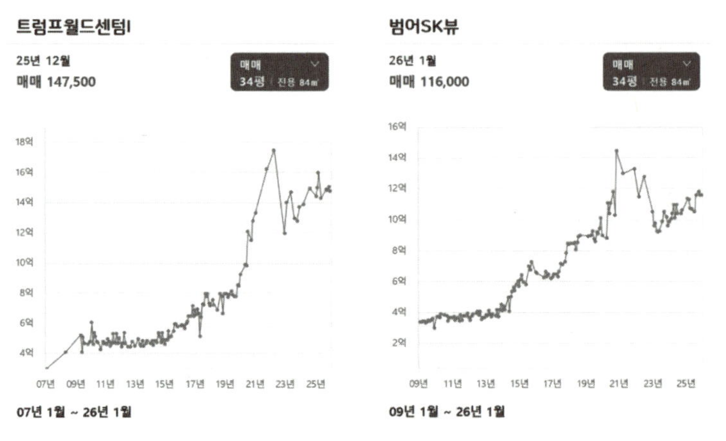

출처 : 아실

부산 - 트럼프월드센텀: 부산 해운대의 랜드마크인 이 단지는 2009년 당시 4억 원대에 거래되었다. 그러나 2026년 1월 현재, 하락장을 지나며 14억 원대의 시세를 유지하고 있다. 약 16년 만에 자산 가치가 3.5배 이상 폭등한 것이다.

대구 - 범어 SK뷰 : 대구의 대치동이라 불리는, 수성구 범어동의 핵심 단지인 이 아파트는 2009년 3억 원대에서 2016년 6억 원을 돌파했고, 현재는 12억 원을 바라보고 있다. 대구의 일자리가 부족하다는 비관론에도 '학군지'라는 대체 불가능한 가치로 우상향을 입증했다.

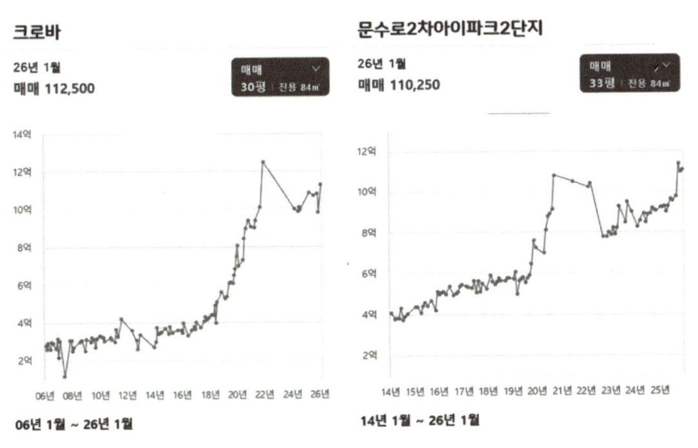

출처 : 아실

대전 - 둔산 크로바 : 행정 인프라와 학군지 충청 최고의 학원가를 등에 업은 이 단지는 대전 아파트 시장의 기준점으로 2016년 약 4억 원에서 2026년 1월 현재 11억 이상의 가격을 형성하고 있다.

울산 - 문수로아이파크 2차 : 울산의 전통적 부촌이자 학군지 옥동 학원가를 끼고 있는 이 단지 역시 가격을 방어하며 지방 부동산의 우상향을 입증했다.

위 실거래가 차트들이 보여주는 것처럼 10년 전, 20년 전 하락장에서 "지방은 이제 끝났다"며 시장을 외면했을 때 이곳들을 선점한 발 빠른 이들은 큰 자산 증식을 이뤘을 것이다.

M2 통화량과 인플레이션

　왜 인구 유출과 저성장이라는 악재 속에서도 집값은 오르는가? 그 이유는 M2(광의 통화)[1] 유동성에 있다. 지방 부동산 역시 이 흐름에서 예외일 수 없다. 지방 소멸이라는 장기적 프레임보다, 화폐 가치 하락이라는 유동성의 흐름이, 부동산 시장에 미치는 영향력이 훨씬 더 크기 때문이다. 2026년 1월 이미 지방 광역시의 상승은 시작되었다.

---

[1]　쉽게 말하면 m1은 즉시 결제 가능한 주머니 안의 돈이고 m2는 은행에 묶여 있지만 이자를 포기하면 결제 가능한 돈을 의미한다 m2가 더 넓은 의미의 시중 돈이다.

3

유동성의 수도권, 수급의 지방

수도권과 지방, 왜 다른 지표로 움직이는가?

최근 국토연구원에서 발표한 통계 자료에 유의미한 내용이 있는데, 결론부터 요약하자면 수도권은 "금리와 대출" 즉 유동성에 민감하게 반응하는 반면, 지방은 "전세가와 입주 물량" 즉 수요와 공급(수급)에 영향을 더 받는다는 내용이다.

이러한 차이가 발생하는 중요한 원인은 무엇일까? 바로 "수요의 성격'과 "심리의 강도" 때문이다. 수도권, 그 중에서도 서울 상급지는, 전국적인 투자 수요와 실거주 수요가 강하게 뒤섞인 곳이다. 이곳은 누구나, 언제나 소유하고 싶어 하는 "절대 수요"가 존재하기 때문에, 집을 살 수 있는 돈의, 공급량(대출)의 유동성이 시장을 결정짓는다. 세상에 하나 뿐인 절대반지를 갖기 위해 원정대를 보내고 목숨도 걸고 나라간의 전쟁도 일어나는 그런 느낌이 서울 상급지의 절대 수요이다.

반면 지방 부동산은 수도권에 비해 상대적으로 수요 심리가 약하다. 따라서 지방은 전세가가 먼저 올라가며 매매가를 밀어 올리는 현상이 수도권보다 강하게 나타난다. '당장 내가 살 집이 부족한가?'라는 실질적인 수급의 논리가 더 강하여 지방은 수요와 공급의 영향이 크다.

전국 주요 도시별 수급 진단: 공급 절벽이 가져올 기회

이제 구체적인 데이터를 통해 향후 2~3년간 전국 주요 도시의 운명을 예측해보자. 공급이 부족한 곳에는 반드시 가격 상승이 작용하게 되어 있다.

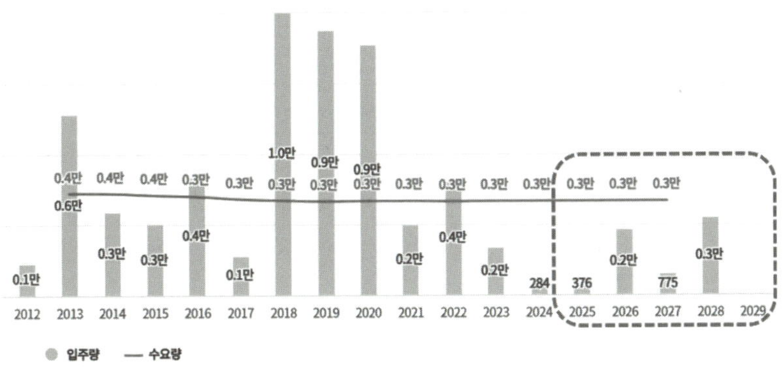

출처 : 부동산 지인

① 전주: 지방 상승장의 선두주자

전주는 2022년 전국 하락장 이후 지방 도시 중 가장 먼저, 그리고 가장 강력하게 반등한 지역이다. 냉정하게 분석하자면 전주는 금리 인상이라는 외부 충격만 없었어도 하락을 겪을 이유가 전혀 없던 곳이다. 차트에서 확인되듯 2022년 이후 단 한 번도 적정 수요량을 충족시키는 공급이 없었다. 2023년 중순부터 이미 대세 상승장에 진입했으며, 향후 몇 년간 계획된 아파트 공급량 역시 극히 적어서 가격이 어디까지 상승할지 기대되는 지역이다.

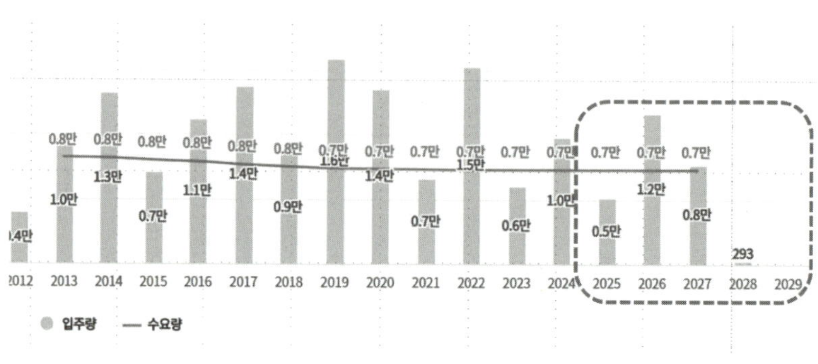

출처 : 부동산 지인

② 광주: 하락장을 지나 보합장

광주는 2026년까지 일정 수준의 공급이 예정되어 있고 2027년에도 적정 수요량 수준의 입주가 대기 중이다. 폭발적인 상승장 진입은 다소 시일이 걸릴 수 있으나, 2026년 1월 현재 이미 하락을 멈추었다. 기존의 남아있던 아파트 물량이 소화되는 과정을 거치며 점진적인 우상향을 보일 것으로 기대된다.

③ 울산: 전주와 함께 지방 상승장의 선두주자

울산은 2020년부터 2029년까지의 장기 수급 그래프를 보면 2023년 한 해를 제외하고는 공급 부족 상태다. 현재 전주와 더불어 전국에서 가장 가파른 상승세를 보이고 있으며, 이미 상승장을 넘어 활황장 사이클로 진입했다. 고분양가 논란에도 불구하고 신규 분양 단지들이 소화되고 있는 현상은 그만큼 대기 수요가 강하다는 것.

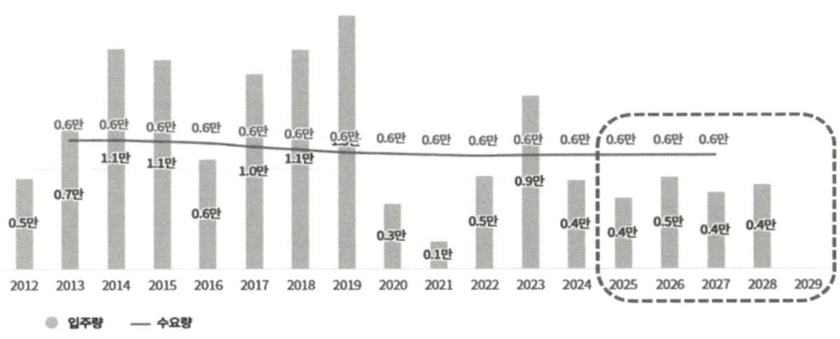

2029년까지 사람들이 필요한 아파트보다 적은 아파트 공급이 계획되어 있어, 향후 몇 년은 상승 여력이 있다.

④ 부산과 대구: 역대급 하락 이후의 대반격

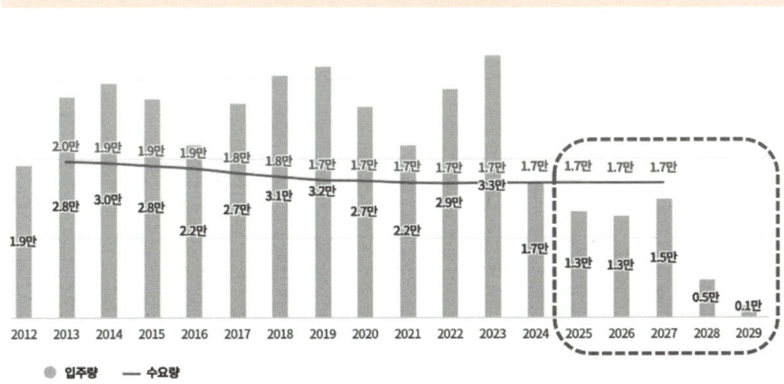

부산은 2022~2023년, 역대급 입주 폭탄과 금리 인상의 파고를 온몸으로 견뎌냈다. 2026년 현재는 명확히 상승장으로 돌아선 상태다. 2029년까지 공급 물량이 현저히 줄어들기 때문에 향후 몇 년간 지방 광역시 중 가장 눈에 띄는 상승을 보여줄 가능성이 크다.

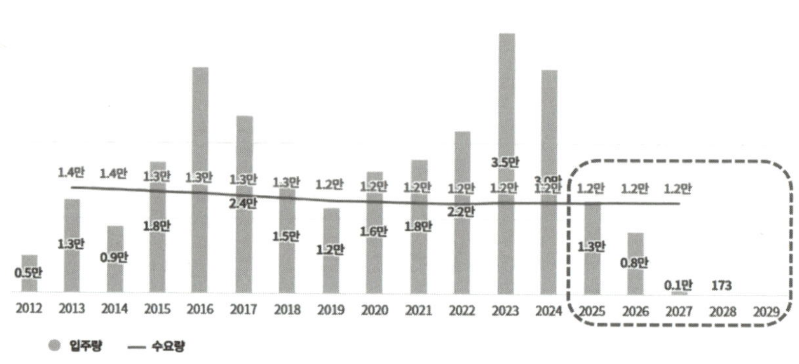

출처 : 부동산 지인

대구 역시 2022~2024년 사이 역대급 공급 과잉과 금리 인상으로 고통스러운 하락장을 겪었다. 하지만 2025년을 기점으로 공급 물량이 급감하기 시작하여, 2026년 하반기 이후로는 극단적인 공급 부족 구간에 진입한다. 지난 하락폭이 컸던 만큼, 공급 절벽과 맞물린 반등의 강도는 그 어느 지역보다 클 것으로 예상되며 이미 2025년에 상승은 시작되었다.

⑤ 충청권(청주, 대전, 천안): 공급을 압도하는 수요의 힘

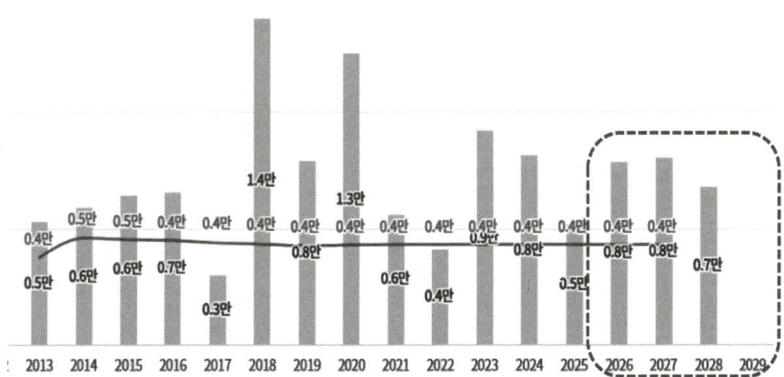

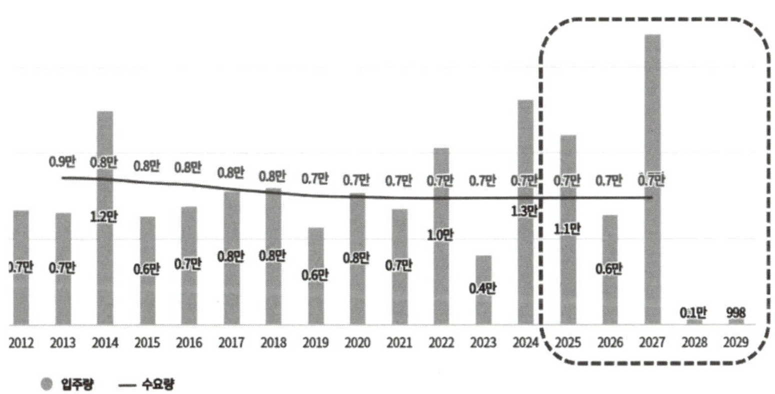

출처 : 부동산 지인

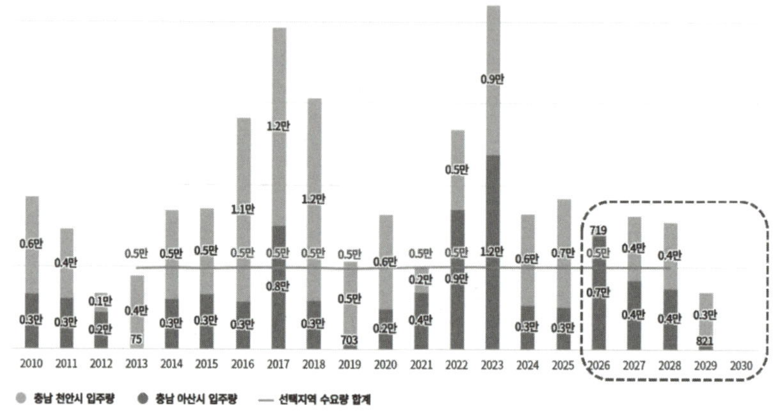

출처 : 부동산 지인

청주는 2028년까지 재개발, 재건축, 택지 개발 등 공급 물량이 적지 않다. 그럼에도 불구하고 시장은 많은 공급 물량과 상관없이 이미 강력한 상승장에 진입했다. 대전 역시 2027년의 일시적 물량을 제외하면 2028년부터 거의 없다. 이미 선도지구의 호재를 시작으로 회복장에 진입한 대전은 공급이 끝나는 2028년 이후의 폭발력이 기대되는 도시다. 반면 천안은 아산과 묶어서 수요와 공급을 봐야 하는데, 아산 쪽의 과다한 공급 영향 때문에 청주나 대전에 비해 회복 속도가 다소 더딘 하락의 끝자락에 머물러 있다.

수급은 배신하지 않는다

필자가 2022년 금리 인상에 의한 강한 하락장에도 "전주와 울산이 가장 먼저 움직일 것"이라고 강의나 후랭이tv에 출연해 말해왔었다. 그럴 수 있었던 가장 큰 이유는, "공급 물량" 부족을 알고 있었기 때문이다.

부동산 시장의 사이클은 지역별로 시간 편차를 두고 순차적으로 진행된다. 2023년 7월 전주를 시작으로, 2023년 말 울산, 2025년 초 부산, 그리고 2025년 가을 대구에 이르기까지 후랭이tv 대구편, 울산편, 부산편 출연 영상 또는 많은 강의에서 필자의 예측은 모두 현실화되었다. 이는 미래를 보는 신통한 능력이 아니라, 향후 3년간 예정된 입주 물량의 공백을 미리 읽어낸 결과다.

데이터를 종합해보면 2026년 현재를 기점으로 향후 2년간 적정 수요량보다 공급이 많은 지역은 충청권 대전(~2027년), 청주(~2028년), 천안/아산(~2028년)을 제외하고는 사실상 전무하다. 지방 부동산이 공급에 의해 결정된다는 국토연구원의 분석을 대입해보면, 공급이 메마른 지방 광역시는 향후 3년 이상 대세 상승장을 이어갈 가능성이 매우 크다.

이미 공급 물량이 적지 않은 청주와 대전조차 횡보와 상승을 보인다는 것은, 시장의 에너지가 이미 상방으로 응축되었음을 의미한다. "지방은 끝났다"는 막연한 공포에 수급을 외면하지 마라. 수급의 불균형이 가져올 기회는 시작되었다.

4

지방 부동산의 상승 시작

차트는 정직하다 : 4분면 차트

부동산 시장의 흐름을 분석할 때 가장 직관적인 분석 지표는 4분면 차트이다. "지방 부동산은 이제 상승을 시작했다"라고 단언하는 것은 단순한 감으로 하는 말이 아니다. 전주를 필두로 울산, 부산, 대구로 이어지는 데이터의 궤적이 마치 약속이라도 한 듯 시계방향으로 회전하며 오른쪽 위를 향해 돌아섰기 때문이다.

최근 6개월(2025년 6월~12월)간의 전국 4분면 차트 변화를 복기해보자. 이 짧은 기간 동안 지방 주요 도시들의 변화를 보여준다.

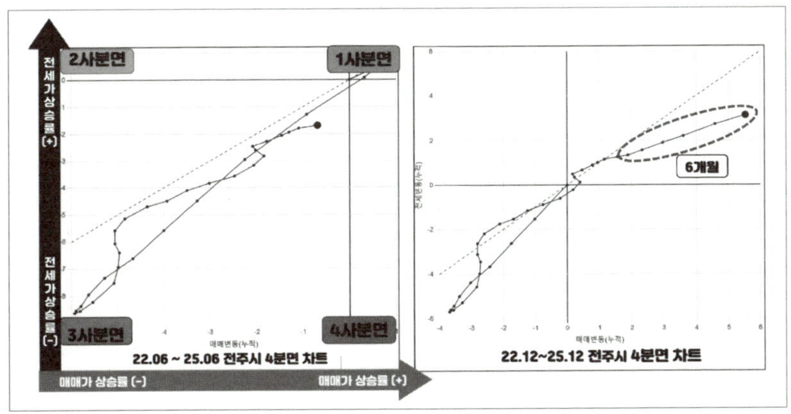

전주 : 지방 상승장의 선두답게, 전주는 이미 매매와 전세가 동반 상승하는 '1사분면'의 최상단에서 6개월 넘게 폭발적인 상승을 하고 있다.

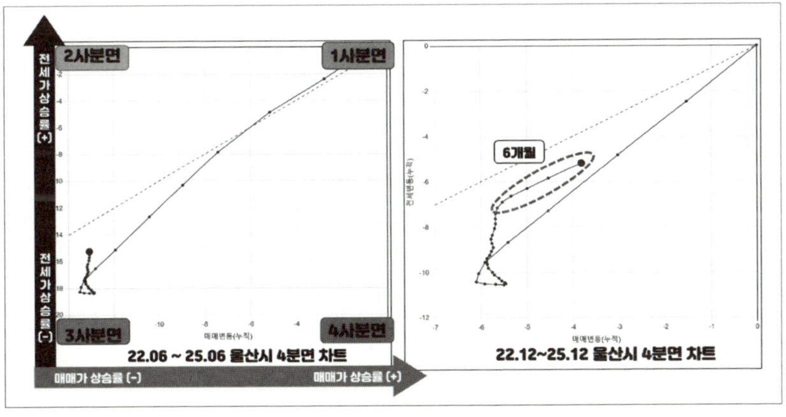

울산 : 전주의 뒤를 바짝 쫓고 있는 울산의 행보는 더욱 드라마틱하다. 전세가만 90도로 오르던 회복기(왼쪽 자료)에서 매매가까지 동반

상승하는 1사분면(상승장)으로 진입(오른쪽 자료)이 단 6개월 만에 이루어졌다.

전주, 울산 두 도시 모두 원하는 사람은 많은데 아파트는 적은 수급 불균형으로 엄청난 가격 상승 탄력을 보여주고 있다.

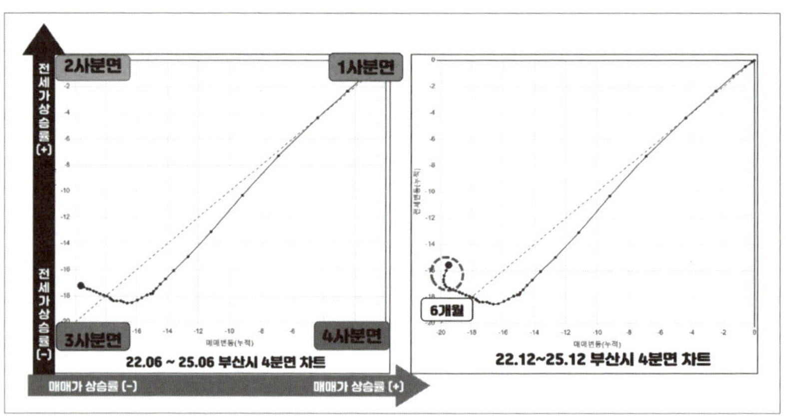

부산 : 전세가가 매매가를 밀어 올리는 전형적인 상승 전환의 모습이다. 전세가만 오르던 2사분면(왼쪽 자료)에서 매매가와 전세가가 함께 오르는 상승장으로의 '턴어라운드'(오른쪽 자료)가 포착된다. 공급 과잉의 파고를 넘긴 부산이 이제 본격적인 시세 상승을 하고 있다.

대구: 가장 깊은 하락을 겪었던 대구 역시 변곡점을 지났다. 하락의 늪이었던 3사분면(왼쪽 자료)에서 머물던 대구가 불과 6개월 만에 전세가 상승으로 방향을 틀었다(오른쪽 자료). 전세가가 바닥을 치고 올라온다는 것은 공급의 압박이 해소되고 실거주 수요가 움직이기 시작했다는 결정적 증거다.

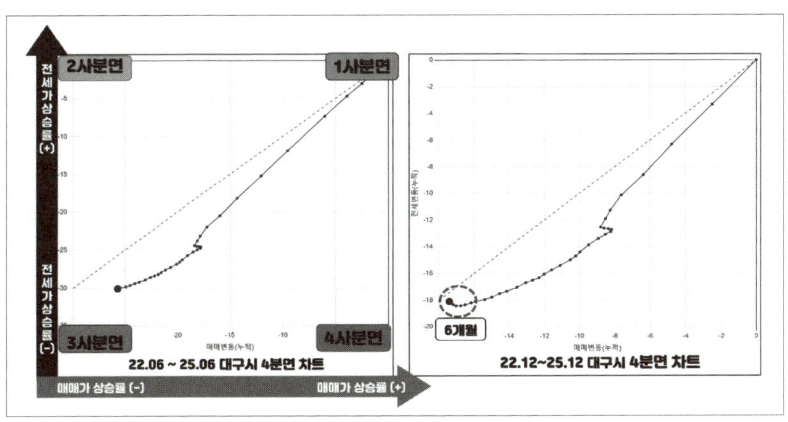

관성의 법칙

물리학에만 관성의 법칙이 있는 것이 아니다. 부동산 시장에도 한 방향으로 움직이기 시작하면 그 흐름을 수년간 유지하려는 관성의 법칙이 존재한다. 22년의 하락장이, 금리라는 외부 충격에 의한 일시적 제동이었다면, 2026년 현재 진행 중인 상승은 수급 불균형으로 상승이 시작되었고 거기에 금리인하, 인플레이션, 건축비 상승으로 인한 분양가 상승의 요인이 추가 되었다.

기회는 관성의 초입에 잡는 것

현재 상승세가 전주를 시작으로 울산을 거쳐 부산과 대구로 번지고 있다. 4분면 차트가 시계방향으로 돌아가는 모습은 단순한 통계가 아니라, 어떻게 보면 아파트시장의 이동 경로라고 할 수 있다. 근거 없는 낙관론은 경계해야 하지만, 명확한 수급 데이터와 차트의 궤적이 가리키는 방향은 정직하다.

지방 부동산은 끝난 것이 아니라, 이제 막 새로운 사이클의 관성의 법칙이 시작되었다. 2026년 현재, 하락을 지나 상승장의 초입에 서 있다. 모두가 상승을 확신할 때는 가격은 이미 높아진 뒤일 것이다. 이미 공급과 차트는 우리에게 답을 알려주고 있다.

5

전국 부동산 사이클의 시점

서울과 지방의 타이밍, 반전의 디커플링

흔히 대한민국 부동산이 서울의 움직임에 따라 움직인다고 생각하지만 거시적인 관점에서 매매가격지수 추이를 분석해보면 놀랍게도 서울 / 수도권과 지방의 시세 흐름은 서로 반대로 간다.

"서울 투자와 지방 투자 중 어디가 좋냐"고 묻는다면 답은 정해져 있다. 당연히 서울이다. 하지만 부동산에서 입지만큼, 어쩌면 그보다 더 중요한 본질은 타이밍이다.

많은 이들이 지금의 서울 불패 신화만 보고 지방 부동산은 끝났다고 말한다. 하지만 과거를 복기해 보면, 2009년 반포자이가 미분양이

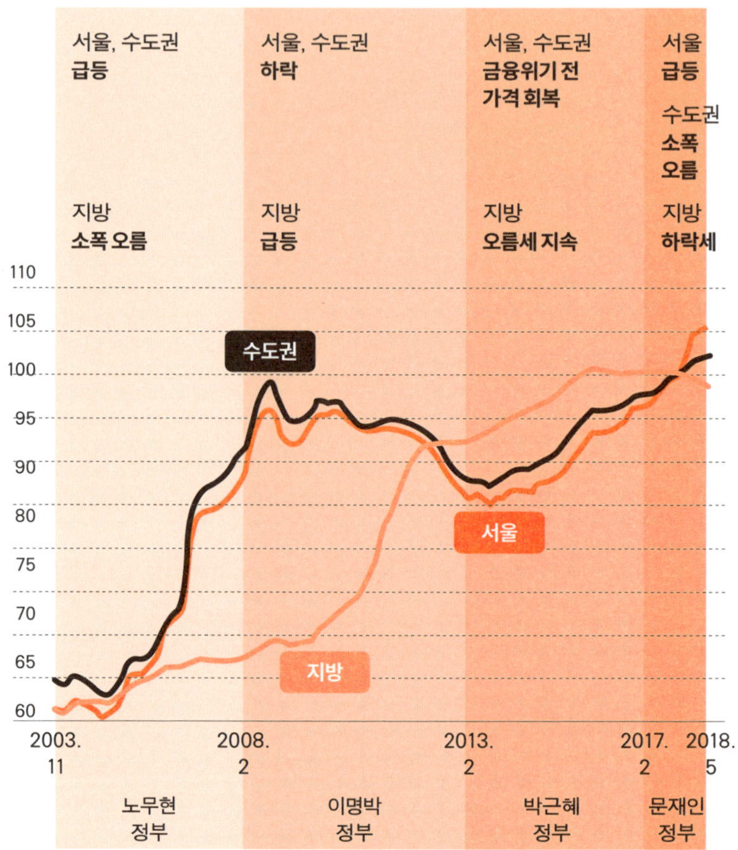

었고, 2014년~15년에도 마포래미안푸르지오, 고덕래미안힐스테이트 84타입이 6억 원대 미분양으로 널려 있었다. 그때 서울을 샀어야 한 다며 지방 투자로 고생한 이들을 비웃지만, 사실 그건 입지의 문제가

아니라 진입 시점의 문제였을 뿐이다.

지방 부동산이 끝났다고 외치는 사람들은 대개 시장이 과열된 끝물에 진입해 고생해 본 경험이 있는 분 들이다. 반면 서울이 침체기에 빠졌을 때 지방의 사이클을 읽고 움직인 투자자들은 이미 큰 수익을 거두고 다음을 준비했다. 사야될 땐 안 사고 사지 말아야 할 때 사고. 필자처럼 학습이 되어있는 사람이라면 지방투자든, 서울투자든 실패하지 않는다. 강의에서 늘 진입타이밍 찾는 법을 이야기하며 항상 강조하는 내용이다. 입지는 고정되어 있지만 타이밍은 흐른다. 결국 투자의 성패는 남들이 다 아는 입지를 이야기할 때가 아니라, 변화가 시작되는 시점에 타이밍을 선점 하느냐에 달려 있다. 그 말은 타이밍만 알면 여러분도 투자를 성공할 수 있다는 말이다.

지방을 결코 '하나의 덩어리'로 묶어 보면 안 된다

지난 지방부동산 사이클을 돌아보면 2009년 부산, 2011년 대구, 2017년 대전 등 지방 부동산은 각자의 수급에 따라 시차를 두고 사이클을 유지해왔다. 그러나 2020년 팬데믹 시절, 전국이 동시 다발적으로 폭등하며 이 사이클이 무너졌다. 하지만 2022년 금리 인상으로 전국이 하락장을 맞으며 유동성 거품이 빠진 후, 2023년 전주, 울산을 시작으로 전국은 다시 지역별 시차를 둔 사이클을 형성하기 시작했다. 이렇게 시차가 있는 시점이 투자하기 좋은 시점이다.

별들의 이동:
실거래가 위치가 말해주는 지역별 서열의 변화

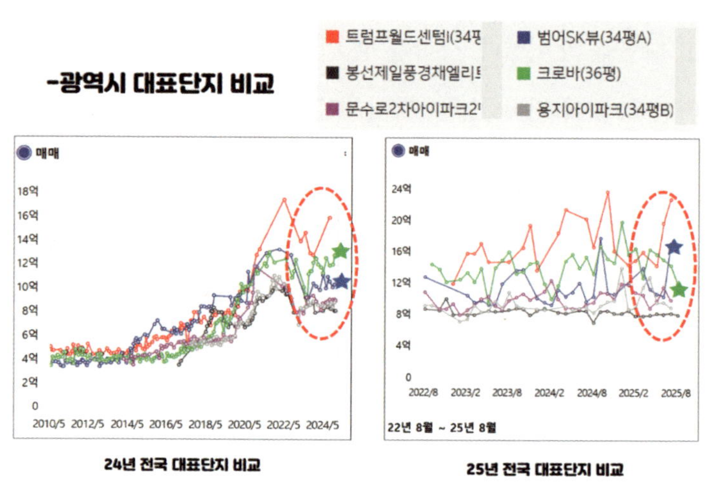

출처 : 아실

지역을 대표하는 5개 단지(부산 트럼프월드, 대구 범어SK뷰, 광주 봉선 제일풍경채, 대전 크로바, 울산 문수로아이파크, 창원 용지아이파크) 전국 대표 단지들의 실거래가 차트를 보면, 지역별 시장의 움직임이 보인다.

2024년까지만 해도 대전 크로바(초록별)의 실거래가 위치는 대구 범어SK뷰(파란별)보다 우위에 있었다. 그러나 2025년에 접어들며 이 구도는 깨졌다. 약 1년 만에 대구 범어SK뷰가 대전 크로바를 앞지르는 역전 현상이 발생한 것이다. 이는 무엇을 의미하는가? 대구 시장의 사이클이 대전보다 빠르게 상승장으로 진입했음을 시사한다.

전국 부동산 사이클의 위치

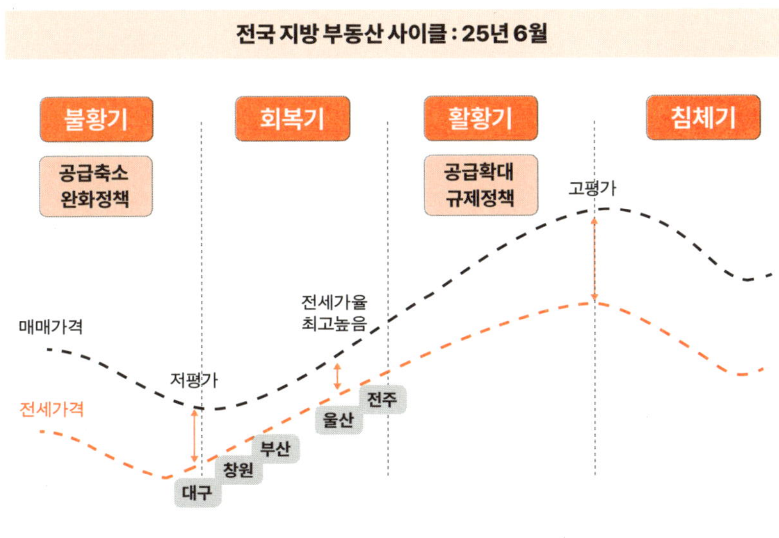

출처: 부.투.만 교재 (부동산 투자자 만들기 정규강의)

    부동산 사이클은 불황기, 회복기, 활황기, 침체기를 반복하며 우상향 한다. 서울이라고 항상 상승하고 지방이라고 항상 하락하지 않는다. 지역마다 도시 규모마다 사이클 주기가 다르지만 2025년 6월 기준으로 전국 지방 부동산을 한 사이클에 비교해보자면 전주를 시작으로 울산, 부산, 창원, 대구 순으로 상승을 하고 있다.

부동산 시장은 "지역별로 다르게 움직인다."

서울이 오른다고 지방이 당장 오르지 않으며, 대구가 떨어진다고 부산이 바로 무너지지 않는다. 이러한 지역별 시차는 우리에게 투자 기회를 제공한다. 2026년 현재, 전국을 펼쳐놓고, 아직 상승의 온기가

닿지 않은 '회복장'의 도시를 선점하거나, 이미 오르기 시작한 '상승장'
으로 가는 것, 마치 배구의 시간차 공격처럼 말이다.

6

경상도가 가고
충청도가 왔다

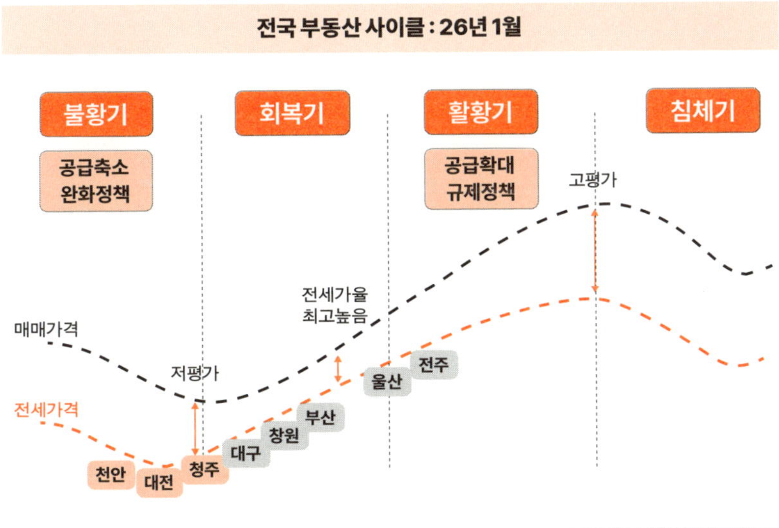

사이클의 시계는 멈추지 않는다

2026년 1월 현재, 대한민국 부동산 지도는 불과 7개월 전인 2025년 6월과는 너무 다른 모습이다.

울산과 전주는 이제 대장 아파트를 넘어 구축 아파트들까지 일제히 고개를 드는 전형적인 '활황기'에 접어들었다. 부산은 어떠한가? 아파트와 재개발 매물 가격의 앞자리가 바뀌었고, 불과 1~2년 전만 해도 '무피'나 '미분양'으로 골치를 앓던 분양권에는 프리미엄(P)이 형성되었다. 매물 수는 눈에 띄게 줄어 들었으며, 이는 공급이 수요를 감당하지 못하는 '전형적인 상승장' 모습이다. 대구 역시 1, 2급지 신축 단지에서 신고가가 속출하고 악성 미분양이 빠르게 소진되며, 회복기에 들어섰다.

자. 이제 질문을 던져야 한다.

2년 전 울산, 부산, 대구 같은 저평가 지역이 있다면?

"울산, 부산, 대구가 뜨거워진 지금, 2년 전 그들이 가졌던 '저평가'의 바통을 이어받은 곳은 어디인가?" 답은 명확하다. 바로 충청권이다.

부동산 "과도기"의 5단계

부동산 투자에서 가장 큰 수익은 모두가 열광하는 불장이 아니라,

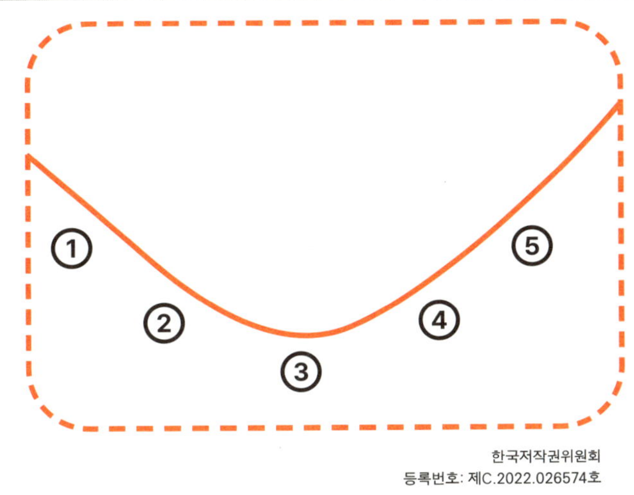

한국저작권위원회
등록번호: 제C.2022.026574호

출처: 부.투.만 교재 (부동산 투자자 만들기 정규강의)

차갑게 식어있던 시장이 온기를 머금기 시작하는 '과도기'에 만들어진다. 이 과도기에는 과학적이라고 할 만큼 일정한 현상들이 순차적으로 일어난다.

- **1단계: 공급의 중단**(시행 / 시공의 위축). 시장이 얼어붙으면 시행사와 시공사는 몸을 사린다. 미분양을 우려해 신규 인허가를 미루고 아파트 착공을 중단한다. 이는 3~4년 뒤 '공급 절벽'이라는 부메랑으로 돌아온다.
- **2단계: 전세 매물의 감소.** 신규 입주가 없으니 전세 물량이 마르기 시작한다.
- **3단계: 전월세 가격의 급등.** 전세가 매물이 없으니 전세가가 오른다. 전세가는 매매가의 하단을 지지하는 가장 강력한 지표다.
- **4단계: 매매 전환 수요의 폭발.** "차라리 사고 만다"는 심리가 확산되며 전

여기서 가장 주목해야 할 점은 투자하기 가장 좋은 골든타임은 바로 3~4번 단계라는 것이다. 그리고 지금, 대략 대전, 광주가 3단계, 대구, 청주가 4단계, 부산, 창원이 5단계에 있으며 울산, 전주는 이미 6단계를 넘어 7단계까지 상승한 상황이다.

충청권 3인방의 4분면 진단: 2년 전 경상권의 데자뷔(26년 1월 기준)

충청권 3개 도시의 4분면 차트를 들여다보면 흥미로운 사실을 발견하게 된다. 그들의 궤적은 1~2년 전 울산, 부산, 대구가 걸어갔던 길을 그대로 따라가고 있다.

① 청주: 울산의 길을 걷다

청주의 4분면 차트는 현재 울산과 흡사하다. 이미 전세가가 올라오며 매매가를 자극하고 있다.

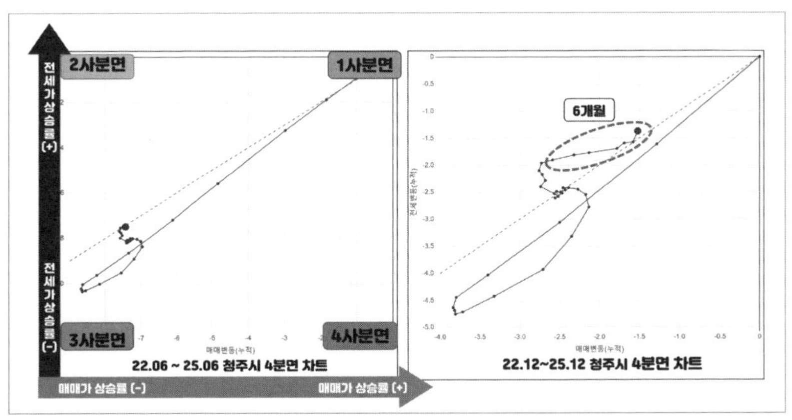

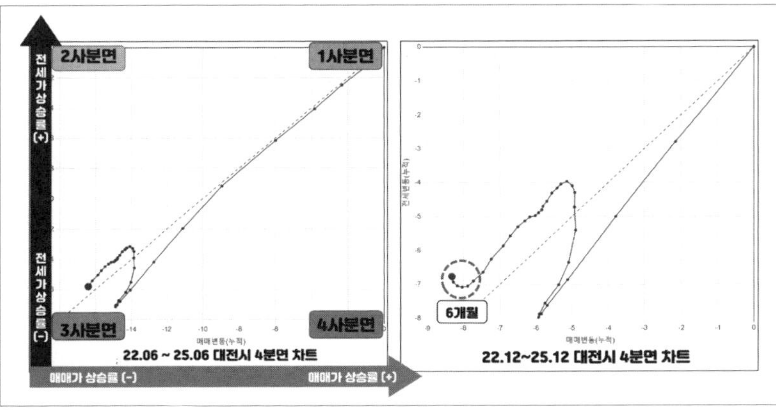

② 대전: 부산의 1년전 모습

대전은 1년 전 부산의 차트와 판박이다. 오랫동안 눌려 있던 전세가가, 드디어 오른쪽 위로 방향을 틀어 회복장의 중심부로 들어왔다.

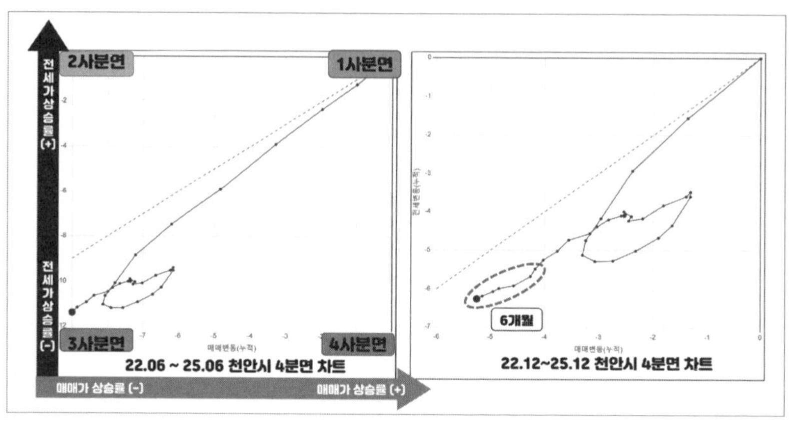

③ 천안: 2년 전 대구의 그림자

천안은 2년 전 대구가 겪었던 고통의 시간을 지나고 있다. 아직은 하락장 구간에 머물러 있는 것처럼 보인다. 아산과 묶인 수급 물량이 해소되는 지점이 상승장으로 가는 시작점이다. 대구가 그러했듯 실거주자 상급지 갈아타기에는 모두가 관심 없는 지금이 천안의 기회의 시간이다.

왜 공급이 있는데도 충청권인가? (부슬비의 역설)

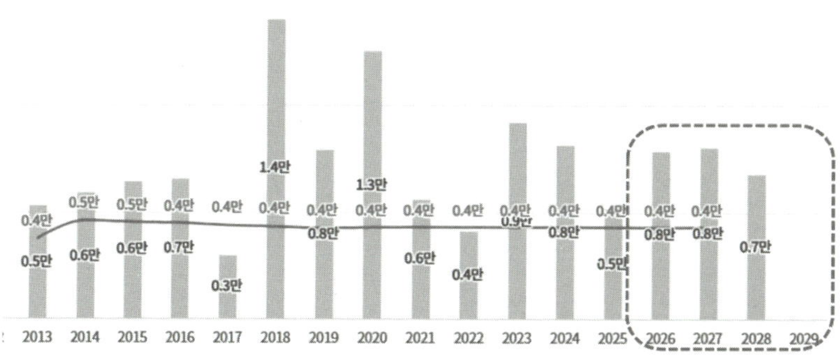

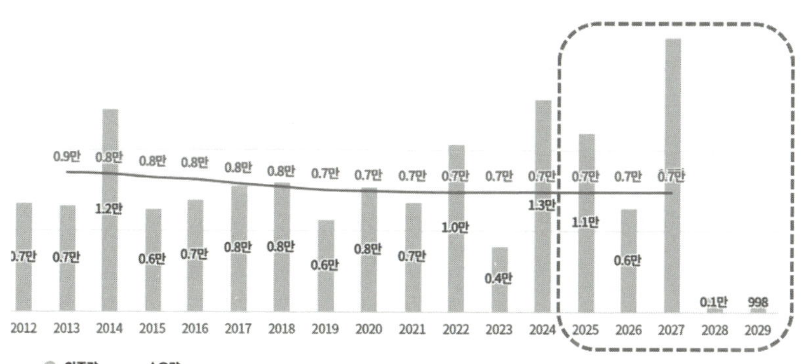

출처 : 부동산 지인

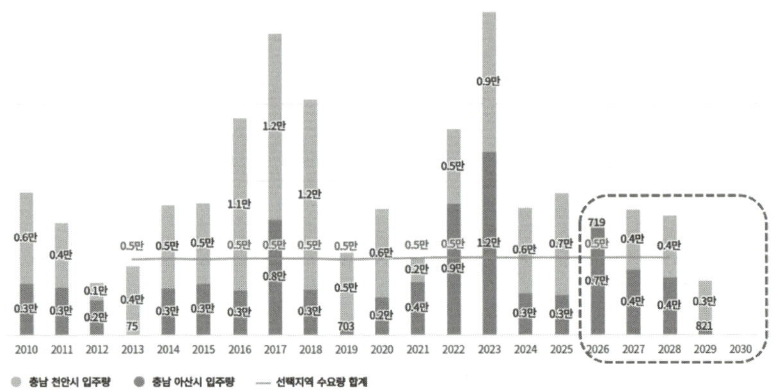

필자 역시 올해 초까지만 해도 "충청권은 공급이 너무 많으니 당분간 관망하자"는 입장이었다. 그러나 지금은 상황이 달라졌다.

경상권(대구, 부산 등)은 지난 몇 년간 '공급 과잉'과 '금리 인상'이라는 이중 악재를 정면으로 맞았다. 그 결과 대구는 무려 30~50%라는 처참한 폭락을 겪어야 했다. 반면 충청권(대전, 청주)은 상대적으로 하락 폭이 20% 내외로 확연히 달랐다. 하락이 크지 않았던 지역인 충청권은 공급이 계속 이어졌고, 그 결과 대전은 27년, 청주·천안은 28년까지 공급이 이어지게 되어 충청권은 경상권이 뜨겁게 반등하는 동안 전국에서 가장 뒤로 밀려나 소외되어 있었다

비유하자면 이렇다. 경상권이 2~3년 전 '불난 집에 기름을 부은(공급 폭탄+고금리)' 상황이었다면, 지금의 충청권은 '불은 났지만 부슬비

(금리 인하 기조+인플레이션)가 내리고 있는' 상황이다. 금리 인하, 인플레이션에 따른 화폐 가치 하락, 건축비 폭등으로 인한 분양가 상승은 미래의 상승장을 앞당기는 결과를 만들었다.

SK하이닉스의 도시 청주

부동산 시장에서 '일자리'는 흔한 키워드지만, 일자리의 질과 양에 따라 도시의 성격이 달라진다. 특히 대한민국 산업의 핵심지역인 삼성의 평택·천안, 그리고 SK하이닉스의 청주, 이들 도시 중에서도 청주 흥덕구가 보여주는 특이점에 주목 한다.

첨부된 자료 '주택 매입자 연령대'의 2025년 하반기 통계를 보면, 평택과 천안 서북구는 30대부터 50대까지 매수 비중이 비교적 고르게 분산되어 있다. 반면, 청주 흥덕구는 30대 매수세가 타 연령대를 압도(2025년 12월 기준 137건)하고 있다. 이는 SK하이닉스에 일하는 젊은 고소득 근로자의 수요가 있다고 추측한다.

그렇다면 왜 흥덕구인가? 청주 전체 부동산 시장 내에서도 흥덕구의 30대 쏠림 현상은 테크노폴리스(신축, 직주 근접)와 복대동(인프라, 직주 근접). 이 두 지역 모두 흥덕구에 있기 때문이다.

최근 직접 다녀온 청주는, 7~8년 전 청주를 임장 다닐 때와는 다른 느낌이 들었다. 마치 예전 조선업 호황기 시절 거제도의 느낌이랄까. 고연봉 근로자들이 많고, 그들의 소비력이 도시의 상권과 교육, 나

지역			매입자 연령대	항목	단위	'25년 8월	'25년 9월	'25년 10월	'25년 11월	'25년 12월
경기	평택시		20대 이하	동(호)수	동(호)수	24	26	28	36	41
			30대	동(호)수	동(호)수	132	118	134	155	163
			40대	동(호)수	동(호)수	96	136	127	146	140
			50대	동(호)수	동(호)수	85	121	104	163	136
			60대	동(호)수	동(호)수	57	78	91	88	84
충북	청주시	흥덕구	20대 이하	동(호)수	동(호)수	28	26	29	24	26
			30대	동(호)수	동(호)수	114	139	144	129	137
			40대	동(호)수	동(호)수	83	87	91	129	98
			50대	동(호)수	동(호)수	64	72	72	66	89
			60대	동(호)수	동(호)수	52	55	51	52	46
충남	천안시	서북구	20대 이하	동(호)수	동(호)수	24	28	28	33	36
			30대	동(호)수	동(호)수	113	162	114	147	141
			40대	동(호)수	동(호)수	106	162	129	135	147
			50대	동(호)수	동(호)수	138	164	122	138	129
			60대	동(호)수	동(호)수	62	94	50	98	95

출처 : 한국부동산원

아가 부동산 가격의 하방 경직성을 확보해 주는 구조이다.

7

2026년 1월 실전 리포트

지역별 시황과 실거주 및 투자의 한 수(26년 1월 기준)

울산광역시: 상승장에서 활황장으로의 변곡점

2026년 1월 현재, 울산은 전국에서 가장 뜨거운 에너지를 뿜어내고 있다. 이미 상승 폭이 상당하며, 전형적인 상승장에서 활황장으로 넘어가는 변곡점에 서 있다. 울산의 상징이자 부의 척도인 남구 옥동과 신정동의 신축 단지들은 연일 신고가를 경신하고 있으며, 시장의 온기는 주변 지역으로 빠르게 확산 중이다.

고분양가라는 현지인들의 부정적인 시선과는 대조적으로, 남구 B-08 재개발 구역인 '라엘에스'는 현재 분양권 프리미엄(P)이 2억 원을 넘어섰다. 2023년 당시 미분양으로 외면받았던 문수로 아테라와 같은 단지들 역시 이제는 프리미엄 없이는 매수 명함도 못 내미는 처지가 되었다. 남구 입주권의 대장 격인 C-03 구역의 위상은 여전하며, 남구 B-04 구역 또한 2025년 시공사 선정 이후 매매가가 1억 원 이상 상승했다. 중구 또한 번영로 센트리지와 약사래미안이 신고가를 기록하며 상승세에 동참하고 있다.

울산 최대 재개발 구역인 중구 B-04는 프리미엄이 전 저점 대비 1억 원 이상 반등했다. 현재 이주가 진행 중으로, 곧 다가올 중구 B-04의 분양 시점이 울산 시장에 어떤 파급력을 불러올지 기대가 크다. 남구의 대표 구축인 신정 현대홈타운과 세양청구 역시 신고가를 경신 중이며, 중구의 구축인 우정선경 또한 전고점을 회복하고 있다. 이제 울산 남구와 중구는 입지 좋은 기축은 물론 구축들까지 전고점을 향해 무섭게 달려가는 중이며, 그 열기는 북구와 동구로도 이어지고 있다. 시장 분위기가 고조됨에 따라 남구와 중구 상업지역 내 주상복합 분양권의 미분양 물량도 빠르게 소진되고 있다.

실거주 전략: "서두르되, 냉정함을 유지하라"

냉정하게 말해 실거주 목적으로 진입하기에는 다소 늦은 감이 있다. 향후 2~3년 정도는 상승세가 이어질 것으로 보이지만, 그 이후의 장기적인 상승 지속 여부는 장담하기 어렵기 때문이다. 따라서 지금 추격 매수에 나서기보다는 본인의 가용 자금과 향후 거주 기간을 철저히 계산해 보아야 한다.

이미 오른 가격에 취해 무리한 '영끌(영혼까지 끌어모은 대출)'을 감행하기보다는, 아직 상대적으로 덜 오른 상급지의 틈새 매물을 찾는 전략이 필요하다. 아파트 외에 분양가가 합리적인 분양권이나, 곧 분양을 앞둔 중구 B-04 구역 등은 실거주 측면에서 충분히 매력적인 선택지가 될 수 있다. 결국 지금은 분위기에 휩쓸리기보다, 자신의 체력에 맞는 정교한 갈아타기 전략이 무엇보다 중요한 시점이다.

투자 전략: "수익률보다 엑시트(Exit) 타이밍에 집중하라"

울산은 이미 상승장을 넘어 활황기로 진입하는 단계에 있다. 지금 시점에 진입하는 투자자라면 매수 가격도 중요하지만, '언제, 누구에게 이 물건을 팔 것인가'라는 엑시트 전략을 더 깊이 고민해야 한다. 지금은 향후 몇 년 간의 상승을 지켜보며 최고점인 '머리 꼭대기'에서 팔기를 기다리기보다, 적정한 수익을 확정 짓고 '어깨'에서 나오는 전략이 필요한 시점이다. 욕심을 부리다 매도 타이밍을 놓치면 자칫 하락장에 자산이 묶일 수 있다는 점을 유의해야 한다.

물론 틈새는 여전히 존재한다. 실거주자들이 선호하는 입지 중 입주 시기가 상대적으로 여유 있는 분양권이나 입주권 등은 여전히 유효한 투자처로 보인다. 급등한 기축 아파트보다는 시간을 매수한다는 관점에서 이러한 대체재를 선점하는 것이 지금 울산 시장에서 취할 수 있는 가장 합리적인 투자법이다.

부산광역시: 상승장 초입, 동부산에서 서부산으로의 전이

[시황: 전세가 매매를 밀어 올리는 정석의 시장]

부산은 2024년 말부터 시작된 전세가 상승이 매매가를 밀어 올리는 전형적인 상승 패턴을 보여주고 있다. 흔히 '해수동'(해운대·수영·동래구)을 이야기하지만, 이번 장에서는 신축 단지가 포진한 수영구가 먼저 움직였고, 재개발 공급을 통해 신축 브랜드 타운으로 거듭난 남구가 동래구보다 앞서 반응하기 시작했다. 현재는 수영구를 필두로 해운대구, 남구, 동래구, 연제구, 부산진구(수해남동연진) 순으로 시장의 온기가 빠르게 확산 중이다.

지표 단지라 할 수 있는 재송동 센텀파크, 대연동 힐스테이트푸르지오와 대연롯데캐슬레전드, 온천동 동래래미안아이파크, 거제동 레이카운티 등은 이미 전고점을 회복하며 시장을 주도하고 있다. 또한 센텀 르엘, 남천 써밋, 베뉴브 등 핵심 입지의 고분양가 단지들이 성공적으로 시장에 안착하며 가격의 상방을 더욱 높여주었다. 신축 아파트의 상승세 이후 재개발 시장의 움직임도 눈에 띈다. 부산의 대장구역인 우동 3구역과 촉진 3구역은 미래 가치가 선반영되며 프리미엄이 이미 4억 원 이상 형성되었고, 2급지 대장 격인 범천동·범일동·문현동 재개발 구역들 역시 프리미엄이 소폭 상승하며 뒤를 잇고 있다. 현재 부산 부동산의 흐름은 가야롯데캐슬골드아너를 시작으로 동부산의 상승이 서부산으로 넘어가는 단계에 있다. 이는 상급지에서 하급지로 이동하는 전형적인 시장 확장 패턴으로 볼 수 있다.

실거주 전략: "오늘이 당신의 인생에서 가장 싼 가격이다"

부산 시장의 상승이 시작된 지 이제 1년 남짓 되었기에 아직 갈 길은 멀다. 따라서 더 늦기 전에 본인의 자금력과 명의 상황에 맞춰 적극적으로 매수에 나서야 할 때다. 실거주 전략의 핵심은 가용 금액 내에서 최대한 상급지로 진입하는 것이다. 지금 내리는 이 선택이 향후 자산 가치 증대 면에서 압도적인 차이를 만들어낼 것이기 때문이다. 특히 지하철 2호선 라인의 선호 단지와 분양권에 주목할 필요가 있다. 그중에서도 부산의 주요 재개발 구역 중 입주 시기가 아직 여유 있게 남은 분양권들은 실거주자들에게 매우 매력적인 선택지가 될 것이다.

투자 전략: "높은 전세가율과 분양권, 순환매의 길목을 선점하라"

부산은 전세가율이 높아 아파트 투자 수익률 면에서 전국 최상위권에 속한다. 다만 1급지는 이미 시세 상승이 상당 부분 진행되었으므로, 이제는 동부산의 열기가 서부산으로 전이되는 시점을 포착하는 것이 핵심이다. 실제로 연양(연산·양정) 라인을 비롯해 아직 상승 온기가 온전히 퍼지지 않은 금정구의 장전래미안, 그리고 해수부 이전 호재가 있는 중구 초량동의 신축 '3총사' 단지 등 으로 확산되며 1급지에서 2급지로의 순환매가 나타나고 있다. 아울러 1급지의 상징인 우동의 동부올림픽타운이나 마리나 같은 구축 단지들도 이제 막 상승이 시작된 상태다.

분양권 시장의 경우, 1급지 하이엔드 단지들의 성공적인 분양에 힘입어 계약 조건이 유리하고 입주 시기가 여유로운 단지를 선별한다면 충분히 좋은 수익을 기대할 수 있다. 다만 이미 발 빠른 투자자들이 상당수 진입했다는 점은 염두에 두어야 한다.

재개발 시장은 공사비 인상이라는 변수가 있지만, 상승장 초입에 들어선 부산의 특성상 신축 가격 상승이 일반 분양가 상승을 견인하며 사업성이 개선되는 구역들이 늘고 있다. 따라서 이미 가격이 높게 형성된 대장 구역들보다는, 사업성이 좋아지고 있는 2급지 재개발 구역인 범일, 범천, 문현 일대를 실질적인 투자처로 주목한다.

대구광역시: 회복장에서 상승장으로의 변곡점

[시황: 공급 폭탄의 저주를 풀고 상승시작]

대구는 수요와 공급의 법칙이 가장 투명하게 작동하는 도시다. 2022년부터 2024년까지 이어진 역대급 입주 물량과 고금리 여파는 대구를 전국에서 가장 힘든 도시로 만들었다. 하지만 고난의 시간은 이제 끝났다. 2025년부터 공급이 급격히 줄어들기 시작해, 2026년 하반기부터 2029년까지는 이른바 '극단적인 공급 절벽' 구간에 진입하기 때문이다.

이미 대구의 대표 단지들이 상방을 열어주기 시작했다. 범어W가 전용 84㎡ 기준 18억 원, 힐스테이트 범어가 16억 원 이상의 신고가를 경신하며 시장의 기준점을 높여 놓았다. 범어4동과 만촌3동의 신고가 행진을 시작으로 범어아이파크 1차, 만촌자이르네, 범어푸르지오 등 수성구 주요 단지들도 연일 신고가를 갈아치우고 있다. 비수성구 1급지인 중구 남산동의 남산롯데캐슬과 청라힐스자이, 그리고 동대구 라인의 디어엘로, 동대구화성파크드림, 이안센트럴D 등도 이러한 흐름에 동참하며 상승세를 확산시키는 중이다.

분양권 시장에서 가장 뜨거운 명덕역 e편한세상 명덕퍼스트마크는 2026년 1월 입주를 앞두고 있다. 당초 남구 대명자이와 합쳐 약 4,000세대의 입주가 겹치며 전세가 하락 우려가 있었으나, 현재는 매매 매물조차 찾기 힘들 정도로 시장 분위기가 반전되었다. 마지막 대규모 입주 단지인 대명자이그랜드시티 역시 미분양 상태에서 프리미엄이 붙어 활발히 거래되고 있으며, 기존의 악성 미분양 단지들도 할인 분양을 통해 물량을 빠르게 털어내고 있다.

재개발 시장은 수성32구역을 제외하면 여전히 고전 중이지만, 이는 반대로 말하면 아직 기회가 남아있다는 뜻이기도 하다. 1급지 외 지역들의 상승이 본격화되면, 사업성이 확보되는 재개발 구역들이 다시 하나둘 수면 위로 떠 오를 것으로 예상한다.

실거주 전략: "수성구 진입의 마지막 사다리를 잡아라"

이미 수성구 상급지 신축 단지들은 신고가를 경신하며 시장을 주도하고 있다. 하지만 이제 막 상승장에 진입한 대구는 여전히 상승 여력이 충분하다. 따라서 더 늦기 전에 본인의 자금 상황에 맞춰 최대한 빨리 상급지로 이동하는 전략이 필요하다. 1·2급지가 이미 올랐더라도 추가 상승 가능성이 여전하며, 만약 가용 자금이 적다면 상승의 기운이 이제 막 시작되는 3급지 진입도 추천할 만하다.

실거주자가 상급지로 갈아타기에 가장 좋은 수단은 분양권이지만, 아쉽게도 대구 분양권 시장은 2026년 입주 물량을 끝으로 주목할 만한 단지가 거의 없는 실정이다. 만약 청약 통장 점수가 높다면 내년 27년 중, 하반기에 분양을 앞둔 수성32구역을 눈여겨보길 바란다. 대구는 이제 막 본격적인 상승 가도에 올라탔기에, 2~3년 뒤 변화된 모습이 더욱 기대되는 곳이다.

투자 전략: "분양권은 솔드아웃, 2급지 신축과 기축, 정비구역을 보라"

아파트 시장을 살펴보면, 사실상 1·2급지의 신축 단지들은 가격대가 이미 상당 부분 상승한 상태다. 현재는 3급지인 달서구 신월성 지역이 이제 막 상승의 시동을 거는 모습이다. 대구는 아직 입주 물량이 남아 있어 전세가율이 아주 높지는 않지만, 전세 매물이 점차 사라지며 가격이 조금씩 머리를 드는 현상에 주목해야 한다. 이러한 흐름으로 보아 2026년 하반기부터는 전세가가 큰 폭으로 상승할 것으로 예상된다.

분양권 시장은 사실상 매진 임박 단계에 접어들었다. 2026년 이후에는 공급이 거의 끊기다시피 하기 때문에, 올해 입주하는 단지 외에는 이렇다 할 대안이 없는 상황이다.

한편, 재개발은 전국에서 대구가 가장 저렴한 수준이다. 반대로 말하면 그만큼 가장 저평가되어 있다는 뜻이기도 하다. 다만, 기존 신축 가격이 전반적으로 견고하게 올라주어야 재개발 구역들이 인상된 공사비를 일반 분양가에 자연스럽게 반영할 수 있다. 향후 신축 시세가 뒷받침되는 시점에 맞춰 사업성이 확보되는 구역들이 본격적으로 등장할 것으로 보인다.

청주시: 회복장에서 상승장으로

[시황: 공급 물량을 실력으로 압도하는 도시]

청주는 2028년까지 이어지는 물량 부담에도 불구하고 2025년 하반기부터 강력한 상승 시그널을 보내고 있다. 대장 단지인 지웰시티는 이미 전고점을 회복했고, 가경동 아이파크 등 신축들의 회복세가 매섭다. 테크노폴리스로 아파트와 분양권 상승은 복대동 → 가경동 → 테크노폴리스로 상승이 이어질 거란 걸 보여주고 있다. 기존 기축들이 있는 율량지구의 회복세는 청주 시장이 얼마나 단단한지를 보여준다. 동남지구를 비롯한 청주 신축들은 전세매물이 없어 매매가 상승을 밀어주고 있다. 사직 1구역 청주 센텀푸르지오자이, 사직 3구역 힐스테이트 어울림 청주사직, 운천주공 재건축의 두산위브더제니스 대단지의 미분양의 소진과, 지주택이었던 강서지구 롯데캐슬시그니처 완판된 것은 청주 시장 분위기가 완전히 바뀌었음을 의미한다.

실거주 전략 : "분양권 갈아타기의 골든타임을 이용하라"

실거주자에게 지금 청주는 최고의 기회다. 상급지 아파트 갈아타기와 특히 청주는 2028년까지 분양권 공급이 많기 때문에, 입주 시기를 전략적으로 맞춘 '분양권 갈아타기'가 가능하다. 신축 아파트로 내 집마련을 꿈꾼다면 지금의 분양권 시장을 샅샅이 뒤져야 한다. 복대동, 가경동, 테크노폴리스, 사직 1구역, 사직 3구역 분양권과 분양예정인 사모 2구역의 3,730세대의 매머드급 단지 입주권도, 향후 실거주로 좋아보인다.

투자 전략: "높은 전세가율과 저렴한 분양가"

현재 청주 부동산 시장은 높은 전세가율과 저렴한 분양가라는 매력적인 조건을 동시에 갖추고 있다. 한마디로 투자하기에 아주 좋은 시기를 지나고 있는 셈이다. 실제로 현장에서는 전세 매물을 찾아보기 어려울 정도이며, 전세가율 또한 상당히 높게 형성되어 있다. 시장을 주도하는 지웰시티나 가경 아이파크를 제외하면, 입지가 좋은 단지들조차 아직 본격적인 상승을 시작하지 않은 상태다. 이런 흐름 속에서는 높은 전세가율을 바탕으로 한 신축 단지들이 좋은 투자처가 될 수 있다.

분양권 시장 역시 분위기가 반전되었다. 쌓여있던 미분양이 소진되면서 이제는 조금씩 프리미엄이 붙기 시작했다. 지금 당장은 가격이 비싸 보일 수 있지만, 머지 않아 프리미엄은 더 오를 것으로 보인다. 다만 주의할 점도 있다. 청주는 2028년까지 입주가 계속 이어지기 때문에, 분양권에 투자할 때는 단지별 입주 시기를 꼼꼼히 따져보고 매수와 매도 타이밍을 잡아야 한다.

재개발은 청주의 매머드급 단지로 꼽히는 사모 2구역을 눈여겨볼 필요가 있다. 현재 청주 부동산 시장이 전반적으로 상승세를 타면서, 인근 사직 1구역과 사직 3구역의 분양권 물량이 빠르게 소진되고 프리미엄도 오르는 추세다.

주변 단지들이 상승을하면, 사모 2구역에는 당연히 긍정적인 영향이 미칠 수밖에 없다. 인근 구역들의 프리미엄 상승이 확인될수록, 사모 2구역 또한 상승이 예상된다. 사직동 일대 재개발 구역들이 모두 신축으로 변모하여, 약 15,000세대에 달하는 거대한 브랜드 타운이 형성되길 기대한다.

대전광역시: 하락장에서 회복장으로의 변곡점

[시황: 전세가율 상승과 정책 호재가 만나는 지점]

전세 매물이 사라지고 전세가가 오르고 있는 전형적인 지방상승의 모습을 보이고 있는 대전이지만 27년 적정 수요의 2배이상인 약 17,000세대의 큰 공급의 영향으로 2025년 9월까지 침체 되었었다. 대전 시장에 온기가 돌기 시작한 것은, 1기 신도시 선도지구 지정을 위한 2025년 9월 '노후계획도시 정비 조례' 발표 이후다. 경기권 선도지구의 가격 상승을 지켜본 시장의 움직임은 한마루와 국화 단지들에서 시작되어, 대전 1급지인 둔산동 대장주 크로바의 상승까지 이끌어냈다. 하지만 선도지구 지정의 핵심인 주민 '동의율'은 오히려 탄방동 한가람과 공작한양이 앞서가는 상황이다.

2026년 1월 현재, 동의율이 가장 높은 곳은 14구역(한가람·공작한양)이며, 그다음으로는 단일 단지인 9구역(수정타운)과 15구역(경성큰마을), 그리고 17구역(개나리·산호·한우리)이 뒤를 잇고 있다. 현재 둔산동은 재건축 동의율이 높을수록 해당 아파트에 대한 관심도가 집중되며, 매매가 상승에도 큰 영향을 미치고 있다.

둔산동과 월평동은 수도권의 분당과 같은 위상을 가진 곳으로, 재건축 기대감이 확산되자마자 서구 둔산권이 즉각적으로 반응하기 시작했다. 둔산동은 2025년 9월 선도지구 발표 이후 2026년 1월 현재까지 평균 10% 이상의 매매가 상승률을 기록 중인데, 이는 대전 시장 전체 상승의 신호탄이 될 수 있다.

도룡자이 라피크의 완판으로 대전 분양권 시장은 둔산더샵엘리프와 둔산자이아이파크를 중심으로 살아났으나, 그 온기가 중구 문화동의 5억 원대 분양권까지는 아직 미치지 못한 상태다. 오히려 미래 기대가치가 높다는 이유로 인프라가 미비한 도안 2지구 분양권(전용 84㎡ 기준 7억 원 초중반)들이 라피크 완판의 실질적인 수혜를 입었다.

이로 인해 도안 2지구 인접 지역인 봉명동과 상대동의 구축 단지들은 향후 들어설 신축과의 경쟁에서 밀릴 수 있다는 우려로 거래가 다소 정체되어 있다. 또한 도룡자이라피크의 분양가는 정체되어 있던 도룡동 시장을 자극하며, 스마트시티의 가격이 다시 한번 고점을 찍는 계기를 마련했다. 비록 현재 도룡자이라피크 내 모든 계약이 완료된 것은 아니지만, 부촌 특유의 수요층을 고려할 때 시간의 문제일 뿐 완판은 무난할 것으로 보인다. 이는 결국 대전 시내 전반의 가격대를 지지해 주는 든든한 안전장치 역할을 할 것이다.

실거주 전략: "마이너스 프리미엄(마피)의 공포를 사라"

대전은 현재 청주처럼 갈아타기 매우 좋은 시기다. 특히 분양권은 2027년 입주 물량이 몰리면서 여전히 마피 매물이 존재한다. 대전 현지에서는 도안2 지구 분양권에 관심도가 높다. 그 외 분양권을 포함하여 입지가 좋고 분양가가 합리적이라면, 남들이 겁낼 때 마피 분양권을 잡아 상급지 신축으로 갈아타는 전략은 좋은 선택이 될 것이다.

투자 전략: 2027년의 고비를 기회로 바꿔라

선도지구 발표에 따른 둔산동의 시세 상승은 대전 아파트 투자 시기를 예상보다 조금 앞당겨 놓았다. 지금은 둔산동의 가격 흐름과 함께 전세 매물이 빠르게 소진되는 현상을 예의주시해야 한다. 둔산동에 이어 월평동의 상승세는 아직 미미한 편이지만, 전세 매물 부족 현상이 심화되고 있어 향후 시세 상승 여력은 충분하다고 판단된다.

분양권 시장의 경우, 2027년에 예정된 일시적 공급 과잉 시기만 잘 견뎌낸다면 이후의 상승 폭은 매우 클 것이다. 특히 2027년 이후 공급이 급격히 줄어드는 구간을 겨냥해, 현재 저렴한 분양권이나 미분양 물량을 선점하는 것도 훌륭한 전략이다.

재개발 시장을 살펴보면, 최대 관심 구역인 장대 B구역은 이미 약 4억 원의 프리미엄이 형성되며 미래 신축 가치를 선반영하고 있다. 반면 대전의 대표적 재개발 지역인 도마·변동 일대는 다른 도시들과 마찬가지로 가파른 공사비 상승과 얼어붙은 시장 분위기 탓에 현재 상황이 그리 우호적이지 않다. 시일이 걸리겠지만 대전 전체 시장의 상승이 본격화되면, 사업성이 확보되는 재개발 구역들이 다시 하나 둘 나올 것으로 예상한다.

8

지방도
양극화의 시대

상급지 쏠림 현상의 본질:
왜 사람들은 똘똘한 1채에 집착하는가

서울과 수도권의 상급지 집값이 폭등할 때마다 우리는 '양극화'라는 단어를 접한다. 소위 '똘똘한 한 채'로의 쏠림 현상은 단순히 투기적 심리가 아니다. 이는 유동성은 풍부한데 다주택자에 대한 규제가 촘촘한 현시점에서, 자산가와 실수요자들이 선택할 수 있는 가장 합리적인 생존 전략이다.

"누구나 하나만 가질 수 있다면, 당연히 본인이 감당할 수 있는 최상급지를 선택한다." 이 명제는 이제 서울을 넘어 지방 부동산 시장의 핵심 투자 전략이 되었다. 이제 지방을 묶어 보던 시대는 끝났다. 지방 안에서도 도시별, 구별, 심지어 동네와 단지별로 철저하게 서열화가 진행되고 있으며, 그 안에서의 양극화는 서울 못지않게 치열하다.

지방 상급지의 탄생과 초양극화의 시작

지금 지방 광역시의 현장을 가보라. 1급지로 분류되는 지역과 외곽 지역의 온도 차이는 극명하다. 부산의 해운대와 수영구, 대구의 수성구, 대전의 둔산동, 울산의 옥동, 신정동, 청주 복대동 이 지역들의 공통점은 무엇인가? 단순한 거주지를 넘어 그 지역의 학군, 인프라, 커뮤니티의 정점을 상징하는 곳들이다.

사람들은 이제 '지방에 집이 있느냐'를 묻지 않는다. '그 도시의 1급지에 집이 있느냐'를 묻는다. 하락장에서는 상급지가 가장 늦게 떨어지고 하방 경직성을 보이며, 상승장이 오면 가장 먼저, 그리고 가장 높게 치고 나간다. 2026년 현재 지방 부동산 상승의 서막이 올랐지만, 모든 아파트가 똑같이 오르지는 않을 것이다. 수요의 수준은 사람들의 눈높이에 높아졌다. 결국 자본은 더 가치 있는 상급지로 쏠릴 수밖에 없다. 지방 투자 역시 이제는 '입지의 서열'대로 양극화로 가고 있다.

분명히 주의해야 할 점은 지방도 수도권처럼 팬데믹 시절, 모든 지역과 상품의 상승이기보다는 다주택자 규제 때문에 생긴 실거주자만의 시장이다. 앞으로 한동안은 철저하게 실거주 상품으로 시장이 움직인다는 것을 유의해야 한다.

마무리하며

"지방 부동산은 끝났다?"

지방 부동산은 끝나지 않았다. 단 한 번도 말이다.

하락장이 찾아올 때마다 비관론자들은 기다렸다는 듯 '지방 소멸론'을 들고나와 공포를 확산시켰다. 하지만 시장은 단 한 번도 그들의 말에 동의한 적이 없다. 가격은 조정을 거칠지언정, 핵심지의 가치는 늘 인플레이션을 앞질러 우상향해왔기 때문이다.

중요한 것은 '지방'이라는 막연한 단어에 매몰되지 않는 것이다. 지금 내가 보고 있는 지역이 시장 사이클의 어느 지점에 위치해 있는지를 냉정하게 파악하는 것이 우선이다. 2026년 1월 현재, 필자가 전국 각지의 현장을 발로 뛰며 목격하고 데이터로 확인한 지방 부동산은 상승 시기의 차이가 있을 뿐, 전국적으로 하락의 터널을 지나 상승으로 전환되는 결정적인 변곡점에 서 있다.

이 시기를 기회로 해석하고 선제적으로 대응하는 이와, 여전히 공포라는 프레임에 갇혀 기회를 흘려보내는 이의 자산 격차는 5년 뒤, 10년 뒤 하늘과 땅 차이로 벌어질 것이다. 선택은 결국 각자의 몫이지만, 시장의 역사는 늘 행동하는 자의 편이었음을 기억하길 바란다.

15년의 현장, 발로 뛰며 쓴 기록

필자는 2011년부터 지금까지 15년이라는 시간 동안 전국의 부동산 현장을 누볐다. 아파트와 분양권은 물론, 재개발·재건축, 토지에 이르기까지 부동산의 전 영역을 몸으로 겪으며 투자해왔다. 서울부터 전국의 광역시와 대도시, 인구 30만 명 이하의 소도시, 그리고 수도권에서 제주도와 울릉도에 이르기까지 이제는 더 이상 안 가본 곳이 있을까 싶을 정도로 여전히 전국 구석구석을 임장하며 투자를 이어가고 있다. 전국을 다니며 임장하는 과정은 단순히 시장을 분석하는 일을 넘어, 그 지역 시장의 숨소리를 듣는 과정이었다. 어느 지역이 저평가되어 있는지, 어느 시기에 어떤 매물이 오르고 내리는지, 투자하기 좋은 곳과 실거주하기 좋은 곳의 미세한 차이는 무엇인지에 대한 해답을 찾는 여정이었다.

이 모든 데이터는 책상 위에서 만들어진 필자 휘파람만의 이론(부.투.만.)과 현장에서 체득한 많은 실전 경험을 더해 완성된 것이다. 강의 때 이론만으로는 설명할 수 없는 '바이브'를 전달할 수 있는 이유도 바로 여기에 있다. 15년간 전국 시장을 지켜보며 직접 임장하고 투자한 경험이 있기에, 2026년 1월 현재 지방 부동산의 상승을 과감하게 예견할 수 있다. 지금 포착되는 상승 시그널은 일시적인 반등이 아니다. 수급의 불균형과 화폐 가치의 하락, 그리고 억눌렸던 매수 심리가 맞물려 일어나는 거대한 사이클의 시작이다.

단순히 "지방을 사라"는 선동이 아니다. 시장의 본질을 꿰뚫는 눈을 갖고, 자신만의 확신을 통해 자산을 지키고 키워가라는 간절한 조언이다. 이제 그 길을 걷는 것은 본인의 몫이다. 이 책을 읽는 누구든, 현장에서 직접 만날 날을 기대한다.

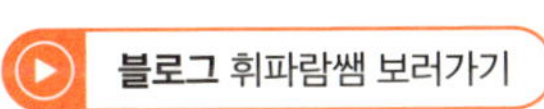

메디테라
HOME BUYING TRENDS 2026

2026년
주목해야 할
입지 트렌드

2026년 주목해야 할
입지 트렌드

특별한 소개팅이 열렸다. 너도나도 참여하고 싶을 정도로 매력적인 소개팅이다. 특별한 건 시기에 따라 열리는데 특별한 핸디캡이 있고, 그 룰을 지키는 사람만 참여할 수 있다는 것이다. 2025년 6월 27일 이후에 열린 소개팅에서는, 진짜 예쁜 친구들은 화장을 못하는 핸디캡이 있었다. 그래서 그 날 소개팅에서는 상대적으로 덜 예쁘지만 화장을 하고 온 친구들이 인기가 높았다. 그 다음 소개팅은 2025년 10월 15일 이후에 열렸다. 이번에는 완전 예쁜 친구들과 덜 예쁜 친구들도 화장을 못 하는 게 조건이었다. 결과는 어떻게 됐을까? 같이 화장을 못 하게 되었다면 다시, 진짜 예뻤던 친구들의 인기가 높아질 수밖에 없다.

지금 부동산 시장도 마찬가지다. 2025년 6·27 대책을 발표했을 때만 해도 강남3구와 용산구만 토지거래허가구역과 규제 지역으로 제한을 받았다. 이후 10·15 대책이 발표되면서 서울 25개구 전지역과 경기도 12곳이 토지거래허가구역과 규제 지역으로 같은 규제를 받게 되었다. 당연히 똑같이 규제를 받는다면, 원래도 좋았던 지역의 매력도가 다시 커지게 된다. 서울 집값이 너무 올라 열기를 식힌다고 규제 정책을 발표했는데, 오히려 그 열기를 더 몰아주게 되었다.

부동산 시장에서 사람이 몰리고, 돈이 움직이는 길인 트렌드는 정부가 원한다고 입맛대로 바꾸기는 어렵다. 이전 문재인 정부 시기에도 규제 정책을 30번에 가깝게 발표했지만 결국 집값은 못 잡았다. 우린 이미 답을 알고 있다. '앞으로 부동산 시장이 어떻게 갈 것이냐?'에 대한 답은 부동산 트렌드에서 찾을 수 있다.

부동산 트렌드 중에서도 부동산 고민을 하는 이들에게 가장 필요한 부분은 입지다. "지금이라도 집을 사야 할까요?" 라고 묻는 모든 분들이 울상인 이유이기도 하다. 대세상승장, 절벽상승장의 골든타이밍을 다 놓친 사람들이다. 아직까지 집을 사지 못한 사람들은 '이러다가 이번 생엔 집을 평생 못 살 것 같다.' 며 속상해한다. 문제는 당장 집을 사고 싶어도, 사고 싶어하는 지역과 단지들은 이미 너무 비싸다는 것이다. 부동산 시장은 혼란스럽고, 이미 비싼 곳 말고 그 다음에 봐야 할 지역을 몰라 손 놓고 있는 사람들이 많다. 그래서 준비했다.

앞으로 눈여겨 봐야 할 입지를 부동산 트렌드에서 찾아보려고 한다. 부동산 시장 환경과 트렌드에 맞게 움직여야, 이후에 일어날 큰 파도에 같이 올라타서 높은 상승을 누릴 수 있다. 높은 상승을 누리기 위한 부동산 입지 트렌드를 알기 위해서는 다음 질문에 대한 답을 알아야 한다.

- 용의 꼬리가 좋을까? 뱀의 머리가 좋을까?
- 비싼 곳만 가격이 오를까?
- 이제는 뾰족하게 봐야 한다

이 3가지에 대한 답을 알아보면서 2026년을 주도할 아파트 부동산 시장의 입지 트렌드에 대해 자세히 알아보자.

용의 꼬리가 좋을까?
뱀의 머리가 좋을까?

나의 부동산 가치판단의 눈은?

첫번째, '용의 꼬리가 좋을까? 뱀의 머리가 좋을까?' 에 대한 답을 알아보기에 앞서 여러분이 먼저 답을 골라보자. 어렵지 않다. 50:50의 확률이니 찍어도 된다. 약간 힌트를 주자면, 용의 꼬리와 뱀의 머리에 해당하는 지역을 하나씩 정해보면 좋다. 그러면 답이 쉽게 나온다. 이해하기 쉽게 극단적인 지역으로 예를 들어보겠다. 용의 꼬리는 서울의 대표적인 외곽지역인 노도강(노원구, 도봉구, 강북구) 중 하나를 뽑는다. 뱀의 머리는 경기도의 대표적인 대장지역인 과천을 뽑는다. 너무 명확해서 고민하지 않아도 될 정도다.

출처 : 부동산지인

평균 평단가 차이도 너무 크고, 입지적인 차이도 너무 커서 더 이상 설명을 하는 게 민망할 정도다.

"뭐야~ 그렇게 비교하면 누가 몰라."

"비슷한 집값인데 어느 지역이 더 좋은지 몰라서 선택을 못 하는 거잖아." 하고 푸념하고 싶을 것이다. 그럼 비슷한 가격대의 지역을 비교해서 확인하면 된다. 우선 가격이 비슷한 지역을 찾아본다. 서울과 경기도 각 시구의 평균 매매평단가는 아래 자료와 같다.

비슷한 집값, 보다 더 가치 있는 지역 고르기

서울 지역 평균 매매평단가

지역 (단지수)	시장강도 매매	시장강도 전세	인구수	수요/입주(2025) 수요	수요/입주(2025) 입주	거래량 매매	거래량 전월세	시세 매매	시세 전세	시세 전세율
강남구(347)	↓ 191	↑ 32	556,462	2,699	2,284	2(0.8%)	141(6.9%)	↑ 9,986	↑ 3,300	↓ 32%
서초구(272)	↓ 156	↑ 44	413,236	2,082	4,404	1(0.5%)	107(8.5%)	↑ 9,929	↑ 3,561	↓ 35%
용산구(114)	↓ 187	↑ 76	202,507	1,131	721	-(0.0%)	34(7.2%)	↑ 7,529	↑ 2,699	↓ 37%
송파구(235)	↓ 270	↑ 151	645,052	3,350	3,384	6(1.9%)	183(9.2%)	↑ 7,274	↑ 2,657	↓ 37%
성동구(159)	↓ 290	↑ 47	274,424	1,442	2,358	8(4.4%)	54(7.0%)	↑ 6,097	↑ 2,469	↓ 40%
광진구(121)	↓ 302	↓ 83	331,786	1,720	2,214	1(1.0%)	23(6.0%)	↑ 5,809	↑ 2,494	↓ 42%
양천구(176)	↓ 184	↑ 54	426,242	2,255	70	5(2.5%)	65(6.8%)	↑ 5,746	↑ 2,176	↓ 38%
마포구(237)	↓ 235	↑ 53	358,523	1,862	571	1(0.6%)	63(6.9%)	↑ 5,581	↑ 2,447	↓ 44%
강동구(201)	↓ 257	↓ 183	499,216	2,338	1,508	-(0.0%)	89(6.6%)	↑ 4,947	↑ 2,440	↓ 46%
동작구(146)	↓ 232	↓ 57	373,084	1,952	444	3(1.6%)	50(6.9%)	↑ 4,686	↑ 2,216	↓ 47%
영등포구(327)	↓ 163	↑ 58	371,876	1,909	824	4(1.9%)	83(10.1%)	↑ 4,652	↑ 2,094	↓ 45%
중구(97)	↑ 195	↓ 24	118,331	618	0	6(8.3%)	16(6.6%)	↑ 4,466	2,298	↓ 51%
종로구(92)	↓ 81	↑ 33	137,449	728	126	-(0.0%)	14(8.8%)	↑ 4,173	↑ 2,223	↓ 53%
서대문구(139)	↓ 114	↑ 36	300,843	1,550	2,019	12(7.2%)	62(10.0%)	↑ 3,615	↑ 1,986	↓ 55%
강서구(341)	↓ 87	↑ 43	550,248	2,902	1,253	3(1.2%)	94(9.5%)	↑ 3,438	↑ 1,874	↓ 55%
동대문구(206)	↑ 104	↓ 60	344,357	1,709	10,539	12(6.1%)	41(6.3%)	↑ 3,330	↑ 1,854	↓ 55%
성북구(149)	↓ 85	↑ 90	423,705	2,192	3,665	9(3.7%)	69(9.8%)	↑ 2,966	↑ 1,772	↓ 60%
은평구(181)	↑ 34	↑ 40	456,727	2,397	920	3(1.6%)	48(7.6%)	↑ 2,916	↑ 1,773	↑ 60%
관악구(140)	↑ 102	↑ 54	478,282	2,469	1,568	6(4.5%)	32(6.5%)	↑ 2,913	↑ 1,706	↓ 59%
구로구(282)	↓ 54	↓ 37	384,991	2,007	1,344	10(4.7%)	101(13.6%)	↑ 2,646	↑ 1,579	↑ 59%
노원구(234)	↓ 41	↓ 58	485,290	2,574	275	5(1.3%)	78(6.0%)	↑ 2,629	↑ 1,434	↑ 55%
중랑구(148)	↓ 37	↓ 20	377,054	1,966	2,188	5(3.5%)	66(15.9%)	↑ 2,443	↑ 1,560	↓ 63%
강북구(75)	↓ 15	↑ 58	279,632	1,504	619	1(1.1%)	15(7.2%)	↑ 2,307	↑ 1,471	↑ 63%
금천구(109)	↓ 17	↑ 16	223,588	1,170	36	3(4.2%)	22(10.0%)	2,254	↑ 1,426	↑ 63%
도봉구(145)	↓ 27	↓ 43	300,627	1,594	282	6(3.5%)	33(8.5%)	↑ 2,161	↑ 1,259	↓ 58%

출처 : 부동산 지인

지역 (단지수)	시장강도		인구수	수요/입주(2025)		거래량		시세		전세율
	매매	전세		수요	입주	매매	전월세	매매	전세	
과천시(33)	↓ 198	↓ -29	79,941	365	0	-(0.0%)	7(2.9%)	↑ 7,229	↓ 2,819	↓ 39%
성남시 분당구(290)	↓ 248	↑ 50	469,740	2,448	242	4(1.0%)	85(5.8%)	↑ 4,970	↑ 2,149	↓ 43%
성남시(450)	↓ 204	↑ 56	906,754	4,690	2,847	12(2.1%)	140(6.3%)	↑ 4,423	↑ 2,030	↓ 46%
성남시 수정구(85)	↑ 155	↑ 103	232,658	1,189	2,343	2(2.3%)	40(11.0%)	↑ 3,892	↑ 2,067	↓ 53%
하남시(173)	↑ 134	↑ 164	327,853	1,629	99	10(5.1%)	56(6.9%)	↑ 3,164	↑ 1,913	↑ 60%
안양시 동안구(174)	↓ 118	↓ 100	329,727	1,585	1,583	12(3.3%)	67(7.6%)	↑ 2,881	↑ 1,659	↓ 57%
성남시 중원구(75)	↑ 84	↓ 39	204,356	1,053	262	6(5.9%)	15(4.1%)	↑ 2,774	↑ 1,534	↓ 55%
광명시(110)	↑ 156	↑ 57	290,129	1,472	9,346	5(2.5%)	63(10.1%)	↑ 2,770	↑ 1,433	↓ 51%
안양시(295)	↓ 99	↓ 95	563,591	2,776	3,912	28(5.4%)	87(7.3%)	↑ 2,610	↑ 1,553	↓ 59%
용인시 수지구(226)	↓ 103	↑ 75	374,586	1,904	174	9(1.9%)	52(5.4%)	↑ 2,469	↑ 1,555	↑ 63%
구리시(118)	↑ 66	↑ 60	185,909	967	0	3(2.2%)	24(8.3%)	↑ 2,418	↑ 1,527	↓ 63%
수원시 영통구(182)	↑ 59	↑ 81	362,819	1,830	1,566	18(3.8%)	78(8.7%)	↑ 2,355	↑ 1,490	↓ 63%
의왕시(111)	↓ 55	↑ 91	159,082	821	3,474	-(0.0%)	27(7.3%)	↑ 2,232	↑ 1,385	↑ 60%
수원시 팔달구(121)	↓ 29	↑ 80	192,391	932	149	2(0.9%)	20(6.6%)	2,066	↑ 1,212	↑ 58%
안양시 만안구(121)	↑ 57	↑ 84	233,864	1,191	2,329	16(10.5%)	20(6.4%)	↑ 2,004	↑ 1,305	↓ 65%
수원시(610)	↓ 42	↑ 68	1,187,977	5,994	2,441	46(3.7%)	175(8.4%)	↑ 1,973	↑ 1,262	↑ 63%
부천시 원미구(211)	↑ 29	↑ -6	385,479	2,049	132	32(11.3%)	68(12.7%)	↑ 1,968	1,311	↓ 66%
용인시(589)	↓ 64	↑ 71	1,092,409	5,455	5,699	54(5.1%)	158(7.3%)	↑ 1,924	↑ 1,262	↑ 66%
부천시(404)	↑ 14	↑ 6	760,538	4,053	1,549	45(8.8%)	98(11.0%)	↑ 1,840	↑ 1,233	↓ 67%
수원시 장안구(107)	↓ 45	↓ 54	271,552	1,382	0	4(1.7%)	25(8.9%)	↑ 1,829	↑ 1,194	↑ 64%
고양시 덕양구(262)	↓ 7	↓ 10	486,343	2,445	107	18(4.8%)	77(8.4%)	↑ 1,806	↑ 1,253	↑ 69%
군포시(112)	↑ 19	↓ 50	251,962	1,357	243	11(4.5%)	37(7.8%)	↑ 1,750	↑ 1,172	↑ 67%
부천시 소사구(123)	↑ -3	↑ 23	226,105	1,196	629	12(7.2%)	20(7.7%)	1,729	↑ 1,178	↑ 68%
화성시(541)	↑ 19	↑ 46	988,166	4,518	7,297	67(7.1%)	258(9.4%)	↑ 1,724	↑ 1,066	↑ 62%
안산시 단원구(186)	↓ 8	↑ 35	290,017	1,522	0	13(5.3%)	39(9.8%)	↑ 1,671	↑ 1,063	↑ 63%
용인시 기흥구(252)	↑ 32	↑ 45	434,701	2,228	1,093	33(8.0%)	77(8.9%)	↑ 1,655	↑ 1,128	↓ 68%
고양시(619)	↓ -11	↓ -11	1,060,936	5,448	3,439	34(3.7%)	160(7.4%)	↓ 1,620	1,144	↑ 70%

출처 : 부동산 지인

사실 '용의 꼬리냐, 뱀의 머리냐'로 시작했지만 우리가 알고 싶은 건 '같은 값이면 서울이 낫지 않냐'에 대한 답이다. 비슷한 평단가를 가진 2개 지역을 비교해 보면 되겠다. 서울의 구로구(평균 평단가 2,646만 원), 경기도의 안양시(평균 평단가 2,610만 원) 정도면 적당할 것 같다.

출처 : 부동산지인

구로구와 안양시의 가격이 시간에 따라 어떻게 변하는지 한번 확인해 보겠다. 구로구와 안양시는 예전부터 평균 평단가가 비슷해서 나란히 가격이 움직일 때가 많았다. 중간중간 해당 지역에 호재가 있을 때 가격이 바뀌는 등 엎치락뒤치락 하기도 했다. 최근의 가격을 보면 그래도 구로구의 가격이 안양시보다 높게 형성되어 있다. 우리가 원하는 건 "집을 싸게 사서 더 많이 오르는 곳"이다.

"구로구가 좋을까요? 안양시가 좋을까요?"

답은 위 그래프에 나와 있다. 집을 싸게 사고 싶으니 평균 평단가가 낮은 지역인 안양이 상대적으로 유리하다. 더 많이 오르는 지역도 확인해 보니 안양이다. 2022년 말, 2023년 초부터 서울, 수도권 지역이 상승하기 시작했다. 구로구와 안양시에서 평단가가 상승하는 모습을 보니 안양시가 더 빠르게 상승해서 구로구와 평단가의 차이를 좁혀가고 있는 모습이다. 특히나 최근에는 평단가가 36만 원 밖에 차이가 나지 않는다. 이대로 쭉 간다면 곧 평단가가 역전되는 날도 머지않은 것처럼 보인다.

첫번째로 서울에서 평단가가 낮은 대표적인 지역(노원, 도봉, 강북)과 경기도에서 평단가가 높은 대표적인 지역(과천)을 비교해 봤다. 두 번째는 평균 평단가가 비슷한 지역을 서울(구로구)과 경기도(안양시)에서 뽑아서 비교해 봤다. 결과가 어떤가? 너무도 명확하다

여기서 하나를 더 확인해 보면 어떨까? 투자를 하려면 소중한 내 돈이 들어가는데 백 번을 확인하는 게 대수겠는가. 그러니 한 번 더 확인해보자. 미래도 약간 엿볼 수 있으면 좋을 것이다.

이럴 때 쓰이는 게 부동산 지인의 시장강도 데이터다. 가격과 거래량 등등 다양한 시장 요소를 넣어서 시장의 에너지가 작은지, 큰지, 상승하는 쪽인지, 하락하는 쪽인지를 알려주는 자료다. 다만, 이것은 시장의 에너지를 통해 아주 약간 앞선 1-2달 정도의 시장 상황을 예측할 뿐이니, 너무 맹신하면 안 된다. 하지만 큰 변수가 나타나지 않는 한 비슷한 상황으로 이어질 테니 어느 정도 감을 잡을 수 있는 정도

로 생각하면 좋을 것 같다.

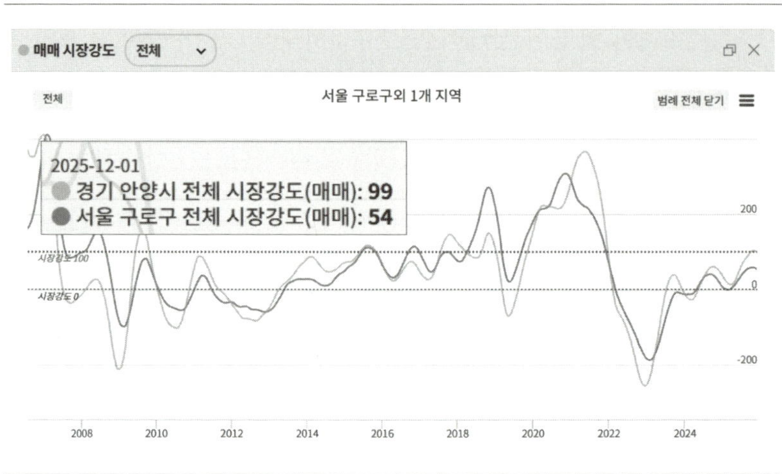

출처 : 부동산지인

가까운 미래를 가늠해 볼 수 있는 시장강도(시장 에너지)를 보니 역시나 안양이 평단가는 낮아도 상승을 잘 하는 이유가 보인다. 시장 에너지가 구로구는 54인데 안양시는 99로 거의 2배에 가깝게 차이가 나고, 100에 가까운 높은 에너지를 보인다. 그러니 같은 값이면 구로보다 안양 지역으로 가는 것이 좋다는 결론이 나올 수 밖에 없다.

비슷한 집값, 보다 더 가치 있는 단지 고르기

여기서 끝내려고 보니 '지역 좋은 건 알겠어. 그런데 내가 정작 가격을 주고 사는 건 단지인데, 단지에서는 다르면 어쩌지?'라는 생각이 들 수 있다. 자, 그럼 이어서 단지까지 확인해 보자. 단지도 비슷한 가격대에서 골라본다면,

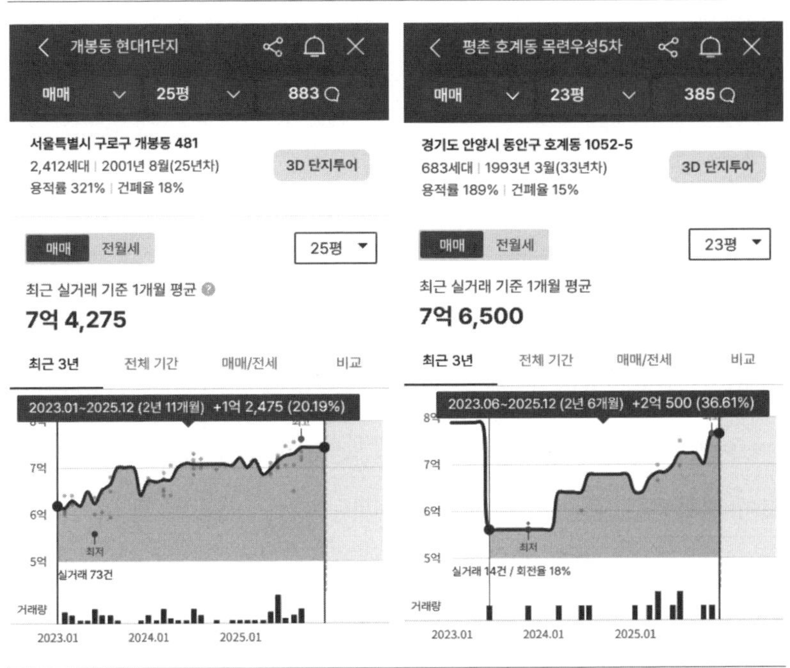

출처 : 호갱노노

2025년 12월 기준으로 7.5억 원에 가까운 2개의 단지를 비교해 보도록 하겠다. 연식과 입지 등 조건을 최대한 비슷하게 골랐지만 완전 같은 단지를 찾기는 현실적으로 불가능하니 감안하고 비교해주면 좋겠다. 구로구 개봉동의 현대 1단지 아파트는 2,412세대, 25년차 아파트로 역세권 아파트다. 2년 11개월 동안 약 1.3억 원 정도의 가격 상

승이 있었다. 안양에서는 동안구 호계동 목련 우성 5단지 683세대 33년차 역세권 아파트가, 2년 6개월 동안 2억 500만 원의 가격 상승이 있었다. 아무래도 연식이 더 오래되다 보니 가격 상승이 시작하는 시기는 더 늦지만 한번 상승하기 시작하면 시원하게 상승하는 모습이다.

단지를 비교하니 지역만큼 딱 떨어지지는 않지만, 결과는 같다. 구로구보다는 안양시 단지 상승이 7,000만 원 이상 높았다. 물론 단지의 조건이 딱 맞아 떨어지지는 않는다. 하지만 가격은 그 모든 것을 포함하는 가장 강력한 가치 판단의 지표다. 그래서 나머지 조건이 차이가 나더라도 가격을 기준으로 단지를 선별했다. 사람들이 집을 보러 다닐 때 가장 큰 기준으로 삼는 것이 가격이기 때문이다.

"이리 보고~, 저리 봐도~~" 용의 꼬리보다는 뱀의 머리가 낫다는 것이 명확하다. 물론, 이전에 서울이라는 행정구역에 속해 있는 것만으로도 큰 힘을 발휘할 때가 있었다. 그래서 구로구가 평균평단가가 높았던 적이 더 많다. 하지만 지금은 부동산 시장 환경이 예전과 많이 달라졌다. 절대인구가 감소하고 있고, 감소하는 속도도 빠르다. 수도권은 저점을 찍고 회복과 상승 구간에 있는 지역들이 많지만 시장의 에너지는 전체적으로 적은 시기다.

이런 시기에는 수요자들의 선택을 받기가 쉽지 않다. 이전보다 집값을 더 높여 받으려면 그만큼 더 가치가 있어 매력적인 지역과 단지로 선택을 받을 수 있어야 한다. 수요자들의 선호도와 인정하는 가치가 지금 부동산 트렌드를 형성하기 때문이다. 그래서 이 책에서 강조하는 것이 부동산 트렌드다. 부동산 트렌드가 이만큼 중요하다는 것을 다시 한번 알게 되었으니 트렌드를 알 수 있는 2번째 질문으로 넘어가겠다.

2

비싼 곳만
가격이 오를까?

현재 부동산 시장에서 기회를 잡는 방법

요즘 집값이 이만큼이나 올랐다고 연일 뉴스에 오르내리는 지역과 단지는 모두 비싼 곳들 뿐이다. 서울의 핵심지역, 강남3구(강남, 서초, 송파)와 마용성(마포, 용산, 성동) 이른바 한강벨트지역이라 불리는 곳의 집값 상승으로 열기가 뜨겁다. 실제로 이전의 절벽상승장을 방불케 할 정도의 강한 상승세를 보이고 있기도 하다. 물론, 최근 강도 높은 부동산 규제 정책과 대통령의 의지 발현으로 매물이 별로 없던 지역과 단지에 급매물이 하나 둘 등장하고 있기는 하다. 하지만, 이것만으로 한강벨트지역이 하락장으로 전환될 수는 없다. 적응기간 동안 브레이크를 걸어 준 정도이며, 시장의 에너지는 이미 15억 이하 지역과 단지로 가고 있었는데, 그 속도를 높여준 것뿐이다.

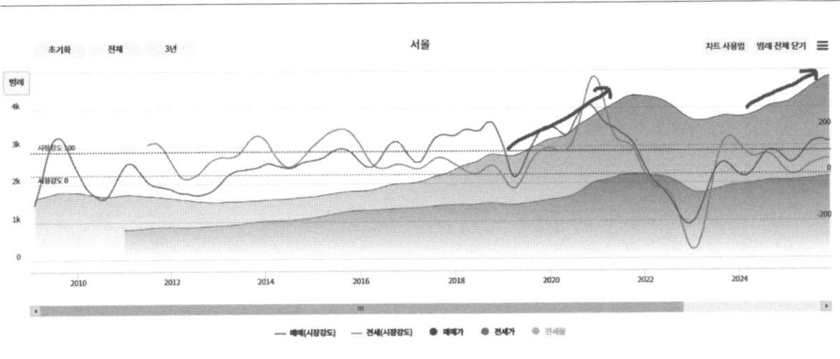

출처 : 부동산지인

위의 서울 평균매매단가의 상승추세를 보면 이전의 절벽상승장의 상승 기울기와 현재 보이는 상승세의 기울기가 거의 흡사한 것을 알 수 있다. '로또청약'이라고 나오는 단지들도 다 비싼 곳들 뿐이다. 2025년 하반기 잠실 르엘, 반포 래미안트리니원, 역삼 센트럴자이까지 모조리 20억 원 이상의 고가주택이었다. 20억 원 이상 가지고 있는 현금부자들만 시도라도 해볼 수 있는 곳이다. 그럼에도 불구하고 청약 경쟁률은 200:1을 가뿐히 넘기는 모습이다.

"돈 많은 사람이 왜 이리 많아~" 하고 푸념만 한다 한들 현실은 달라지지 않는다. 그러니 우리가 달라져야 한다. 국제적으로 정재계 인사들에게 주목받는 〈변화하는 세계 질서〉의 저자 레이 달리오 라는 인물이 있다. 레이 달리오는 채권을 운영하는 회사의 주주로 국제 금융위기 시기를 2-3개월 차이로 알아차려, 이를 해당 나라에 알린 인물로 유명한 사람이다. 그는 〈원칙〉이라는 책에서 이렇게 말한다.

"현실이 달라져야 한다는 생각 대신, 현실이 실제로 어떻게 기능하는지를 이해하려는 관점에서 현실을 보기 시작하면서 성공할 수 있었다."

이처럼, 만약 부동산으로 성공하고 싶다면 "집값이 미쳤어!" 하고 끝나는 게 아니라, 부동산 시장이 어떻게 기능하는지만 알면 된다. 그런 관점에서, 부동산 시장에서 입지적인 트렌드가 어떻게 흘러가는지 알아보도록 하자.

자본이 부족한 사람이 좋은 입지를 살 수 있는 방법

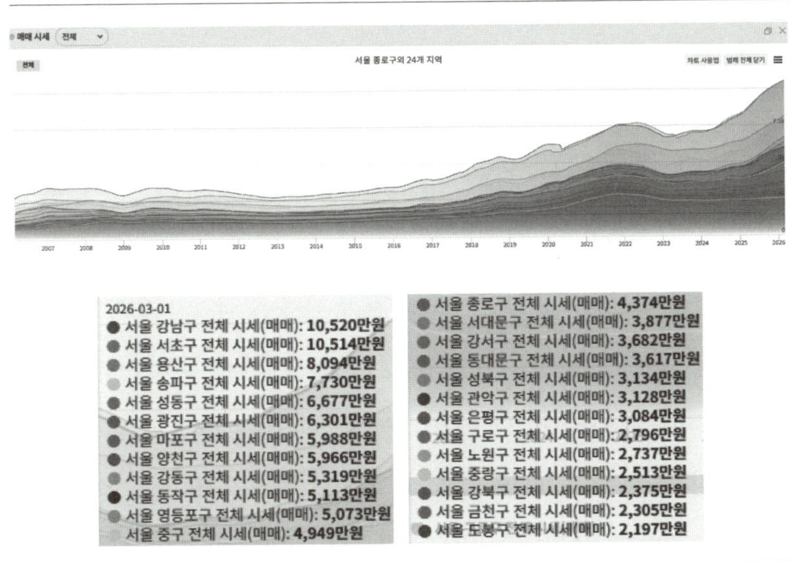

출처 : 부동산지인

위 그래프는 서울 25개 구의 평균 매매평단가가 시간이 지남에 따라 어떻게 움직이는지를 보여주는 자료다. 맨 위에 있는 선이 강남구로 평균매매가가 10,520만 원으로 이미 1억 원을 넘어섰다. 그 다음은 서초, 용산, 송파 순으로 매매평단가가 내려간다. 역시나 우리가 비싼 지역이라고 알고 있는 강남3구와 용산구의 매매평단가도 높다. 여기에서 하나 더 챙겨야 할 것은 높은 평단가를 가지고 있는 구일수록 2023년 이후 상승을 많이 했다는 것이다. 즉, 가격의 회복탄력성이 좋다는 뜻이다. 위의 그래프에서 상, 중, 하로 3등분을 해보면 상급지의 지역들은 가격 상승의 기울기가 가팔라, 상승속도도 빠르고 상승 폭도 크다. 중급지로 가면 상승속도와 폭이 줄어드는 모습이고, 하급지로 가면, 아직도 하락하고 있는 지역도 있고 하락 이후 정체되어 있는 지역들도 많다. 이렇듯 입지에 따라 같은 시기를 보내고 있지만 서로 다른 모습이다. 그리고 이런 시기가 길어질수록 가격의 양극화는 더 심해지게 된다. 위 그래프에서 알 수 있듯이 1등 지역인 강남구와 맨 하위권인 도봉구는 점점 더 평단가 차이가 심해진다.

이전 시장에서는 상급지가 오르면 그 다음 중급지가 오르고, 하급지가 순서대로 올랐으나 지금은 시장의 에너지가 무척 작은 시기이기에 모든 지역과 단지가 그것을 기대하기는 어렵다.

"당장 돈이 없고, 대출도 안 되잖아요. 방법이 없는데 어떻게 해요?"라고 할 수 있지만, 방법이 있다. 돈이 별로 없다면, 입지를 제일 먼저 포기하는 것이 아니라 제일 나중에 포기하는 방식으로 나에게 맞는 집을 찾는 것이다. 예를 들면 입지가 좋은 신축에 가고 싶은데 돈이 부족하다면, 평형대를 먼저 줄여보는 것이다. 그래도 안 되면 입지가 좋은 준신축으로, 거기서도 안 되면 평형대를 줄인다. 그래도 안 되면 입지를 조금 양보하여 다시 반복해 보는 것이다. 번거롭게 '굳이' 왜 이렇게까지 해야 하냐고 할 수 있지만, 그래야만 하는 이유가 있다.

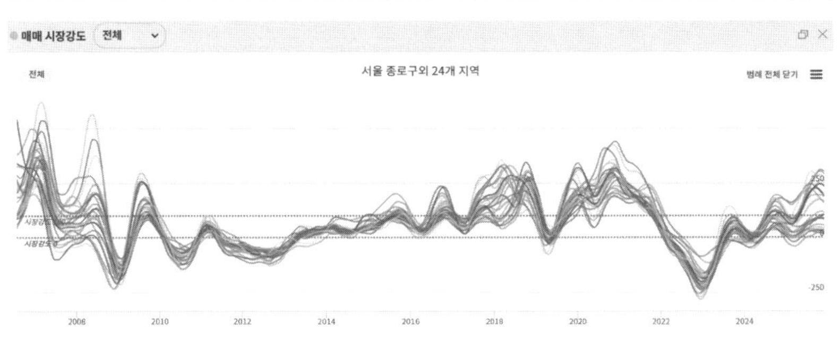

출처 : 부동산지인

위 그래프는 서울 25개구의 시장강도(시장의 에너지)를 나타낸 자료다. 0보다 위에 있으면 상승에너지, 0보다 아래 있으면 하락 에너지로 읽으면 된다. 그리고 숫자가 커질수록 그 에너지가 커진다고 생각하면 된다.

2023-09-01
서울 송파구 전체 시장강도(매매): 141
서울 강동구 전체 시장강도(매매): 104
서울 강남구 전체 시장강도(매매): 88
서울 마포구 전체 시장강도(매매): 86
서울 성동구 전체 시장강도(매매): 76
서울 양천구 전체 시장강도(매매): 68
서울 광진구 전체 시장강도(매매): 64
서울 서대문구 전체 시장강도(매매): 62
서울 서초구 전체 시장강도(매매): 59
서울 영등포구 전체 시장강도(매매): 45
서울 중구 전체 시장강도(매매): 43
서울 동대문구 전체 시장강도(매매): 40
서울 성북구 전체 시장강도(매매): 38
서울 강서구 전체 시장강도(매매): 34
서울 은평구 전체 시장강도(매매): 29
서울 동작구 전체 시장강도(매매): 28
서울 금천구 전체 시장강도(매매): 23
서울 관악구 전체 시장강도(매매): 18
서울 용산구 전체 시장강도(매매): 14
서울 강북구 전체 시장강도(매매): 6
서울 노원구 전체 시장강도(매매): -13
서울 종로구 전체 시장강도(매매): -13
서울 중랑구 전체 시장강도(매매): -14
서울 도봉구 전체 시장강도(매매): -15
서울 구로구 전체 시장강도(매매): -22

2024-10-01
서울 서초구 전체 시장강도(매매): 193
서울 송파구 전체 시장강도(매매): 179
서울 강동구 전체 시장강도(매매): 177
서울 강남구 전체 시장강도(매매): 171
서울 성동구 전체 시장강도(매매): 163
서울 마포구 전체 시장강도(매매): 142
서울 광진구 전체 시장강도(매매): 126
서울 용산구 전체 시장강도(매매): 120
서울 동작구 전체 시장강도(매매): 117
서울 양천구 전체 시장강도(매매): 104
서울 영등포구 전체 시장강도(매매): 102
서울 서대문구 전체 시장강도(매매): 97
서울 성북구 전체 시장강도(매매): 93
서울 중구 전체 시장강도(매매): 88
서울 동대문구 전체 시장강도(매매): 86
서울 강서구 전체 시장강도(매매): 79
서울 관악구 전체 시장강도(매매): 65
서울 은평구 전체 시장강도(매매): 62
서울 종로구 전체 시장강도(매매): 54
서울 강북구 전체 시장강도(매매): 53
서울 노원구 전체 시장강도(매매): 51
서울 중랑구 전체 시장강도(매매): 51
서울 도봉구 전체 시장강도(매매): 43
서울 구로구 전체 시장강도(매매): 37
서울 금천구 전체 시장강도(매매): 33

2025-08-11
서울 송파구 전체 시장강도(매매): 303
서울 성동구 전체 시장강도(매매): 265
서울 광진구 전체 시장강도(매매): 245
서울 강남구 전체 시장강도(매매): 243
서울 서초구 전체 시장강도(매매): 221
서울 마포구 전체 시장강도(매매): 214
서울 양천구 전체 시장강도(매매): 214
서울 동작구 전체 시장강도(매매): 213
서울 강동구 전체 시장강도(매매): 209
서울 용산구 전체 시장강도(매매): 189
서울 중구 전체 시장강도(매매): 159
서울 영등포구 전체 시장강도(매매): 152
서울 서대문구 전체 시장강도(매매): 93
서울 강서구 전체 시장강도(매매): 80
서울 동대문구 전체 시장강도(매매): 78
서울 성북구 전체 시장강도(매매): 75
서울 종로구 전체 시장강도(매매): 72
서울 관악구 전체 시장강도(매매): 64
서울 구로구 전체 시장강도(매매): 51
서울 노원구 전체 시장강도(매매): 45
서울 은평구 전체 시장강도(매매): 38
서울 중랑구 전체 시장강도(매매): 36
서울 강북구 전체 시장강도(매매): 29
서울 도봉구 전체 시장강도(매매): 28
서울 금천구 전체 시장강도(매매): 7

2025-12-01
서울 광진구 전체 시장강도(매매): 302
서울 성동구 전체 시장강도(매매): 290
서울 송파구 전체 시장강도(매매): 270
서울 강동구 전체 시장강도(매매): 257
서울 마포구 전체 시장강도(매매): 235
서울 동작구 전체 시장강도(매매): 232
서울 중구 전체 시장강도(매매): 195
서울 강남구 전체 시장강도(매매): 191
서울 용산구 전체 시장강도(매매): 187
서울 양천구 전체 시장강도(매매): 184
서울 영등포구 전체 시장강도(매매): 163
서울 서초구 전체 시장강도(매매): 156
서울 서대문구 전체 시장강도(매매): 114
서울 동대문구 전체 시장강도(매매): 104
서울 관악구 전체 시장강도(매매): 102
서울 강서구 전체 시장강도(매매): 87
서울 성북구 전체 시장강도(매매): 85
서울 종로구 전체 시장강도(매매): 81
서울 구로구 전체 시장강도(매매): 54
서울 노원구 전체 시장강도(매매): 41
서울 중랑구 전체 시장강도(매매): 37
서울 은평구 전체 시장강도(매매): 34
서울 도봉구 전체 시장강도(매매): 27
서울 금천구 전체 시장강도(매매): 17
서울 강북구 전체 시장강도(매매): 15

출처 : 부동산지인

이제, 구별 시장의 에너지가 어떻게 흘러왔는지 확인해 보자. 서울은 2023년도부터 가격 하락을 멈추고, 상승이 시작된 지역이 많다. 2023년 9월 시장강도(시장 에너지) 수치를 보면 0 아래의 마이너스가 붙은 지역은 노원구, 종로구, 중랑구, 도봉구, 구로구다. 25개 구 중에 5개 지역만 아직도 시장 에너지가 마이너스라는 것이다. 그런데 잠깐, 종로구가 2023년에 시장 에너지가 마이너스인데 이상하지 않은가? 그건, 2023년도 부동산 시장의 특성상 신축 대단지 역세권 단지들이 먼저 가격 회복이 시작되었기 때문이다. 종로구는 사실 업무지구라 대단지 아파트도 많지 않고 신축은 더더욱 적기 때문에 초반에 평균 매매평단가를 끌어올리기는 쉽지 않았을 것이다.

그렇게 1년이 지나 2024년 10월에는 서울 부동산 시장이 상승을 시작한지 꽤 지난 시기이기에 시장 에너지가 0 아래인 지역은 없다. 그러나 여전히 평단가가 낮은 지역들은 상대적으로 낮은 에너지만 형성되고 있는 것을 알 수 있다. 같은 시기 서초구가 193인데 반해 금천구는 33이니 말이다. 거기서 또 시간이 지나 2025년 8월이 되면 그 격차는 더 심해진다. 송파구가 303인데, 금천구는 7에 그친다. 시장 에너지 강도가 이 정도로 크게 차이가 나고 또한 길게 이어진다면 단지에서 보이는 가격의 차이는 상상 이상으로 크게 나타날 수밖에 없다.

단지로 들어가서 한번 살펴보도록 하자. 2025년 8월 서초의 대장 아파트와 금천구의 대장아파트를 비교해 본다.

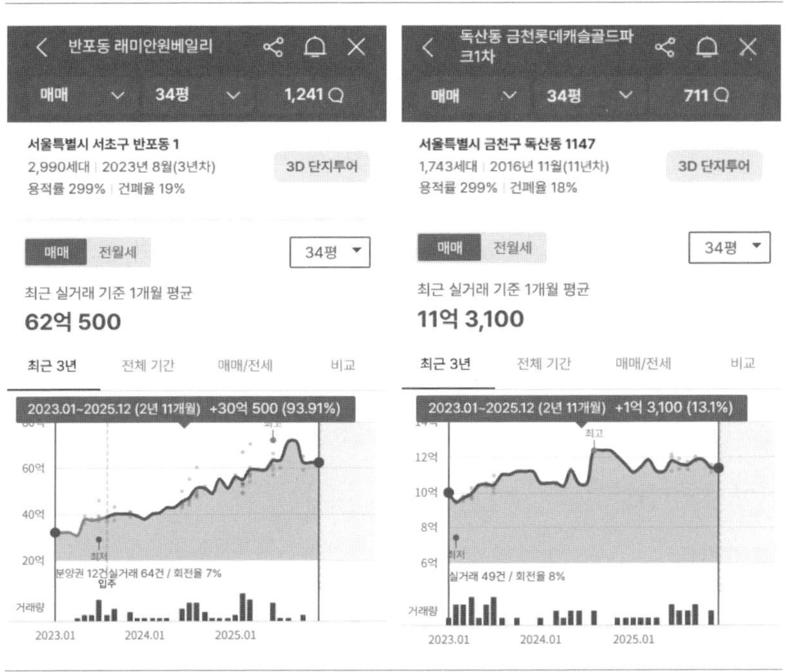

출처 : 호갱노노

여기서는 입지와 가격 차이가 엄청나기 때문에 다른 것을 비교하는 것은 의미가 없다. 상승이 시작된 시기와 상승률만 비교해 보도록 하자. 금천구 금천롯데캐슬골드파크 1차는 2023년 2월부터 상승하기 시작했다. 금천구도 서울이고, 대장아파트이기까지 하니 상승시기는 여느 서울 지역과 비슷하다. 그에 반해 서초구 반포의 대장아파트인 래미안원베일리는 상승 시작 시기가 오히려 2개월 늦은 2023년 4월이다. 원베일리 입주가 2023년 8월이었기 때문이다. 이때만 해도 입주장 공식이 부동산 시장에 그대로 나타나던 시기였다. 때문에 전세와 매매 모두 가격 상승이 무섭게 나타나지는 않았다. 그러면 이제 상승률을 비교해 보자. 금천구 금천롯데캐슬골드파크 1차는 2년 11개월 동안 약 1.3억(13.1%)이 상승했다. 반포의 래미안원베일리는 같은 2년 11개월 동안 약 30억(93.91%)이 상승했다. 단지 가격 차이가 워낙 크기 때문에 더 높은 상승률을 보이는 건 쉽지 않다. 그런데도 상승률이 7배 넘게 차이가 난다. 사실 30억 원 단지가 10% 오르는 것과 3억 원 단지가 10% 오르는 건 금액의 차이가 상당하다. 30억 원은 3억 원이 올라야 10%가 오른 것이고, 3억 원은 3천만 원만 올라도 10%가 오른 것이기 때문이다. 같은 상승률 10%라고 해도 쉽지 않은데 7배 이상 차이가 난다는 건 그만큼 시장의 에너지가 차이가 나는 것으로 이해를 하면 된다.

그럼, 답은 명확하다. 지역의 시장의 에너지가 이 정도로 크게 차이가 나타난다면 무조건 좋은 입지로 가야 승산이 있다는 것이다. 내가 앞에서 입지를 가장 마지막에 포기해야 한다며 번거로운 방법을 '굳이' 해야 한다고 권유한 이유가 이것이다. 다음으로 경기도로 넘어가 본다.

경기도 북부권과 중부권 접근 전략

자, 이제 아주 넓은 경기도로 왔다. 워낙 넓다 보니 시, 동마다 지역의 분위기가 천차만별이다. 그러니 모든 도시를 다 알고 갈 필요는 없다.

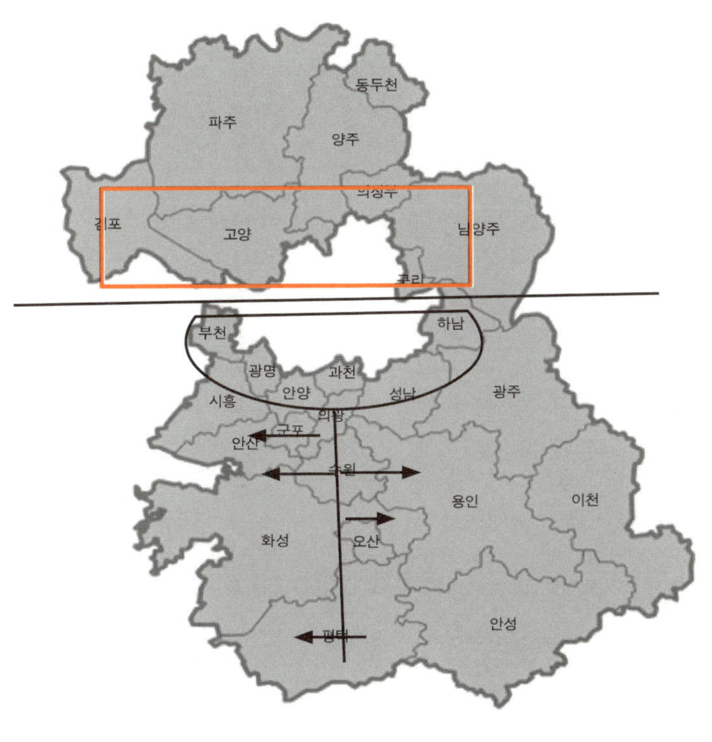

지금은 부동산 시장 에너지가 작은 시기이기에 경기도에서도 북부지역 일부, 중부지역과 남부지역만 봐도 충분하다. 경기도 지도는 가운데 구멍이 뻥 뚫려 있다. 바로 서울이 있기 때문이다. 경기도에서 가치가 높은 지역은 서울과 가깝고 서울 출퇴근이 편한 지역이다. 서울 바로 옆에 포진된 지역을 먼저 챙겨보자. 그 중에서도 더 먼저 중요하게 챙겨 볼 지역과 아닌 지역이 있다.

경기도 전체를 두고 이것을 먼저 알아야 한다. 위 지도에 표기된

기호들을 보자. 제일 먼저 허리를 자르는 중심선이 보인다. 이것으로 경기도 북부와 남부를 나눈다. 북부는 주황색 박스 안의 지역으로 표기되어 있지만 일일이 표기하기가 어려워 일부라는 느낌을 담아본 것이다. 경기 북부권에서 추천하는 지역은 김포와 고양시 덕양구, 남양주 일부 구역들이다. 북부로 갈수록 교통편이 불편한 지역도 있어 일부 구역으로 국한하여 보아야 한다.

요즘 수요의 특성상, 트렌드에 있어서도 경기 북부권은 선호도가 낮은 편이다. 평화누리특별자치도로 명명하여 좋게 만들려는 정부의 시도가 있었으나 오히려 역효과가 났다. 하루만에 무려 3만 명 이상이 반대 청원을 올릴 정도였으니 말이다. 우리는 기회를 찾으려는 사람들이니까 미래 가치까지 고려해야 한다. 지금 경기 북부지역은 주요하게 바라보지 않아도 된다.

그 다음은 경기 중부지역이다. 중부지역에는 구리, 하남 2개의 지역뿐이다. 이전에는 구리에 대한 관심이 하남과 비교해서 많이 차이가 났었는데, 작년 8호선이 연장되고, 10·15 대책에서 비규제지역으로 남으면서 수혜를 누리게 되었다. 강동구와 하남 생활권이 연결되어 집값이 같이 움직였는데, 이제 구리도 같이 움직이게 될 가능성이 상당히 높다. 그리고 경기도 중부 지역은 행정구역만 경기도다. 수요의 움직임도, 지리적인 생활권도 완전히 서울과 비슷한 흐름으로 같이 움직인다. 그래서 서울 생활권이라 불린다.

경기도 남부권 접근 전략

    마지막으로 가장 이야기 거리가 많은 경기 남부 지역으로 가보자. 남부에서도 서울과 가까운 지역이 먼저다. 여기에는 과천, 성남, 광명, 안양, 부천이 있다. 남부 지역 중심선에는 의왕, 군포, 수원, 용인 수지구, 기흥구, 동탄, 오산, 평택이 있다. 그 외에는 남부를 좌우로 가르는 중심선을 기준으로 배치되어 있다. 그리고 서쪽으로는 시흥, 안산, 동탄 이외 화성시가 있고 동쪽으로는 광주, 용인 처인구, 이천, 안성이 있다. 물론, 서울 인근 지역과 중심선에 위치한 지역을 먼저 봐야 하지만, 중심선을 기준으로 동과 서 중 어느 쪽을 먼저 봐야할까 고민이 된다면, 서쪽을 먼저 보는 걸 추천한다. 최근 신안산선의 개발과 함께 그간 개발에 소외되었던 서쪽 지역인 시흥, 안산이 떠오르고 있다. 사실 시흥, 안산은 경기 남부 지역의 중심선에 위치한 지역들보다 지리

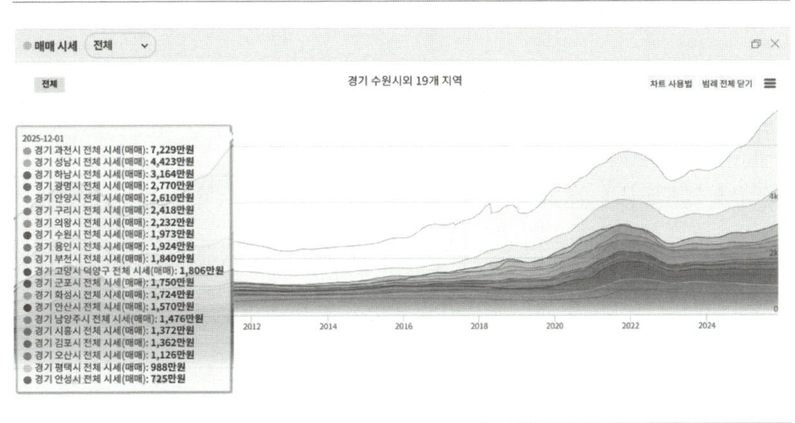

출처 : 부동산지인

적으로는 서울과 더 가깝다. 그러나 상대적으로 개발이 덜 되고, 교통 편의성이 좋지 않아 그동안 관심을 덜 받고 있었다.

자, 이렇게 경기도에서 먼저 챙겨볼 지역들을 정리했고, 이제 시기 적인 요소를 고려하여 좀 더 세부적으로 들어가 보겠다.

경기도에서 주요하게 살펴볼 20개 지역의 평균 매매평단가를 높은 가격 순으로 자료를 뽑아봤다. 과천은 역시나 강남 3구와 흐름을 같이 하는 지역인 만큼, 같은 경기도권 지역에서 비슷한 평단가를 가진 지역을 찾기 어렵다. 2위인 성남시와 비교해도 평단가가 3천만 원 이상 차이가 난다. 이러니 과천 사람들이 '나 경기도 살아.' 라고 안 하고, '나 과천 살아.' 라고 하는 것이다. 1위는 평균 매매평단가 7,229만 원의 과천시, 2위는 4,423만 원의 성남시, 3위는 3,164만 원의 하남시, 4위는 2,770만 원의 광명시, 안양, 구리, 의왕시까지는 평균 매매평단 가가 2,000만 원대다.

나머지 지역은 평단가가 2,000만 원이 되지 않는다.

평균 매매평단가가 높은 곳은 이미 너무 많이 오른 곳이 아닌가요? 라고 할 수 있지만 서울에서 확인한 것과 같이 경기도도 마찬가지다. 비싸고 좋은 곳이 앞으로도 좋을 곳이다. 경기도 상위권 지역은 특히나 평단가의 차이가 압도적인 편이다. 하지만 너무 많이 오른 곳이 전혀 없는 것은 아니다. 나라에서 대출 규제, 세금 규제를 통해 수요를 억누르고 있다. 그러니 이제 다른 길을 찾게 될 것이고, 우리는 그 길을 따라 가야 한다.

그런 면에서 과천 신축을 노리고 지금 들어가라고 하면 상당히 부담스러울 수밖에 없다. 그러니 입지가 좋은 준신축이나 구축, 재건축이 될 만한 곳을 보는 것이 나을 수 있다. 그 이유와 찾아가는 방법은 다음 장에서 자세히 다뤄보겠다. 다시 평단가가 높은 곳을 먼저 봐야 하는 이유를 알아보자.

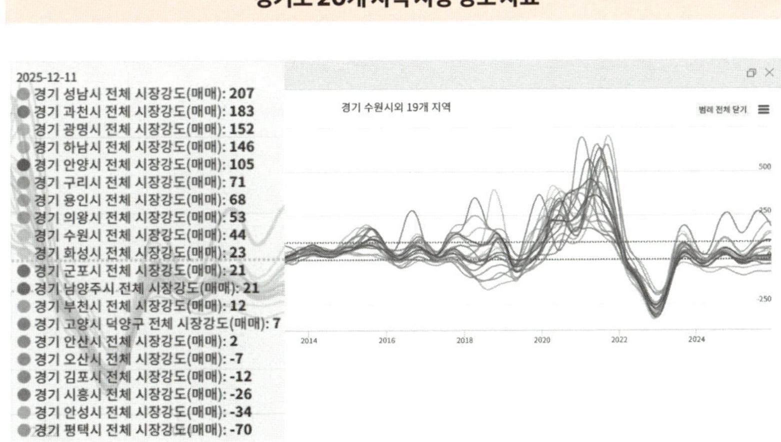

경기도 20개 지역 시장 강도 자료

경기도도 마찬가지로 평균 매매평단가가 높은 지역이 시장 에너지도 높은 것으로 나온다. 물론, 평단가 순위와 시장 에너지 순위가 완전 똑같지는 않다. 그래도 큰 차이 없이 앞뒤 순위가 바뀐 정도다. 돈이 없다고 평단가가 낮은 지역으로 눈을 돌리기에는 너무 위험한 시기이다. 돈이 없는 것이지, 앞으로 오를 가격이 욕심 나지 않는 건 아니기 때문이다. 그러니 지역을 타협하지 말자. 지역은 포기하지 말고 다른 요소를 하나씩 양보해 가며 내집마련을 하면 된다.

그렇다고 평단가가 낮은 지역이 전혀 집값이 오르지 않는다는 것은 아니다. 평단가가 2,000, 1,000되는 다른 지역들도 가격이 상승한다. 다만 상승을 시작하는 시기가 더 늦어지거나 상승 가격이 적을 수 있다는 것이다. 그리고 상승폭이 빠르게 증가하는 시기가 늦거나 안 나타날 수도 있으니 적어도 상승의 모습이 보이는 지역을 봐야 한다.

예를 들어 평택과 안성시의 가격 움직임과 시장강도(시장 에너지)를 보자. 2023년 초 이후 대부분의 지역이 가격이 상승하는데, 아직도 가격이 하락하는 지역도 있다.

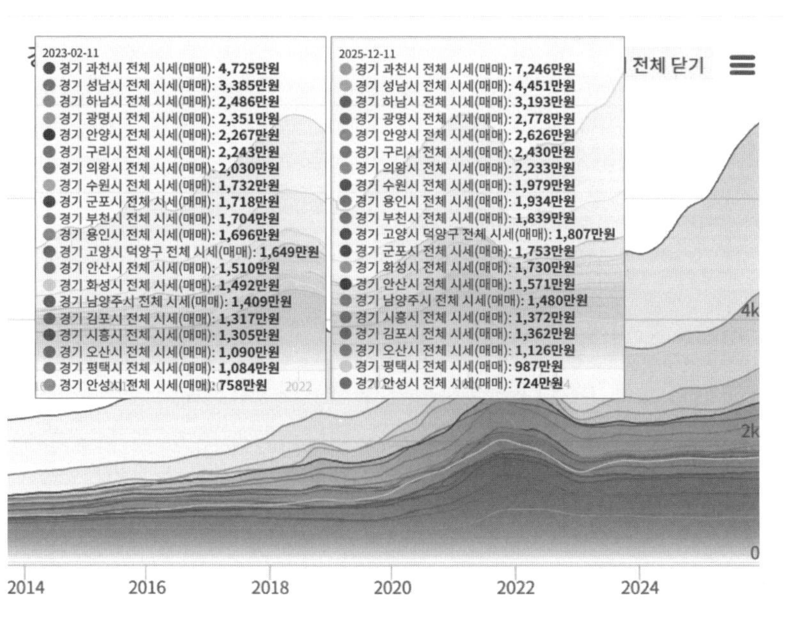

출처 : 부동산지인

  2023년 2월 기준 과천시는 4,725만 원에서 7,246만 원으로 평균 매매평단가가 무려 2,521만 원이나 올랐다. 한 개의 단지가 아니라 한 도시의 평균 가격(평단가)이 그만큼 올랐다는 것이다. 그에 반해 안성시는 2023년 2월에 758만 원에서 724만 원으로 오히려 평균 매매평단가가 줄었다. 다른 도시가 2,500만 원에 가깝게 상승하는 동안 집값이 떨어진 지역도 있다는 것이다. 10등 지역인 부천만 봐도 3년이 채 안 된 시점에 평균 매매평단가가 135만 원정도 상승했다.

지역명	평단가(만 원)	평단가(만 원)	평단가 차이(25년-23년)
과천시	7,246	47,25	2521
성남시	4,451	3,385	1066
하남시	3,193	2,486	707
광명시	2,778	2,351	427
안양시	2,662	2,267	395
구리시	2,430	2,243	187
의왕시	2,233	2,030	203
수원시	1,979	1,732	247
용인시	1,934	1,718	216
부천시	1,839	1,704	135
고양시 덕양구	1,807	1,696	111
군포시	1,753	1,649	104
화성시	1,730	1,510	220
안산시	1,571	1,492	79
남양주시	1,480	1,409	71

시흥시	1,372	1,317	55
김포시	1,362	1,305	57
오산시	1,126	1,090	36
평택시	987	1,084	-97
안성시	724	758	-34

출처: 부동산지인

위 자료를 보니 역시나 평단가가 높은 지역이 많이 올랐다. 지금은 3년이 좀 안 된 기간이지만, 문제는 앞으로 이러한 흐름은 계속되고 더 심해질 것이다. 물론, 2023년 초부터 많이 상승한 지역도 있고. 그렇지 못한 지역도 있다. 입지상 2급지, 3급지 지역들은 1급지가 오른 다음에 상승하기 때문이다. 이제까지 상급지가 많이 올랐다면, 이제는 다음 급지가 오를 차례이다. 그러니 우리는 너무 비싼 1급지만 볼 게 아니라 그 다음 상승하는 지역에서 기회를 잡아야 하는 것이다. 다음 장에서는 기회의 지역이 되는 곳에 대해 자세히 다뤄보자.

3

이제는 뾰족하게 봐야한다

내 자산에 맞는 지역 중 가치가 높은 곳 찾아가기

"그래, 비싼 게 앞으로도 좋을 거라는 거 알겠어. 그럼 돈 없는 사람은 그럼 포기하라는 거야?"라고 속 상해할 수도 있다. 하지만 눈에 빤히 보이는 곳에서만 기회를 찾기 때문에 모르고 있는 것이다. 기회를 잡기 위해 지역을 넓게 보되, 트렌드에 맞는 것을 더 뾰족하고, 자세하게 알아보자.

서울은 한강벨트지역이 대표적으로 빠르고 강하게 올랐다. 2023년 이후 상승하기 시작했고, 3년이 지났다. 높은 가격에 부담을 느낀 사람들이 주변을 돌아보기 충분한 시간이다. 한강벨트지역 주변 지역으로 상승세가 퍼지고 기회가 만들어지고 있다. 그렇게 봤을 때 2026년 상승이 기대되는 지역은 양천구, 강동구, 광진구다.

아래 자료를 보면, 각 지역별 평균 매매평단가 시세의 변화를 알 수 있다. 단순히 가격이 많이 올랐네, 적게 올랐네만 보지 말고, '상승이 시작된 시기'와 '상승율이 높아진 시기'를 보면 기회의 지역을 찾을 수 있다. 입지가 좋고, 각종 호재를 가지고 있으나 상승 시작 시점이 느리거나 상승률이 높아진 시기가 늦은 지역이 좋다. 특히나 2026년에는 지방선거를 앞두고 있다. 각 지방의 호재들을 영끌할 시즌이고, 진행이 잘 되는 것으로 일시적으로 만들기까지 한다. 물론, 시장의 에너지가 작고 전체적인 상승장이 아니기에 이전처럼 작은 호재 소식에도 모든 지역이 들썩이지는 않는다. 말 그대로 '될놈될' - 될 지역만 잘 되는 것이다. 그 될 지역이 양천구, 강동구, 광진구다.

"그 지역들도 한강벨트 못지 않게 올랐는데, 무슨 소리냐?"라고 할 수 있다. 그런데 이렇게 한번 생각해 보자. 서울의 핵심지역 아파트가 20억 원이 되었을 때 다들 너무 비싸다고 했다. 집값이 20억 원이라니 말이 되냐고 미쳤다고 했다. 그런데 지금은 반포 대장아파트가 70억 원을 넘어섰고, 100억을 갈 것이라고 전망하고 있다. 가격을 리드하는 지역의 가격이 그만큼 앞장서 있다는 것이다. 물론, 이전 상승장처럼 '갭메우기' - 비교되는 지역, 단지와 차이가 벌어지면 시간이 지나 그 차이가 상쇄되는 현상 - 가 모든 지역에서 나타나지는 않는다. 그렇지만 분명 그 가격을 따라가는 지역은 있다.

기회의 파도에 올라탈 수 있는 서울 지역

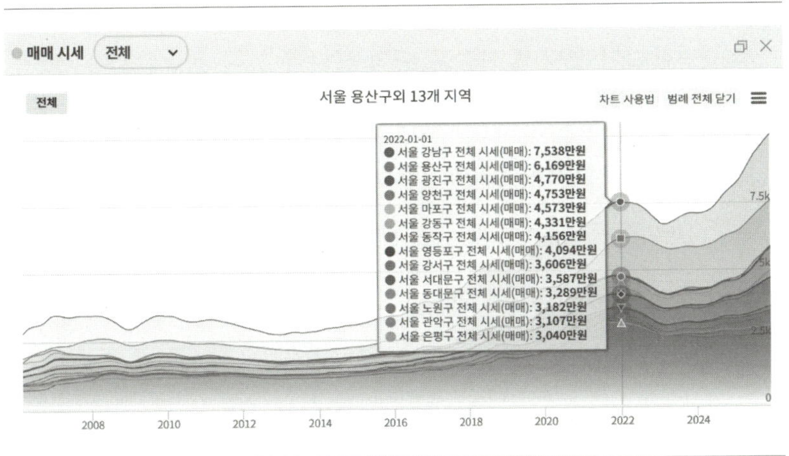

진짜로 상승을 시작한 시기와 상승율이 높아지는 시기가 다른 지역이 있다. 그 지역 중에 입지도 좋고, 호재도 많은 지역인 양천구, 강동구, 광진구를 조금 더 살펴보자.

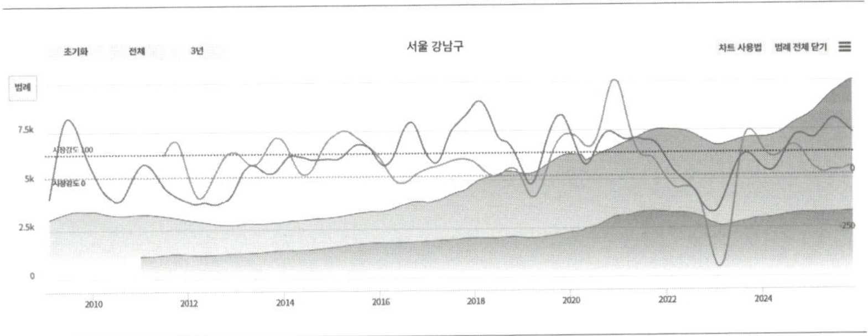

강남구는 이미 전고점을 넘어선지 오래됐다. 전고점을 넘어선 이후 오른 가격도 상당하다. 그에 비해 강남4구로 불리며 편입된 강동구는 전고점을 넘어서긴 했지만 전고점 이후 상승한 가격은 아직은 적은 편이다. 특히나 강동구는 2025년 올림픽파크포레온이 입주하고 지역의 영향력이 상당히 커졌다. 단지 하나가 들어섰음에도 강동구의 1급지라는 타이틀을 고덕지구에게서 뺏어왔다. 그러면서 고덕지구가 2급지로 든든하게 받쳐주기까지 하면서 상급지로 더욱 발돋움할 수 있게 되었다. 또한, 신축이면 신축, 준신축이면 준신축, 구축에서 재건축, 재개발까지… 사람들의 관심을 받을 요소를 두루두루 알차게 가지고 있는 지역이기도 하다. 2026년은 재건축, 재개발의 해가 될 것이라 생각하는데, 강동구도 한 몫하게 될 것이다. 그래서 더 유망한 지역이 되는 것이고 기회가 있다고 하는 것이다.

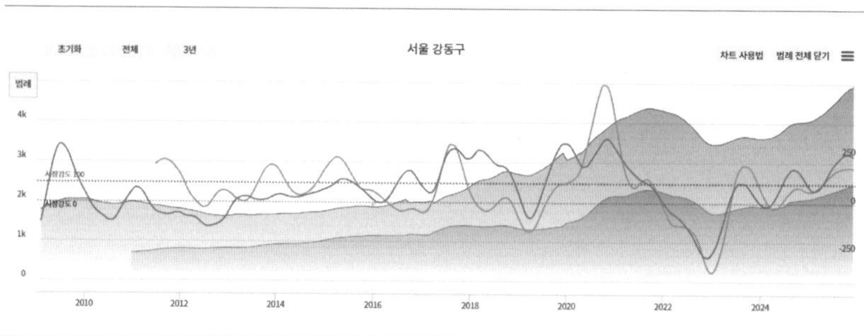

양천구 또한 같은 이유다. 전고점을 넘어서서 가격 상승분이 크게 차이가 나지 않고, 재건축이 기대되는 시점에 서울에서 가장 재건축 이후 가치변화가 클 것이라 기대되는 지역이다. 목동 신시가지 1-14단지까지 총 26,629세대로 재건축이 모두 끝나면 5.3만 세대 이상이 될 것으로 기대하고 있다. 2배 이상 세대 수가 늘어나는 것으로, 이정도

규모면 서울에 새로운 신도시급 도시가 생기는 것과 같다. 더욱 좋은 것은 알아주는 인프라는 그대로 간직한 채, 새 아파트가 있는 신도시가 되는 것이기에 그 가치가 더욱 높아질 수밖에 없다. 목동의 학군과 학원가는 그대로 간직한 채 +@로 신축까지 대규모로 들어간다면 이미 완성되어 있는 인프라를 더 좋게 탈바꿈할 수 있어 지역 가치는 더 올라갈 수밖에 없다.

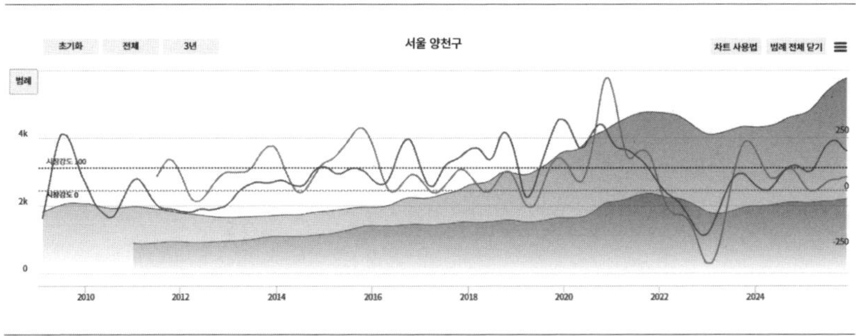

광진구는 사실 입지적으로 상당히 우수한 지역인데 주변의 성동구나 송파구에 비해 그동안 제대로 가치를 인정받지 못한 지역이다. 물론, 그동안 주목받지 못했던 이유가 있다. 지리적인 특성상 경사도가 있고, 단지 밀집지역이 크게 형성되기 어렵다는 점이다. 광진구의 아파트들을 보면 대부분 단지들이 모여 있기 보다는 줄을 서 있거나 대단지보다는 소규모 단지들이 많은 것을 알 수 있다. 또한, 재건축이나 재개발이 활발히 이루어지지 못해서 신축이 많지도 않다. 그러다 보니 최근 상승률이 좋지 못했던 것이다. 그런데 이제 재개발, 재건축이 관심을 받는 시기가 다가오니 오히려 광진구가 빛을 발하게 된 시기다. 또한 송파를 마주보고 있는 지역이고, 성동구의 성수동을 바로 옆에 끼고 있는 지역으로서, 상대적으로 가격이 많이 오른 편이 아니기에 더욱 가치가 있다.

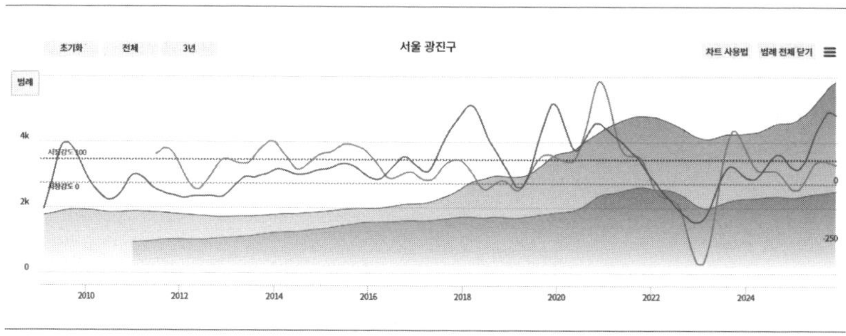

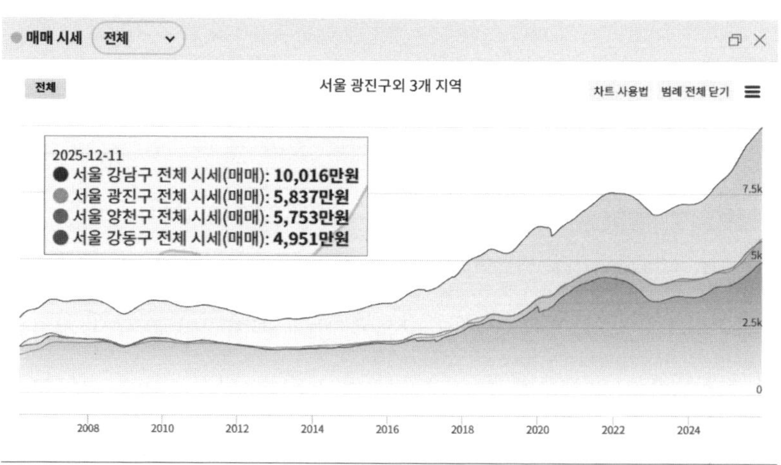

그럼, 3 지역의 가격 변화를 다같이 한번 보자. 한강벨트 지역 중 강남구가 가격을 리드하는 지역으로 해서 비교하면, 2024년 이후 가격 차이가 벌어지기 시작했고, 2025년이 되자 3 지역의 상승세가 커

지면서 상승폭을 키워가는 모습이다. 특히나 2025년 10·15 대책으로 25억 원 이상의 단지들이 많은 한강벨트지역은 대출이 어려워졌고, 상대적으로 25억 원 이하 단지 수가 많은 양천, 광진, 강동은 수혜를 받을 수밖에 없다. 차근차근 따져보니 엉덩이를 더욱 들썩이게 만드는 지역들이다.

기회의 파도에 올라탈 수 있는 경기도 지역

이제 경기도로 넘어가 보자. 과천, 성남은 23년이 시작되자 마자 기다렸다는 듯이 가격이 많이 올랐다. 과천은 강남 3구와 흐름을 같이 하는 지역이고 성남 또한 서울 시장과 흐름을 같이 하는 지역들이기 때문이다.

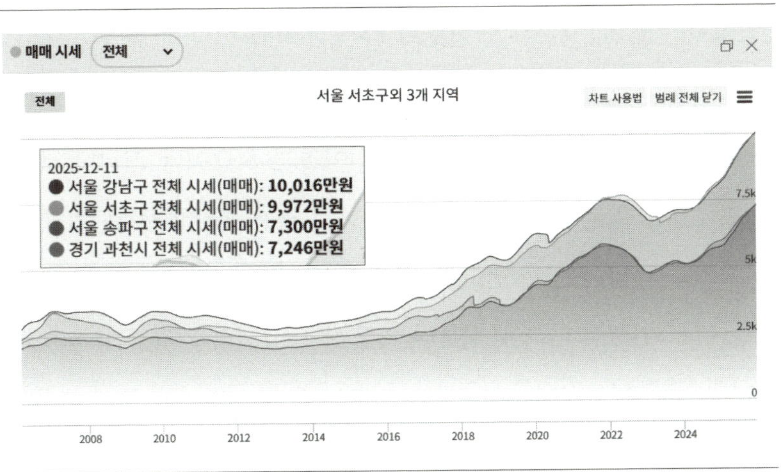

　　그럼, 과천을 기준으로 경기도의 상승시작 시기와 상승 정도를 비교해서 상대적으로 가격이 덜 오르고, 앞으로 가격 상승이 기대되는 지역을 찾아보자.

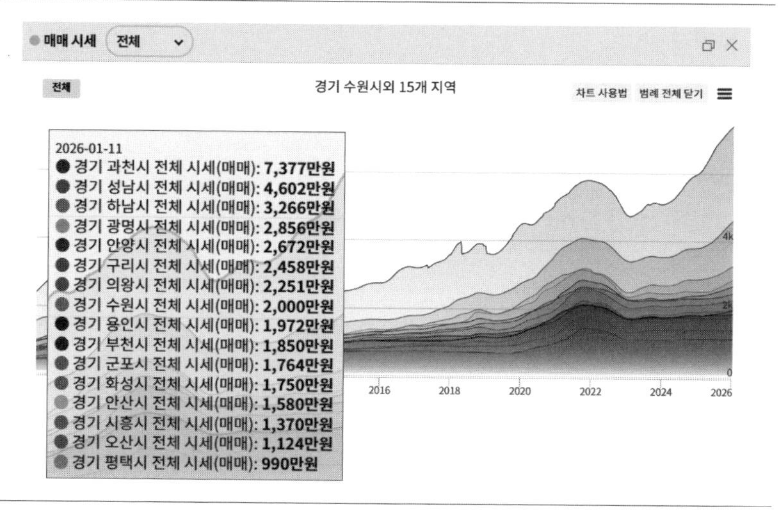

출처: 부동산지인

　　역시나 과천, 성남은 경기도의 다른 지역과 다르게 둘 만의 다른 결을 만들어 앞서가고 있다. 서울 한강벨트지역과 경기도 과천, 성남은 이미 전고점을 넘어서 상승장을 이어가는 모습이다. 그러나 그 다음 지역들은 조금 다른 모습이다. 3번째로 높은 평균매매평단가를 가지고 있는 하남은 이제 전고점 가격에 와 있다. 그리고 4번째 지역부터는 아직 전고점 가격을 회복하지 못했다. 그러나 가격 회복을 시작했다는 것은 명확하다.

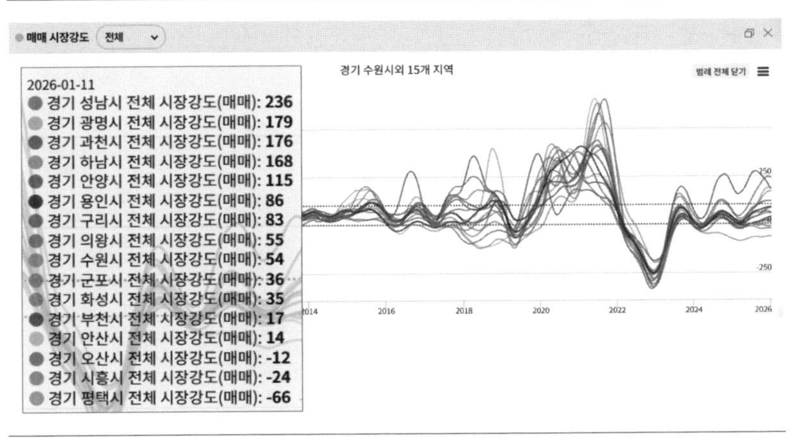

출처: 부동산지인

추가로 지역마다 가진 시장에너지(시장강도)도 확인해 보자. 1기 신도시 재건축으로 뜨거운 지역인 성남이 236으로 가장 에너지가 크다. 에너지가 100만 되어도 뜨겁다고 판단하는데, 236이면 2배 이상으로 뜨겁다는 것이다. 과천은 에너지 3위로 오히려 평균매매평단가에 비해 에너지가 작은 편이다. 그렇기에 우리는 전고점 가격을 넘지 않아 가격적으로 덜 오른 지역이면서 상승 에너지는 큰 지역을 고르면 된다. 해당되는 지역은 광명, 하남, 안양이다.

하남은 저점을 찍은 이후 상승 속도를 높여가며 달리는 중으로 전고점 근처에 와 있다. 그에 반해 광명, 안양은 저점을 찍은 이후 달리기 전 워밍업을 하는 것처럼 천천히 올라간다. 그러다가 2025년 4월부터 워밍업을 끝내고 달리기를 시작하는 모습이다. 상승속도와 폭이 이전보다 커지고 있는 것을 알 수 있다. 기회가 시작되고 있는 것이다.

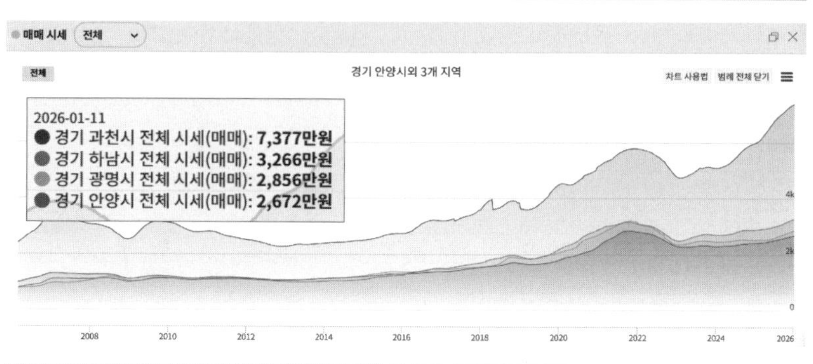

출처: 부동산지인

특히, 하남은 송파, 강동구와 수요의 흐름이 연결된 지역이다. 송파가 비싸면, 강동으로, 강동이 비싸면, 하남으로 사람들은 집을 찾아온다. 송파의 집값이 오르면, 강동이 오르고, 강동이 오르면 하남의 집값이 오른다. 게다가 이번에 8호선이 연장되며 강동구와 구리시의 지역간 연결이 공고해졌다. 수요의 흐름을 같이 하는 지역이 커진 것으로 관련 인구도 많아졌다. 이제 하남은 위에서 강동구의 자극을 받고, 아래에서는 구리의 자극도 받게 되었다. 또한, 9호선 연장 호재로 남양주 왕숙까지 연결이 될 수 있다.(기본 계획 승인 단계, 2031년 개통 목표) 강동을 거치지 않고 송파와 바로 연결이 되는 3호선 연장 호재도 있다. 2032년 개통을 목표로 2025년 국토교통부에서 기본 계획 승인이 되었다. 물론, 두 호재 모두 아주 초기 단계이지만, 추후 가치가 상승할 수 있다는 기대감은 커질 수 있다.

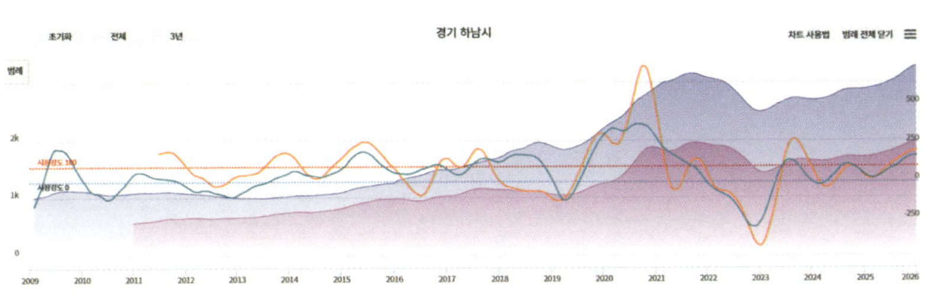

출처: 부동산지인

　시장 에너지가 성남 다음으로 높은 광명은 우리가 챙겨보기 더 좋은 지역이다. 2025년에 거의 만 세대에 가까운 입주물량이 몰리면서 집값 상승을 눌러주는 효과가 있었다. 이제 입주물량이 해소가 되는 시점에 오면서 상승 에너지가 커진 상황이다. 게다가 최근 광명 최고의 입지인 철산역자이가 2025년 9월 분양하면서 가격 상승 기대감에 기름을 부어주기도 했다.

　광명의 평균매매평단가 추이(맨 위 보라색 선)를 보니 확실히 알 수 있다. 저점을 찍고 느리게 상승하다가 최근 들어 상승세(시세 기울기)가 오르고 있다. 지금이 골든타이밍이다. 더 지나면 더 높은 가격에 집을 사야 하는 상황에 놓이게 된다. 게다가 광명은 전체적으로 새아파트로 옷을 갈아입고 있는 대표적인 지역이다. 지하철 7호선을 기준으로 상단에 있는 아파트와 광명사거리역을 중앙에 두고 광명뉴타운이 개발되고 있다. 서울 공급이 부족해지는 시기에 서울 인근 지역에 신축 대단지가 속속 입주를 한다면, 집값 상승을 자극하는 요소가 된다.

　안양은 1기신도시로 현재 분당 가격이 많이 오른 시점에 눈을 돌

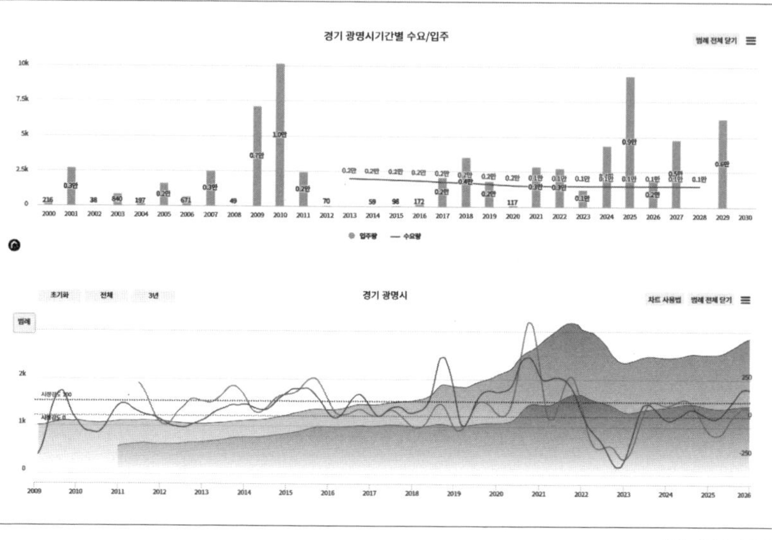

출처: 부동산지인

릴 수 있는 지역 중 하나다. 선도지구로 지정된 단지를 중심으로 재건축이 추진되고 있다. 동탄인덕원선이 공사 중으로 선도지구 단지들은 추후 역세권 단지로 거듭나게 된다. 월곶판교선도 공사 중으로 개통이 되면 판교까지 지하철로 10분내로 이동이 가능해진다. 인덕원역은 동탄인덕원선, 월곶판교선, GTX C 노선, 기존의 4호선까지 4개의 노선이 지나가는 "쿼드러플(Quadruple)" 역세권이 된다. 이렇게 되면, 학군, 학원가로서의 평촌 신도시 가치에 교통편의성 가치까지 더하게 되어 지역의 가치는 더욱 올라갈 것이다. 그런데 아직 가격이 덜 올랐다고 한다면 당연히 먼저 챙겨봐야 한다.

앞으로 집중해야 할 부동산 트렌드를 살펴보고, 서울과 경기도 지역으로 들어가서 상승 파도에 올라탈 수 있는 지역까지 알아보았다.

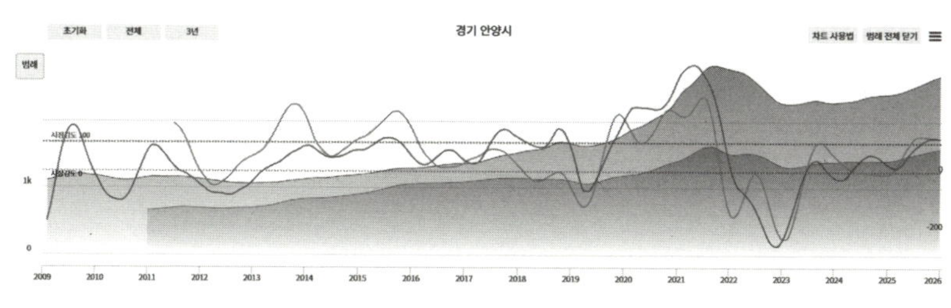

출처: 부동산지인

부동산 규제 정책은 끊임없이 발표되고, 부동산 시장이 요동치는 가운데 많은 것들이 혼란스럽게 느껴질 수 있다. 그러나 시장의 큰 흐름인 트렌드를 안다면, 흔들리지 않고 기회를 찾을 수 있다. 부동산 시장의 트렌드를 기준으로 내집마련, 첫집마련을 통해 자산을 키우는 2026년이 되시길 간절히 바란다.

 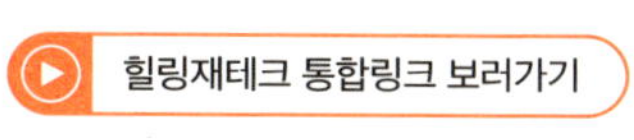 힐링재테크 통합링크 보러가기 

유튜브 메디테라 힐링재테크 보러가기 

최진곤
HOME BUYING TRENDS 2026

맞춤별
틈새 내집마련 전략과
역발상 비과세 전략

부동산 투자의 핵심인, 비과세를 활용한 부동산 투자 전략 초급

부동산 양도소득세 비과세 투자가 강력한 이유

주식 배당이나 은행의 예금을 해 본 사람은 주식 배당이나 은행 이자를 받을 때, 15.4%의 이자 혹은 배당 소득세를 떼는 걸 경험 했을 것이다. 1억 원에 대한 이자를 3% 주는 1년짜리 예금에 맡기더라도, 이자 300만 원 중 15.4%를 은행에서 원천징수해서 떼어 간다. 그래서 많은 사람들은 은행에서 세금 우대나 비과세 상품을 찾으려고 노력하고 상대적으로 세금이 덜 나오는 금융 상품을 이용하려고 노력한다. 하지만 이런 금융 상품들은 한도 자체가 높지 않기 때문에 세금 우대나 비과세의 효과가 크지 않다. 예를 들면 총 한도 2,000만 원까지 비과세(현재는 이런 상품도 거의 없다.)이기 때문에, 2천만 원 이상 예금을 한들 비과세 효과를 보기 힘들다는 뜻이다.

간혹 보험회사에서 판매하는 전액 비과세 금융 상품이 있지만, 비과세를 받기 위해서는 10년을 보유해야 하는 제약 조건 때문에 장기간 투자해야 하는 단점이 있다. 또한 보험회사의 금융 상품은 사업비가 많이 나가는 구조이기 때문에, 정작 이자가 붙는 시점도 최소 10년 정도 지나야 한다. 따라서 비과세라고 한들 단기간에 이자가 크지 않기 때문에 큰 의미는 없다.

하지만 부동산은 다르다. 보험회사 10년보다, 2년만 보유하면 12억 원까지 굉장히 큰 한도로 비과세를 받을 수 있기 때문에, 금융회사의 적은 한도보다 굉장히 높고, 보험사의 10년이라는 기간보다 굉장히 짧은 시간에 비과세 혜택을 누릴 수 있다. 그것도 무제한으로 혜택을 받을 수 있다. 즉, 이론적으로 1억 원에 내가 주택을 사서 2년 보유한 뒤, 혹은 조정 지역은 2년 거주 후 그 집을 12억 원에 매도한다고 하더라도, 양도차익 12억 원에서 1억 원을 뺀 11억 원 전액을 세금 한 푼 안 내도 된다는 의미이다.

물론 1억 원 하는 집이 12억 원이 되기는 굉장히 힘들지만, 6억 원에 산 아파트가 12억 원에 팔리는 경우는 어렵지 않게 볼 수 있다. 더군다나 2년마다 집을 갈아 탄다고 했을 때, 2년마다 비과세를 계속해서 챙긴다면, 어떤 금융 상품 혹은 주식 투자보다 훨씬 더 세금 측면에서 그리고 투자 측면에서 유리할 수 있다. 실제로 나도 이런 식으로 재산을 많이 불린 게 사실이다. 따라서 이 책에서 실제 내가 경험한,

그리고 상담을 통해서 배우고 깨달은 비과세 전략을 활용한 부동산 투자를 여러분들에게 쉽고 직관적으로 알려주도록 하겠다. 이 챕터의 목표는, 여러분들이 부동산 투자의 세금적인 장점을 충분히 이해하고 부동산 투자를 조금 더 효율적으로 하게 만드는 것이다. 그 목표에 발을 담가 보자!

구분	금융상품(예금·배당·보험)	부동산(주택 양도)
세금/한도	이자·배당 15.4% 과세, 비과세는 한도 작음	조건 충족 시 12억 원까지 비과세로 폭이 큼
기간/효율	보험 비과세는 10년 보유 등 제약, 체감수익 느림	2년 보유(또는 거주)로 비교적 짧게 혜택 활용
결론	절세 효과 제한적	세금 측면에서 투자 효율이 매우 큼(갈아타며 반복 가능)

1주택 비과세 요건 정리와 주의할 점
(매매 전 2억 원을 지킨 사람 vs 1억 원 날린 사람)

우선 비과세를 받기 위한 핵심 요건은 딱 4줄이다.

- 양도일 현재 1세대가 국내 1주택만 보유
- 2년 이상 보유
- 다만 2017.8.3. 이후 취득 당시 조정대상지역 주택이면 2년 이상 거주 요건이 추가
- 양도가액 12억 원 이하면 전액 비과세, 12억 원 초과(고가주택)는 초과분에 해당하는 양도차익만 과세

2026년 1월 현재 조정지역은 서울 전역과 경기도 12개 지역(과천시, 광명시, 성남시 분당구, 성남시 수정구, 성남시 중원구, 수원시 영통구, 수원시 장안구, 수원시 팔달구, 안양시 동안구, 용인시 수지구, 의왕시, 하남시)이다.

즉 이들 조정지역(서울 전역과 경기도 12개지역)은 2년 보유가 아닌 2년 거주를 해야 비과세를 받을 수 있다. 그러나 조정지역 외 지역은 1주택자가 2년 보유만 하더라도 비과세를 받을 수 있다. 간혹 잘못된 정보나 무지로 인해서 비과세를 못 받아 세금을 왕창 내는 사례가 있다. 따라서 세금은 부동산 매도 전 반드시 체크해야 할 필수 요소이다.

가령 이런 경우이다. 2년 전쯤 상담 오신 분이 계셨다. 아버지와 상담자 본인 각각 한 채씩 보유한 주택을 각각 매도하고 다른 주택을 매수하기 위해서 상담을 오셨던 분이다. 아버지가 갖고 있는 주택은 매매 계약이 완료되어 잔금을 치르기 전이었고, 본인이 소유한 집도 곧 매도 계약을 쓸 예정이었다. 상담 중에 나는, 상담자가 아버지와 같은 세대로 묶여 있는 걸 알게 됐다. 그래서 양도소득세는 개인이 아닌 세대로 묶이기 때문에, 1세대 2주택이라 아버지가 매도한 집이 비과세가 안 된다고 말씀드렸다.

아들은 깜짝 놀라서 당황해했다. 하지만 다행히도 아직 아버지 집이 잔금 전이기 때문에 지금이라도 아들과 세대 분리를 하면 1주택 비과세를 받을 수 있다고 말씀드렸다. 만약 잔금 전 세대 분리를 하지 않았다면 안 내도 될 양도세 2억 원 정도를 더 냈어야했다. 이처럼 비과세를 받는 조건이 맞지 않다면, 안 내도 되는 세금을 낼 수 있기 때문에 반드시 양도세는 주택 매도 전 체크해야 할 사항이다.

위에 사례는 다행히도 세금을 안 낸 케이스지만 세금을 1억 원 이상 내신 분도 있다. 주변에서 오피스텔은 주택이 아니라고 해, 전입이 된 오피스텔이 있는 상태에서 기존 아파트를 1주택 비과세를 받는다고 팔았는데, 알고 보니 오피스텔에서 실제 거주한 세입자가 있어, 1주택 비과세가 적용이 되지 않아 양도 소득세를 1억 원 이상 낸 상황이다. 이 경우에도 만약 계약을 했다고 하더라도, 잔금 전에 세입자를 내보내서 업무용으로 남겨 두거나 오피스텔을 먼저 매도하고 기존 아파트를 팔았다면 양도세 1억 원을 한 푼도 안 낼 수 있었다. 하지만 이분 같은 경우에는 이미 잔금을 다 치른 상태이기 때문에 되돌릴 수 없었고, 실제로 1억 원의 양도소득세를 납부한 상태에서 나에게 상담을 요청하셨다. 물론 상담을 한 이유는 세금 낸 아파트를 팔고 어디로 갈아탈지 묻기 위해서였는데, 기존 아파트 매도 전 상담을 오셨다면 1억 원을 아낄 수 있었을 거라고 생각하니 굉장히 아쉬움이 많이 남았다.

두 가지 사례에서 우리가 배울 수 있는 건 각각 명의라 하더라도 비과세는 1세대가 기준이기 때문에 1세대 1주택 비과세를 받을 수 있다는 점과, 오피스텔이라고 하더라도 실제로 주거로 쓰고 있다면 양도세에서는 주택으로 보기 때문에 각별히 주의해야 하는 점이라고 할 수 있다. 무엇보다 양도소득세는 잘못 이해하면 크게 실패할 수 있기 때문에 반드시 매도가 완전히 이루어지기 전에 세무 전문가와 미리 상의해서 양도세를 계산할 수 있어야 한다.

① 주택이 뭔가?

아파트만 주택이 아니다.

세법에서 말하는 '주택'은 허가나 공부(등기·건축물대장)상의 용도와 무관하게, 사실상 주거용으로 사용하는 건물까지 포함될 수 있다.

② 세대가 뭔가?

세대는 가족관계로 끝나지 않는다.

핵심은 같은 주소/거소에서 '생계를 같이하는지'다. 같이 산다고 다 한 세대도 아니고, 가족이라고 자동으로 한 세대도 아니다. 결국 쟁점은 "관계"가 아니라 "생활"이다.

실무 함정 한 줄: 주소가 아니라 '생계'가 세대를 만든다.

③ 양도일이 뭔가?

계약일이 기준인 듯 보이지만, 실무에서 갈리는 건 양도일(양도시기)이다. 원칙은 대금(잔금) 청산일이고, 그날이 불분명하면 계약서상 잔금지급약정일, 다만 그마저 애매하거나 잔금약정일과 등기접수일 사이가 길어지면 등기접수일로 잡히는 구조다.

구분	핵심 요약	주의할 점/실무 포인트	사례 결과
1주택 비과세 4요건	1. 양도일 현재 1세대 1주택 2. 2년 이상 보유 3. (2017.8.3 이후 조정지역 취득) 2년 거주 추가 4. 12억 원 이하면 전액 비과세, 12억 원 초과는 초과분 과세	요건은 양도일 (잔금일 등) 기준으로 판단	—
조정대상지역 효과	(글 기준) 서울 전역 + 경기 12개 지역은 2년 보유가 아니라 2년 거주 필요	"보유만 하면 된다"로 오해하면 비과세 실패	—
실패/성공 갈림 포인트	비과세는 "개인"이 아니라 세대 기준	세대 분리 타이밍이 잔금 전이면 결과가 바뀜	잔금 전 세대분리로 양도세 약 2억 방어
오피스텔 함정	오피스텔이라도 실제 주거용 (세입자 거주)이면 세법상 주택으로 볼 수 있음	"오피스텔은 주택 아님"이라는 말만 믿고 팔면 위험	비과세 불인정으로 양도세 1억+ 납부
'주택' 정의	등기/용도와 무관하게 사실상 주거용 사용이면 주택 포함 가능	사용실태 (거주·임대 형태)가 핵심	—
'세대' 정의	가족관계보다 같은 주소에서 생계를 같이하는지가 핵심	"주소"보다 생계 공동 여부가 쟁점	—
'양도일 (양도시기)'	원칙 잔금(대금) 청산일 → 불분명 시 계약서상 잔금일 → 더 애매하면 등기접수일	계약일이 아니라 양도일이 판정 기준	—
결론	매도 완료(잔금) 전에 세무전문가와 양도세 사전 계산/점검 필수	되돌리기 어려운 실수 방지	"2억 지킴 vs 1억 날림"을 가른 핵심은 사전 체크

일시적 1세대 2주택 비과세 전략과 활용 예시

1주택 비과세가 이해가 됐다면 이제부터는 확장된 개념을 이해해야 한다. 내가 집이 한 채 있는데 더 큰 평수 혹은 더 좋은 입지로 가기 위해서 새로운 집을 살 때, 기존 주택은 새로 산 집 때문에 비과세 혜택을 못 받는다. 왜냐하면 신규 주택을 사게 되면 1주택이 아닌 2주택이 되기 때문이다. 이렇게 이사를 가기 위해서 일시적으로 2주택이 되는 경우라 할지라도 비과세를 해주겠다는게 바로 일시적 1세대 2주택 비과세 혜택이다.

핵심은 이 한 문장이다. 종전 주택 취득일로부터 1년은 지나서 새집을 사고 새집 취득일로부터 3년 이내 종전 주택을 판다. 이 경우 종전 주택은 비과세를 받을 수 있다. 여기서 주의할 점은 신규 취득 주택이 반드시 종전 주택을 사고 1년은 지나야 한다는 점이다. 이 규정이 왜 생겼는가를 생각해 볼 때, 1년 만에 신규 주택을 산다는 건 실수요보다는 투자로 집을 사는 경우가 더 많다고 판단해, 종전 주택을 사고 1년 안에 사게 되면 종전 주택을 비과세하지 않겠다는 취지로 보인다. 따라서 종전 주택을 비과세 혜택 받기 위해서는 신규 주택을 종전 주택 취득 후 1년 후 매입해야 한다는 점을 반드시 기억해야 한다.

종전 주택을 비과세로 받고 팔면 신규 주택도 1주택이 된다. 따라서 신규 주택도 비과세 요건만 채우면 비과세를 받을 수 있다. 요건은 조정 지역 2년 거주, 비조정 지역 2년 보유다. 일시적 1세대 2주택을 활용하면 거의 동시에 하루 차이로 집을 팔아도 둘 다 비과세 혜택을 받을 수 있다. 가령 예를 들면 종전 주택을 5억 원에 사고 1년 후 신규 주택도 6억 원에 샀다. 두 주택 모두 3억 원씩 올라, 종전 주택을 신규 주택 취득 후 3년 이내에 8억 원에 팔고 그 다음 날 신규 주택도 2년 보유(비조정 지역이라고 가정)후 8억 원에 매도한다고 했을 때, 각각 3억 원씩 총 6억 원의 수익이 났지만, 세금을 한 푼도 안 낼 수 있다.

따라서 일시적 1세대 2주택을 잘 활용해서 비과세를 받는다면, 2주택이면서도 세금을 한 푼도 안 낼 수가 있다. 부동산 상승장에서는 1채보다 2채를 갖고 있는 게 더 유리하다. 2채면서도 유예기간 3년 동안 비과세 혜택이 크다는 점은 정말 큰 혜택이자 레버리지다. 이런 부분을 잘 이해해야 한다. 하지만 최근 강화된 임대차 보호법 때문에 갱신청구로 2+2가 실행이 되고 있다. 즉 한번 전세를 주면 2년이 아닌 4년까지 연장할 수 있기 때문에 기존 주택을 3년 이내에 처분하기가 쉽지 않은 것도 사실이다. 이런 부분을 잘 감안해서 비과세 세금 설계를 하는 것도 굉장히 중요하다. 결혼 전에도 비과세 세금 설계가 가능한데, 다음 장에서는 혼인 전 1세대 2주택 비과세 활용법에 대해서 알아보자.

일시적 1세대 2주택 비과세 체크 질문 5개

1. 종전 주택 취득일로부터 1년 지난 뒤에 신규를 취득했나?

2. 신규 취득일부터 3년 이내 종전 주택을 양도할 수 있나?

3. 종전 주택이 취득 당시 조정대상지역이면 거주 2년이 채워졌나?

4. 내가 붙잡고 있는 취득일/양도일이 계약일 착각은 아닌가?
   (잔금/등기 확인)

5. 1"세대/주택" 정의에서 주택 수가 달라질 여지는 없는가?

부동산 투자의 핵심인, 비과세를 활용한 부동산 투자 전략 중급

혼인 전 일시적 1세대 2주택 전략

결혼 전 각각 한 채씩 집이 있는 사람들은 비과세를 받을 수 있다. 하지만 결혼을 하게 되고 혼인 신고를 하게 되면 세대로 묶이기 때문에 1세대 2주택이 된다. 그렇게 되면 비과세 혜택을 못 받는 불이익을 없애기 위해서 유예기간을 10년 두는 게 혼인 전 일시적 1세대 2주택 전략이다. 즉 혼인 신고 전 각각 1주택 비과세 요건을 맞췄다면 혼인 후 10년 이내에 기존 주택을 한 채 매도해도 비과세 혜택을 주겠다는 개념이다. 한 채가 팔리면 나머지 한 채 역시 1세대 1주택이기 때문에 비과세 혜택을 받을 수 있다. 결국 2채 모두 비과세 혜택을 받을 수 있다.

혼인 전 1세대 2주택 전략은 아직 결혼을 하지 않은 예비 부부에게 매우 유리한 조건이다. 왜냐하면 2채 모두 비과세 혜택을 받는다면 수익이 꽤 커질 수 있기 때문이다. 요즘 부동산 트렌드는 둘이 돈을 모으고 최대한 대출을 받아서 가장 똘똘한 한 채로 내 집 마련을 하는 게 정석이다. 하지만 똘똘한 한 채라고 할 수 있는 좋은 입지의 좋은 아파트를 절대 못 사는 신혼 부부도 많을 수 있다. 이럴 경우 질보다 양으로 승부한다는 마음으로 저평가된 집을 각각 명의로 사고, 혼인 후 비과세를 각각 받아 추후 상급지로 갈아타는 전략도 생각할 수 있다.

우선 혼인 전 일시적 1세대 2주택을 활용한 내 얘기를 하자면, 나는 결혼 전 목동에 빌라가 내 명의로 있었다. 현재 와이프, 당시 여자친구도 결혼자금으로 마련한 3,000만 원 정도의 여윳돈이 있었다. 혼수를 과하게 하지 말고 집을 사자는 내 제안에 와이프 명의로 경기도 부천에 작은 빌라를, 전세를 끼고 살 수 있었다. 당시 전세가 4,500만 원 즉, 7,500만 원에 빌라를 매수했다. 실제 들어간 돈은 3,000만 원이지만 혼인 전 각각 한 채씩 1세대가 된 거다. 결혼 후 서울 아파트 분양권을 매수했는데, 당시만 하더라도 입주권과 달리 분양권은 주택 수에 포함이 되어 있지 않았기 때문에 주택 수에서는 빠질 수 있었다. 현재는 분양권도 양도세 계산시 주택 수에 포함되기 때문에 각별히 주의해야 한다.

혼인 신고 후 우리는 목동 빌라와 부천 빌라를 각각 비과세로 팔 수 있었다. 목동 빌라는 1억 3천만 원의 차익, 부천 빌라는 5,000만 원의 차익. 합해서 대략 1억 8천만 원 정도의 수익을 냈는데 세금은 둘 다 한 푼도 안 낼 수 있었다. 이렇게 혼인 전 1세대 2주택 비과세를 잘 활용하면 세금은 굉장히 줄이면서 수익은 극대화 시킬 수 있다.

내가 상담했던 다른 사례도 알아보자. 상담자는 곧 결혼할 예정이었고, 당시 모든 부동산이 많이 올라서 서울에 내 집 마련을 하기 힘든 상황이었다. 갖고 있는 돈도 많지 않았다. 다행히 그 당시에는 무주택자가 집을 살 경우 대출이 많이 나오던 시기였다. 그래서 나는 질보다 양이라는 전략으로 혼인 전 각각 한 채씩 매입하고 추후 혼인 신고 후 비과세로 각각 매도하는 전략을 설명했다. 상담자는 처음에는 어리둥절했지만, 현실적인 방안이라고 생각하고 이를 따랐다. 당시 양주 옥정지구에 입주 물량으로 아파트 가격이 많이 떨어진 시기였다. 하지만 감정가는 굉장히 높게 나왔기 때문에, 대출을 풀로 받고 월세를 줄 경우 내 돈이 실제 많이 들어가지 않았다. 심지어 어떤 분들은 월세 보증금을 받으면 내 투자금이 하나도 들어가지 않고 오히려 돈을 받는 구조도 가능했다. 이렇게 소액으로 투자가 가능했기에 이번에는 배우자 명의로 용인에 아파트를 매수했다.

이렇게 두 채를 산 후 2년 후 각각 2억 원 정도 오른 상태다. 그런데 이 부부는 아직 혼인 신고를 하지 않고 있다. 왜냐하면 각각 1채씩 더 사면 각각 일시적 1세대 2주택 혜택을 볼 수 있기 때문이다. 현재 집은 각각 소유이기 때문에 한 채를 본인 명의로 더 사면 일시적 1세대 2주택이 된다. 그렇게 되면 종전 주택을 3년 이내에 팔면 비과세가 된다. 즉 각각 한 채씩 더 사고 3년 이내에 종전 주택을 팔아서 비과세 혜택을 받은 후 혼인 신고를 하면 나머지 한 채씩 있는 아파트도 혼인 전 일시적 1세대 2주택 혜택을 받을 수 있다. 결론적으로 각각 두 채씩 총 4채를 비과세 혜택 받을 수 있는 전략이다. 추후 4채를 비과세로 팔 수 있다면, 자산 증가 속도가 훨씬 빠를 수 있다고 생각한다.

조금 다른 얘기이긴 한데, 현행 세법과 대출은 결혼 전 각각 세대일 때 더 유리하다. 청약 같은 경우에는 일부 신혼부부 특공이나 생애 최초 특공 혹은 다자녀 특공이 유리한 면도 있지만 일반적으로 대출, 양도세, 취득세 부분에 있어서는 결혼해서 세대가 합치는 게 굉장히 불리한 면이 있다. 그래서 많은 사람들이 혼인 신고를 미루고 자녀를 안 낳으려고 하는 이유도 있다. 정책적으로 세대 합가를 하게 되면 불이익이 너무 크기 때문에 이 부분은 정부 정책을 입안하는 사람들도 잘 살펴보면 좋겠다.

특히 외국인들은 부부여도 세대로 묶이지 않기 때문에 양도세도 각각 비과세로 받을 수 있고 취득세도 비조정 지역 2채까지는 중과 대상이 아니다. 하지만 우리나라 국민은 일단 결혼을 하게 되면 세대로 묶이기 때문에 취득세 양도세 등에서 불이익을 받을 수밖에 없다. 이 부분은 반드시 개선되어야 할 문제라고 생각한다.

다시 본론으로 들어와서 아직 혼인 전이라면 최대 4채까지 비과세 혜택을 받을 수 있는 혼인 전 일시적 1세대 2주택 전략도 적극적으로 활용할 만하다. 다만 2채가 아닌 4채인 경우 자금이 너무 분산되고 그렇게 되면 좋은 아파트보다 상대적으로 저평가 되어있는 아파트를 더 찾아야하기 때문에 투자 난이도가 올라가는 측면은 있다. 소액으로 투자할수록 투자 난이도는 더 많이 올라간다. 누구나 아는 강남 서울 핵심 지역은, 가격은 비싸지만 상대적으로 매도도 잘 되고 가격도 잘 떨어지지 않는다. 하지만 소액 투자를 하게 되면 돈도 묶일 수 있고 상대적으로 안 오르거나 오히려 떨어지는 지역도 있다. 따라서 비과세만 보고 투자하기보다는 전체적으로 오를만한 지역을 잘 선별해서 투자하되, 혼인 전 비과세를 어떻게 활용할지 함께 고민하는 게 중요하다.

한 줄 요약	혼인 전 각 1주택이면, 혼인(신고) 후에도 유예기간 내 1채 매도로 비과세를 살려 2채(확장 시 4채)까지 비과세를 노리는 전략
핵심 구조	혼인 전: 각 1주택 → 혼인 후: 1세대 2주택(불리) → 유예기간(글: 10년)내 1채 매도 비과세 → 남은 1채도 1주택으로 비과세
확장 아이디어	혼인 신고 미루고 각자 1채 추가 매수 → 각자 "일시적 2주택" 비과세로 정리 → 혼인 신고 후에도 비과세 적용 → 총 4채 비과세 가능(글 주장)
주의점	분양권도 주택수 포함(현재), 자금 분산·저평가 지역 투자로 난이도/리스크 ↑(비과세만 보고 투자 금지)

대체주택 비과세는 무엇이며 어떻게 활용할까?

내가 갖고 있는 주택이 재개발 혹은 재건축으로 멸실이 된다면 어쩔 수 없이 집을 비워야 한다. 그렇게 되면 전세를 살 수도 있지만 내가 갖고 있는 집이 재개발 혹은 재건축으로 완공이 될 때까지 살 수 있는 주택을 사면, 그 주택도 비과세를 해주겠다는 취지가 바로 대체 주택 비과세 제도다. 따라서 이 제도를 잘 활용하면 2주택이면서도, 동시에 대체 주택 비과세를 받을 수 있다.

대체 주택 비과세의 요건은 다음과 같다.

① **언제 사야 하나**: "사업시행인가일 이후 취득"
재개발·재건축·소규모 재건축 등 사업시행인가일 이후 대체 주택을 취득해야 한다. 사업시행인가 "전"에 사서 살고 있으면, 이 특례로는 구제받기 어렵다(국세청 실수 사례로도 반복된다).

② **대체 주택에서 얼마나 살아야 하나**: "대체 주택에서 1년 이상 거주" 대체 주택 취득 후 1년 이상 거주 요건이 있다.

③ **언제 팔아야 하나**: "준공 전 또는 준공 후 3년 이내 양도"
관리처분계획 등에 따라 취득하는 새 집(신축/준공 주택)이 완성되기 전 또는 완성된 후 3년 이내 대체 주택을 양도해야 한다. 그리고 "끝"이 아니다. 신축 주택 쪽 거주 요건이 한 번 더 있다.

④ **준공 후 해야 할 일**: "3년 이내 전원 이사 + 1년 이상 거주"
새집이 완성된 후 3년 이내 세대 전원이 이사하여 1년 이상 계속 거주해야 한다. 취학·근무·질병 요양 등으로 일부 세대원이 못 들어가는 예외, 해외 체류 예외 문구까지 시행령에 같이 적혀 있다.

한 줄로 정리하면

사업시행인가 이후에 산 이주용 집에 1년 살고 → 새집 준공 후 3년 내 전원 전입해 1년 살고 → 그 사이(준공 전~준공 후 3년 내)에 이주용 집을 팔면 특례 적용 가능 구조다.

앞에서 일시적 1세대 2주택 비과세를 받기 위해서는 종전 주택 취득 후 1년 후 신규 주택을 샀을 경우에만 해당된다. 하지만 대체 주택은, 대체 주택을 종전 주택 매수 후 1년 이후에 사지 않더라도 대체 주택 비과세를 받을 수 있다. 왜냐하면 재건축 아파트를 샀는데 1년이 되기 전이라도 철거로 이주할 수도 있는 상황이 발생하기 때문에, 일시적 1세대 2주택처럼 1년의 기간을 두지 않는다.

또한 비조정 같은 경우에는 비과세 요건이 2년 거주가 아닌 2년 보유만으로도 가능했다. 하지만 대체 주택은 비조정 지역에 산다고 하더라도 반드시 1년을 거주 하고 재건축 재개발로 완공된 주택에서도 1년을 반드시 거주해야 한다. 즉 2년 비과세 요건을 대체 주택과 신규 완공된 주택에서 2년을 채워야 비과세 혜택을 받을 수 있다는 의미다. 또한 완공된 신규 주택에서 3년 이내 혹은 완공 전이라면 대체 주택 매수 후 3년 이내에 대체 주택을 매도하면 비과세 혜택을 받을 수 있다. 비과세 혜택을 받을 수 있는 기간이 완공 후 3년이지만, 서울 수도권 같은 경우 대출을 받을 때, 6개월 이내 전입이거나 토지 거래 허가 지역도 6개월 이내 처분 조건이 붙기 때문에 이런 부분도 함께 고려해야 할 부분이다.

대체 주택을 비과세 받기 위해서는 대체 주택에서 1년 거주 이상이 되어야 하고, 신규 재건축 재개발이 완공된 주택에서도 1년 거주 해야 한다. 대체 주택을 비과세로 팔고 남은 신규 주택도 비과세 받기 위해서는, 조정 지역 같은 경우 1년 더 거주를 해서 2년 거주를 채우면 12억 원까지 바로 비과세가 될 수 있기 때문에 대체 주택을 잘 활용하면 2주택을 비과세로 양도소득세를 안 낼 수 있다.

대체 주택 비과세를 받을 때
가장 많이 터지는 함정 5가지

대체 주택 비과세를 받을 때 가장 많이 터지는 함정 5가지는 다음과 같다.

① "사업시행인가 전"에 이미 대체 주택을 사버린 경우 특례는 사업시행인가일 이후 취득이 출발점이다.
② "취득일 기준 1주택"을 놓친 경우
   국세청 유권해석(질의회신)에서는 이 특례가 대체 주택 '취득일'을 기준으로 1주택을 소유한 1세대에 적용된다는 취지로 정리한다. 즉, 그 시점에 다른 주택이 섞이면(세대 합가/분가, 추가취득 포함) 설계가 무너질 수 있다.
③ "세대 전원 전입"을 가볍게 본 경우
   새집 준공 후 3년 이내 전원 이사 + 1년 거주가 요건이다. 예외 문구가 있긴 하지만, 기본은 "전원"이다.
④ "양도일"을 계약일로 착각한 경우
   세법의 양도 시기는 보통 잔금/등기 쪽으로 귀결된다.
   대체 주택은 "준공 전~준공 후 3년 내"라는 마감이 있으니, 잔금일이 마감 밖으로 밀리면 바로 사고가 난다.
⑤ 조합원입주권을 '승계 취득'한 케이스에서의 착시

국세청 실수 사례 안내에는 관리처분계획인가일 이후 조합원입주권을 승계 취득한 경우등에서 대체 주택 특례 적용이 안 된다. 정비사업 구간에서 "내가 원조합원인지/승계인지, 취득 시점이 어디인지" 먼저 파악해야 한다.

만약 내가 산 주택이 재개발이나 재건축이 된다면 대체 주택 비과세를 활용한 비과세 제도도 적극 검토할 만하다.

항목	초압축 요약
한줄 정의	재개발·재건축 이주 때문에 산 대체 주택을 요건 충족 시 2주택이어도 비과세 인정하는 특례
4단계 조건	**인가 후 취득**→ 대체주택 1년 거주 준공 전~준공 후 3년 내대체주택 양도(양도일=잔금 주의) → **준공 후 3년 내 전원 전입 + 1년 거주**
핵심 차이/주의	일시적 2주택처럼 "1년 뒤 취득" 제한은 덜하지만, **취득일 1주택, 전원 전입, 승계취득(입주권) 제외 가능**이 함정 + 대출/허가 전입·처분 기한 충돌 체크

아파트를 산 뒤 분양권을 살 경우에도 비과세 혜택을 받을 수 있을까?

분양권은 애당초 집이 아닌 분양을 받을 수 있는 권리였기 때문에 입주권과 달리 주택 수에는 포함되지 않았다. 분양권과 입주권의 차이를 간략히 설명하면 이렇다. 입주권은 원래 단독주택이나 빌라 혹은 구축 아파트였지만, 재개발 재건축에 의해 허물고 새 아파트로 들어갈 수 있는 권리다. 애당초 주택이었기 때문에, 입주권이라고 하더라도 예전부터 주택으로 간주했다. 하지만 분양권은 일반 청약처럼 원래 주택이 아닌, 신규 아파트를 공급 받을 수 있는 권리에 불과하다. 따라서 주택 수에 포함되지 않았었다.

하지만 당시 문재인 정부에서 법을 개정해 분양권도 주택 수에 포함되게 되었다. 즉, 2020년 8월 12일 이후 취득한 분양권은 취득세 계산 시 주택 수 산정에 포함 된다. 그리고 2021년 1월 1일부터 취득한 분양권도 양도세 계산 시 주택 수에 포함된다. 지금은 어차피 2020년 이전에 취득한 분양권이라 할지라도 이미 다 준공이 돼서 신축이 됐기 때문에, 그냥 분양권은 취득세 양도세에서 주택 수에 포함된다고 이해하면 된다.

분양권이 주택 수에 포함되면서 적지 않은 해프닝도 많이 발생하게 되었다. 예를 들면 이런 경우다. 기존에 주택이 있는 상황에서 신규 아파트를 매입했다. 이 경우 요건만 맞으면 종전 주택이 일시적 1세대 2주택으로 비과세 혜택을 받을 수 있다. 종전 주택을 매도 하고 잔금을 치르기 전이었는데 그냥 무심결에 아파트 청약을 신청했다. 그런데 공교롭게도 아파트 청약에 당첨된 것이다. 예전 같으면 분양권은 주택 수에 포함이 되지 않기 때문에 상관이 없지만 청약 같은 경우에 계약일이 아닌 당첨된 날이 분양권 취득일이 된다. 그런데 아직 종전 주택이 잔금이 안 끝났기 때문에 일시적 1세대 2주택이 아닌 졸지에 3주택자가 된 것이다. 3주택자는 비과세를 못 받는다. 그래서 결국 청약 당첨된 계약을 해지하고 계약금을 날린 사례가 실제로 있다. 종전 주택 잔금 전 청약을 계약 해지함으로써 일시적 1세대 2주택을 유지한 것이다. 물론 청약 당첨된 아파트의 계약금은 아쉽게도 날아갔다. 따라서 분양권은 특히 일시적 1세대 2주택 비과세 혜택을 받기 위해서 면밀한 검토가 필요하다.

종전 주택을 구입하고 1년 후 분양권을 매입하고 3년 이내 기존 주택을 매도하면 일시적 1세대 2주택 혜택을 받을 수 있다. 그런데 신규 분양 받은 주택에 세대 전원이 1년 이상 입주하는 경우 비과세 유예기간이 입주 후 3년으로 늘어난다. 즉, 입주 후 3년 이내에 종전 주택을 매도하더라도 비과세를 받을 수 있다. 왜냐하면 실입주를 감안해서 분양권을 샀는데 실제로 입주까지 하는 경우, 종전 주택 비과세 기간을 늘려 주겠다는 취지다. 이런 경우를 활용해서 또 다른 부동산 전략을 세울 수 있다.

일반적으로 부동산 상승장에서는 한 채보다는 두 채를 보유하는 게 더 유리하다. 더 좋은 입지로 갈아타기 위해서라도 한 채보다는 두 채가 훨씬 유리하다. 왜냐하면 내가 갖고 있는 아파트보다 내가 상급지로 가려고 하는 아파트가 더 빨리, 더 많이 오르기 때문이다. 하지만 내가 아파트 한 채가 아닌 두 채라면, 더군다나 둘 다 비과세 혜택을 받을 수 있다면, 상급지로 갈아탈 때 훨씬 더 유리한 조건을 가질 수 있다. 기존에 비과세 기간은 신규 주택 취득 후 3년이다. 하지만 분양권은, 신규 주택을 완공 후 입주하게 되면 입주 후 3년으로 바뀌기 때문에 굉장히 오랜 시간 2주택을 유지 할 수 있다. 청약하고 아파트 완공까지는 2~3년 정도가 소요 된다. 따라서 기존 주택이 있는 상태에서 청약을 받거나 분양권을 전매하고 완공 후 입주하면, 지어지는 동안 2~3년과 입주 후 3년 즉, 5~6년을 기존 주택을 보유해도 비과세 혜택을 받을 수 있다.

아파트 가격이 오르는 시점이라면 최대한 오래 기존 주택을 갖고 있는 게 훨씬 유리하고, 동시에 팔더라도 순서만 잘 지키면 두 채 모두 비과세 혜택을 받을 수 있기 때문에 이후 상급지로 갈아타는 전략은 여전히 유효하다. 이런 부분도 잘 참고해서 전략을 짤 수 있다.

예전에 분양권이 주택 수에 포함되지 않았을 때, 내가 즐겨 썼던 방식은 시기별로 분양권의 완공 시점을 잘 조율해서 비과세 혜택을 받을 수 있는 물건을 늘리는 거였다. 가령 예를 들면, 2020년도에 아파트 가격이 많이 오른 상태에서 나에게 상담을 받으신 분이 있었다. 전 재산 6억 원으로 똘똘한 한 채도 사기 쉽지는 않았다. 미혼이고 실거주보다는 투자 쪽에 더 관심을 갖고 있어, 질보다 양으로 승부하자는 취지로 컨설팅을 한 적이 있다. 비록 질보다 양이지만, 양도세 비과세는 철저히 챙길 수 있었다. 내가 컨설팅한 방법은 다음과 같았다.

우선 적은 돈으로 양주 옥정 신도시 미분양 아파트를 잡았다. 완공까지 1년 정도 시간이 있었기 때문에 계약금만 있으면 가능했다. 중도금은 비조정 지역 2건까지 대출이 나온다. 그 후 김포에 아파트를 전세를 끼고 매수했다. 당시 분양권은 주택 수에 포함이 되지 않았기 때문에 취득세 양도세에도 문제가 없다. 옥정 신도시에 있는 미분양 아파트가 1년 후 완공이 되면 김포 아파트와 1년 이후 취득한 주택이 되기 때문에 일시적 1세대 2주택이 된다. 당시 두 지역 모두 비조정 지역이었기 때문에, 2년 거주가 아닌 2년 보유만 하더라도 각각 비과세 혜택을 받을 수 있었다. 이렇게 세팅을 하니 생각보다 돈이 덜 들어가고 효율적인 투자란 걸 인지해서인지, 본인이 높은 가격에 살고 있는 전세금을 빼고 월세로 돌린 후, 남은 전세금으로 더 투자하고 싶다고 얘기했다. 당시 내곡동 쪽에 오피스텔 전세로 거주 중이었는데, 위례 오피스텔을 월세로 돌리고, 남는 돈을 어떻게 굴릴까 같이 고민하던 중 당시 운정 신도시 청약이 있었다.

당시에는 지정타라고 해서 과천만 청약에 관심을 갖던 때였다. 하지만, 운정 신도시도 충분히 당첨 가능성이 있었고 추후 상승 여지도 있다고 판단했다. 마침 청약 통장도 있었기 때문에 1순위 자격 조건도 만족했다. 많은 사람이 다주택자는 1순위 청약이 안 된다고 생각하지만 실제로는 그렇지 않다. 투기과열지구 외 지역이나 비조정 지역은 다주택자도 1순위 청약이 가능한 지역들도 있다. 그래서 과천이 아닌 운정 신도시 청약을 권했고 그분의 어머니도 함께 넣었다. 어머니는 당시 신림동에 다가구 주택 1채만 있었기 때문에 2주택이 된다 하더라도 크게 문제 될 일은 없었다. 부모와 세대가 분리됐기 때문에 각각 한 채씩 구입이 가능했다.

운이 좋게도 어머니와 본인 둘 다 청약에 당첨돼서 2채 모두 계약을 마쳤다. 완공일이, 옥정 신도시 완공일 이후 1년 후였기 때문에 마찬가지로 김포 아파트를 비과세로 팔면 옥정 신도시가 종전 주택이 되고, 운정 신도시가 신규 주택이 되기 때문에 옥정 신도시 아파트를 비과세로 또 팔 수 있다. 즉 김포, 옥정, 운정 세 채 모두 비과세 혜택을 받을 수 있게 세팅한 것이다.

운정과 옥정은 모두 중도금 대출이 나왔다. 비조정 지역이었기 때문에 계약금만 있으면 투자가 가능했다. 따라서 돈이 크게 들지 않았다. 이번에는 별내 신도시 오피스텔 모집 공고가 떴다. 오피스텔이지만 아파텔로, 입지나 분양가가 비교적 양호해 보였다. 운정 신도시의 아파트 청약이 당첨됐지만 오피스텔 청약은 아파트 청약과 달리 재당첨 제한 규정을 두지 않는다. 따라서 오피스텔 청약도 한 번 해보라고 말씀드렸고 바로 청약에 임했다. 경쟁률이 무려 50대 1이었지만 운이 좋았는지 오피스텔 청약에도 당첨이 됐다.

졸지에 무주택자에서 김포, 옥정, 운정 2채 오피스텔 1채로 5주택자가 된 것이다. 오피스텔은 업무용이면 주택 수에서 빠지기 때문에 비과세 산정 시 제외할 수 있다. 무엇보다 당시에는 분양권은 주택 수에 포함이 되지 않고, 완공 이후에 주택으로 잡혔기 때문에 김포, 옥정, 운정을 시기에 맞춰 팔면 세 채 모두 비과세 혜택을 받을 수 있었던 점이다. 보수적으로 한 채당 2억 원씩, 혹은 한 채당 3억 원씩 오른다고 가정하면 (실제로 3억 원 정도 오른 거 같다.) 15억 원을 번 것이다.

6억 원이라는 돈으로 불과 몇 년 만에 15억 원을 벌 수 있었던 사례다. 6억 원으로 당시 아무리 좋은 아파트를 사더라도 15억 원 이상 벌기는 쉽지 않았을 것이다. 더군다나 내 컨설팅 플랜은 대출도 거의 일으키지 않아서 대출 부담도 굉장히 적었다. 대출을 많이 받으면 매달 나가는 이자와 원금 부담도 상당하다. 그런 부담 없이 적은 돈으로 큰돈을 벌 수 있었던 사례다.

물론 운도 따랐던 것도 맞다. 하지만 모두 운이라고 하기에는 노력과 결단, 그리고 치밀한 비과세 전략이 있었기 때문에 가능했다. 이처럼 비과세 전략은 무엇보다 내 자산을 증식시키는데 큰 도움이 된다.
그런 부분을 강조하고 싶어서 실제 컨설팅 사례를 함께 공유한다.

부동산 투자의 핵심인, 비과세를 활용한 부동산 투자 전략 상급

거주 주택 비과세는 무엇이며 어떻게 활용할 수 있나?

1주택자 일시적 1세대 2주택자가 아니더라도 다주택자가 유일하게 비과세 혜택을 받을 수 있는 전략이 있는데 그건 바로 임대주택 거주 주택 비과세 전략이다. 쉽게 말해 다른 주택 수를 임대주택 등록 후, 일정 조건이 충족되면 내가 실제로 거주한 집을 비과세 해주겠다는 취지다. 임대주택 거주 주택 비과세 요건은 다음과 같다.

우선 임대 사업자 등록을 해야 하고 매년 5% 이상 최소 5년간 임대료를 올리면 안 된다. 이 조건을 충족하면, 미리 살고 있는 집을 팔아도 임대주택 비과세를 받을 수 있다. 지금은 법이 바뀌어서 아파트는 더 이상 임대주택 등록을 할 수 없고 5년이 아닌 10년간 임대를 해야 한다. 10년 동안 임대료 증액도 5% 이상 올리지 못한다.

조금 더 이해를 돕기 위해 실제 내 사례를 통해서 거주 주택 비과세를 어떻게 받았는지 알아보자. 2019년쯤 나는 오피스텔 포함 여러 채의 아파트를 보유한 다주택자였다. 당시 분양받아 살고 있는 아파트가 분양가 약 5억 원에서 12억 원까지 많이 오른 상황이었다. 당시 강남에 집을 사기 위해, 살고 있는 주택을 매도하고 싶었지만 양도세가 만만치 않았다. 그래서 나는 갖고 있는 부동산을 모두 주택 임대 사업자에 등록했다. 당시에는 4년 단기 임대 사업자도 5년간 5% 이하 임대료 증액 조건만 맞추면 거주 주택을 비과세 받을 수 있었다.

거주 주택 비과세는 거주 요건이 없는 지역이라고 하더라도 반드시 2년 거주를 채워야 했다. 2017년 입주를 했기 때문에 2019년이면 만 2년을 딱 채울 수 있는 시기였다. 거주 주택을 비과세로 팔더라도 임대주택 의무만 5년간 다하면 거주 주택 비과세를 받을 수 있다. 당시에는 취득세 중과도 없었기 때문에, 나는 강남에 재건축 아파트를 매입 할 수 있었다. 강남에 아파트는 임대주택으로 등록하지 않아도 거주 주택과 신규 주택이 일시적 1세대 2주택이 되기 때문에 종전 주택 즉, 살고 있는 거주 주택이 비과세가 가능하다. 즉, 일시적 1세대 2주택과 거주 주택 비과세는 중첩해서 가능하다.

하지만 생각지 못한 변수가 발생했다. 당시 양도세 중과가 시행이 되던 시기였는데 나는 비과세이기 때문에 양도세 중과가 안 될 거라고 생각했다. 하지만 당시 비과세 구간이 현재 12억 원이 아닌 9억 원 구간이었고, 9억 원 초과분은 세금을 내야 하는 상황이었다. 그런데 9억 원 초과 부분이 내가 다주택자라는 이유로 중과가 돼서, 세율에 플러스 30% 세율을 더 내야 했다. 즉, 2,000만 원 정도만 낼 세금을 9억 원 초과분에 대해서 다주택자로 중과 세율을 맞아, 양도세를 6,000만 원 정도 낸 것이다. 추후의 일이지만 그다음 해에 양도세 비과세 한도가 9억 원에서 12억 원으로 늘어났고, 12억 원 초과에 대해서 다주택자 중과도 없어지게 되었다. 하지만 내가 파는 시점에는 중과 규정이 적용됐기 때문에, 내가 국세 반환 행정소송을 벌이지 않는한 어쩔 수 없이 세금을 전액 납부할 수밖에 없었다.

그래도 7억 원 정도 수익이 났는데 거주 주택 비과세로 6,000만 원 정도의 세금이라면 비과세 효과가 굉장히 크다고 할 수 있다. 앞에서도 설명했듯이 12억 원 초과 주택은 고가 주택이라, 12억 원 초과분에 대해서는 비과세 혜택을 볼 수 없다. 이런 경우 고가주택은 1주택 장기보유 특별공제를 활용하면 최대 80% 공제를 받을 수 있기 때문에, 고가 주택일수록 똘똘한 한 채 현상으로 가게 된다. 결국 2년마다 비과세 효과를 가장 크게 누리려면 6억 원에 사서 12억 원에 파는 구조가 가장 효율적이고 합리적이다. 다시 한번 강조하면 12억 원 이상의 고가 아파트는 장기보유 특별공제 80% 적용으로 가는게 더 합리적이다.

아쉽게도 2026년 현재는 아파트는 더 이상 임대주택으로 등록할 수 없다. 따라서 예전만큼 거주 주택 비과세가 효과가 크진 않다. 왜냐하면 거주 주택 비과세를 하기 위해서는 빌라나 오피스텔 다주택자가 돼야 하는데, 빌라나 오피스텔은 추후 오르는데 한계가 있고 신규 주택을 갈아탈 때, 취득세에서도 중과도 될 수 있기 때문이다. 따라서 예전만큼 임대주택 거주 주택 비과세를 활용할 방법은 현실적으로 많지 않다. 다만 이런 제도가 있고 거주하는 주택은 비과세를 받을 수 있다는 점만 잘 기억하면 좋겠다.

상속과 증여로 받았을 때 비과세 혜택을 받는 방법은?

상속과 증여의 차이는 잘 알 것이라 생각한다. 간단하게 정리하면 상속인이 돌아가셨을 때, 자녀나 배우자가 집이나 자산을 받는 게 상속이고, 부모나 배우자가 살아 있을 때, 가족이나 지인들에게 재산을 이전하는 걸 증여라고 한다. 증여는 살아 있을 때 본인 자유 의사로 재산을 이전하는 행위이기 때문에, 거의 매매에 준하는 의사표시라고 할 수 있다. 하지만 상속은 자유 의사라고 할 수 없기 때문에 양도세 측면에서도 증여와는 다른 혜택을 주고 있다.

일반적으로 상속 받은 주택은 주택 수에서 제외해 주는 게 비과세 혜택이다. 예를 들면 1주택인 상태에서 그 주택을 비과세로 팔려고 하던 찰나, 갑작스럽게 혼자 계신 아버지가 돌아가셨다. 아버지는 1채의 집을 보유하셨는데 상속 등기를 하면 졸지에 2주택이 된다. 이런 경우 즉, 상속 주택으로 2주택이 되었다고 하더라도 원래 갖고 있던 보유 주택은 비과세 된다.

그런데 만약 부모님이 각자 한 채씩 주택이 있으면 어떻게 될까? 양도세 측면에서는 1채만 주택 수에서 제외되고 나머지 한 채는 주택 수에 포함된다. 따라서 만약 자녀가 2명이라면 각각 한 채씩만 상속받으면 된다. 기존 주택을 각각 비과세 받을 수 있다. 다주택이 상속되더라도 한 채만 주택 수에서 제외된다는 점을 기억하면 형제 자매들이 어떤 식으로 상속 받을지 협의해서 결정할 수도 있다.

증여는 상속과 달리 매매 계약과 거의 동일하다. 다만 한 가지 주의할 점이 있는데 증여재산 이월과세라는 제도다. 쉽게 설명하면 이렇다. 양도세는 양도차익에 대해서 과세한다. 따라서 내가 취득가액이 높아지면 양도세는 덜 낼 수 있다. 가령 내가 산 주택을 1억 원에 샀다고 가정해보자. 통상 배우자 간의 증여세는 10년간 6억 원이 공제된다. 따라서 1억 원에 산 주택을 6억 원에 배우자에게 증여하고 6억 원에 팔았다면 배우자 입장에서는, 6억 원에 증여세 없이 취득한 주택을 6억 원에 팔았기 때문에 양도차익이 0원이다. 따라서 양도세를 낼 필요가 없다.

그렇게 되면 세금을 탈루할 목적으로 증여를 이용할 수 있기 때문에 여기에도 유예기간을 일정 부분 둔다. 2023년 12월 말일까지는 5년, 2023년 1월 1일 이후 증여분부터는 10년을 두고 있다.

결론적으로, 증여를 받았다면 10년간 매도를 할 수 없다고 생각하는 게 마음이 편할 수 있다. 하지만 이런 경우도 생각해 볼 수 있다. 원래 취득한 가격보다 저가로 증여받는 경우다. 예를 들면 2억 원에 산 주택을, 가격이 떨어져서 아들에게 1억 원에 증여했다. 취득세를 줄이기 위한 측면도 있고 시가대로 증여하기 위해서다. 그런데 그 아들이 증여받았기 때문에 10년 이후에 꼭 팔아야 할까? 주택의 시세는 갑자기 3억 원이 올랐다고 가정하자. 이런 경우는 굳이 10년을 채우지 않고 매도하더라도 이월과세 예외 요건이 적용된다.

또한 아버지와 자녀 둘 다 무주택자라면 1주택 비과세가 적용되기 때문에 12억 원까지는 전액 비과세고, 이런 경우 굳이 10년을 기다릴 필요가 없다.

증여와 상속에 따라서 비과세 요건도 달라질 수 있기 때문에, 증여나 상속 시 세금 전문가와 반드시 미리 상의하는 게 중요하다.

> **결론을 바꾸는 "한 줄 체크리스트"**
> - 상속/증여 직전에 이미 내 명의(세대 기준)로 주택이 있었나 확인
> - 상속이면: 피상속인이 상속 개시 당시 몇 채였나
>   (2주택 이상이면 선순위 1채만 특례)
> - 공동상속이면: 내가 주된 상속인(지분 1등)인가
> - 상속 개시 당시 피상속인과 동일 세대였는가(보유·거주기간 통산에 영향)
> - 증여면: 증여받은 날로부터 10년 내 매도 계획이 있나(이월과세)
> - 양도하려는 집이 조정대상지역 취득분이라면, 2년 거주 같은 요건을 실제로 채웠나

취득세와 비과세 같이 고려할 사항들

부동산 상담을 하다 보면 이런 말을 꽤 자주 듣는다. "양도세는

비과세로 맞춰놨습니다."

그다음 질문은 거의 정해져 있다. "이제 사기만 하면 되죠?" 이 질문이 나오는 순간, 나는 속으로 이렇게 생각한다. '아직 절반도 안 끝났다.' 부동산 세금은 양도세 하나로 끝나지 않는다. 그리고 문제는 대부분 취득하는 순간 터진다. 양도세와 취득세는 애초에 성격이 다르다. 이 두 세금은 같은 부동산 세금이지만 작동 방식은 완전히 다르다. 양도세는 나중에 결정되고 시간을 주고 조건을 맞추면 피해 갈 수 있는 세금이다. 그래서 전략과 설계가 가능하다.

반면 취득세는, 사는 그날 확정되고 거의 되돌릴 수 없으며, 사후 조정이 극히 제한적이다. 그래서 취득세는 '순간의 판단'이 전부인 세금이다. 여기서 가장 많이 생기는 오해는 다음과 같다. "일시적 2주택이면 취득세도 무조건 중과 아닌가요?" 아니다. 이건 반만 맞고 반은 틀린 말이다. 많은 사람이 이렇게 알고 있다. "집이 두 채면 취득세는 무조건 중과다." 하지만 취득세에도 일시적 1세대 2주택 특례가 있다. 취득세의 일시적 1세대 2주택 특례 핵심은 '3년'이다.

취득세에서도 다음 요건을 충족하면 중과세율이 적용되지 않는다. 구조는 이렇다.

- 기존 주택 1채 보유
- 신규 주택 1채 취득
- 신규 주택 취득일로부터 3년 이내
- 기존 주택을 매도

이 요건을 충족하면

신규 주택 취득 시 취득세를 1주택 세율로 적용받을 수 있다(조정 지역 여부와 무관하게 적용 가능). 즉, 취득세도 "잠깐 2주택이 되는 갈아타기"는 일정 부분 인정해 준다는 뜻이다. 그럼 왜 취득세에서 실패가 많을까? 이유는 단순하다. 취득세 특례는 자동으로 적용되지 않기 때문이다. 요건을 몰라서, 기한을 놓쳐서, 매도 순서를 잘못 잡아서.

이 셋 중 하나만 어긋나도 취득세는 바로 중과로 굳어진다.

실무 사례

"3년 안에 팔았는데도 취득세를 더 낸 경우" 기존 주택 한 채를 보유한 상태에서 신규 아파트를 매수한 사례다. 본인은 이렇게 알고 있었다. "어차피 기존 집은 3년 안에 팔 거니까 취득세도 괜찮겠죠?" 문제는 취득세 신고 과정이었다. 일시적 2주택 특례 적용 신청×중과세율로 취득세 신고

결과는? → 취득세 중과로 확정. 나중에 기존 주택을 3년 안에 팔았더라도 이미 낸 취득세는돌려 받기 매우 까다롭다. 이 사례의 핵심은 다음과 같다. 취득세는 '요건 충족'보다 '신고와 선택'이 더 중요하다. 양도세 특례와 취득세 특례는 닮았지만 다르다. 여기서 반드시 구분해야 한다.

- 양도세 일시적 2주택 특례→ "기한 내에 팔았는가?"를 사후에 판단

• 취득세 일시적 2주택 특례→ "3년 내 매도할 계획인가?"를 취
득 시점에 선택

그래서 양도세는 "나중에 맞추는 전략"이 가능하지만, 취득세는 "사는 순간 전략이 끝난다." 그래서 순서가 중요해진다. 양도세·취득세를 같이 볼 때 반드시 던져야 할 질문은 다음과 같다.

• "이 집을 사는 순간, 나는 어떤 특례를 쓰고 있는가?"

양도세 특례만 생각했는가, 취득세 특례까지 동시에 설계했는가.

이 차이로 수천만 원이 갈린다. 증여와 섞이면 더 복잡해진다. 증여를 받은 상태에서 다시 주택을 취득하면 취득세 특례는 사실상 쓰기 어려워진다. 왜냐하면 증여 자체가 이미 '주택 수 증가'이고 이후 취득은 '갈아타기'가 아니기 때문이다. 그래서 증여가 개입되는 순간부터는 양도세보다 취득세 리스크가 먼저 커진다.

참고로 다주택자의 취득세 중과는 주택 수에 따라 결정된다. 비조정은 2주택까지 일반세율, 3주택 8%, 4주택 이상 12%이고 조정지역일 때는 2주택 8%, 3주택 이상 12%가 적용된다. 첫 번째 주택이 조정지역이고 일시적 1세대 2주택이 아닌 비조정 지역일 때, 2주택인 경우 취득세는 중과되지 않고 일반 세율이다. 여기에 지방교육세, 농어촌특별세가 더해진다.

실무 체크리스트 (반드시 동시에 볼 것)

부동산 거래 전, 이 네 가지 질문에 모두 답이 나와야 한다.

① 지금 사면 취득세는 중과인가, 특례인가

② 취득세 특례를 쓴다면 3년 내 매도가 구조적으로 가능한가

③ 그 매도가 양도세 비과세 요건과 충돌하지 않는가

④ 순서를 바꾸면 취득세·양도세가 동시에 줄어드는가

이 중 하나라도 빠지면 그 전략은 아직 미완성이다. 정리하면 이 한 문장이다.

양도세는 '시간의 세금'이고, 취득세는 '선택의 세금'이다.

비과세를 활용한 실전 사례 예시들

이 장에서는 앞에서 배운 비과세 전략을 토대로, 실제 어떻게 비과세 전략을 활용할 수 있고 활용했는지 사례를 통해서 얘기하고자 한다.

일시적 1세대 2주택을 활용한 비과세 전략

2018년도쯤 남편이 군인이신 분이 1억 원 정도의 자금으로 서울에 아파트를 사고 싶어서 상담 신청을 하신 적이 있다. 상담을 통해 현실적으로, 1억 원이라는 자금으로 서울 나홀로 아파트를 대출을 풀

로 받아서 살 수는 있지만, 매달 나가는 이자 부담이 크기 때문에 추천하지 않겠다고 얘기했다. 다만 남편이 군인이고, 10년 이상 복무했기 때문에 청약 군인 특별 공급 대상이 되신다고 말씀드렸다. 다행히 군인 가족이기 때문에 전세금 1억 원 정도의 자금을 운용 할 수 있었고, 나는 파주 운정신도시에 한 아파트를 청약에 당첨시켜 드렸다.

처음에는 불안하신지 나한테 계속 전화도 오고 정말 괜찮은지 물어보셨지만, 1년 정도 지나자 운정 신도시 아파트 가격도 올라서 굉장히 만족해하고 고마워하셨다. 청약 통장을 다시 만든 후 1년이 지났기 때문에, 재당첨 제한이 없는 옥정 신도시에도 청약을 한번 넣어보라고 권유드렸다. 비규제 지역은 중도금 대출이 나왔기 때문에 운정 신도시 아파트는 계약금 3천만 원 정도 넣으신 상태였고, 옥정 신도시 역시 계약금 정도만 있으면 청약이 가능했기 때문에, 갖고 있는 현금으로 계약금을 넣을 수 있는 상황이었다. 그 당시만 하더라도 옥정 신도시의 청약 열기가 높지 않았기 때문에 옥정 신도시도 당첨이 되었다.

입주 시기도 운정과 옥정이 1년 텀이 있었기 때문에 옥정의 잔금 날짜를 운정 아파트와 1년기간이 지나서 취득하게끔 조언드렸다. 앞에서 배웠지만 일시적 1세대 2주택 전략으로 종전 주택 비과세 혜택을 받기 위해서는, 신규 주택이 종전 주택 취득 후 1년이 지나야 했기 때문이다. 21년도에 입주한 운정신도시 아파트는 한 번 전세를 주고 갱신까지 해서 이번에 매도 하게 됐다. 2억 원 정도 차익이 발생했지만 전액 비과세고, 무엇보다 분양가만큼 전세가를 맞출 수 있어서 내 돈이 거의 들지 않았다.

이 분은 옥정 신도시 아파트를 현재 보유한 채, 또 한 번 일시적 1세대 2주택 비과세를 받기 위해 또 다른 투자를 나와 계획하고 있다. 자산이 많지 않은 사람은 일시적 1세대 2주택을 활용해 자산을 키워 서울 입성에 도전하는 게 상책이다.

일시적 1세대 2주택과 혼인 전
일시적 1세대 2주택 비과세 전략의 중첩

2025년 초에 젊은 부부가 상담 요청을 했다. 남편 명의로 수원에 집이 있었는데 생각보다 오르지 않는다고 판단해서 그 집을 팔고 서울에 입성하고 싶어 했다. 수원 집은 빨리 파는 게 좋다고 생각했지만, 세입자의 만기가 아직 남아 있어 바로 팔기에는 힘든 상황이었다. 혼인 신고를 했냐고 물어보니, 다행히 혼인 신고는 아직 안 했다고 대답했다. 나는 수원 집이 팔리는 동안, 와이프 명의로 수도권에 아파트 한 채를 매입하고 추후 수원집을 팔고 서울 집을 사서, 일시적 1세대 2주택을 만들면 어떻겠냐고 의견을 냈다. 처음에는 반신반의했지만 곧 내 말에 수긍하고 바로 와이프 명의로 대출을 활용해 수도권 아파트 한 채를 매입했다. 몇 개월 후 다시 상담 요청이 들어 왔는데, 수원 집이 매도가 될 거 같다는 내용이었다.

수원 집을 매도하고 영등포에 재건축 아파트를 남편 명의로 사게끔 추천했다. 수원 집을 일시적 1세대 2주택 비과세로 매도하고, 영등포 재건축 아파트 한 채를 매수했다. 와이프 명의의 수도권 아파트가 있으므로, 혼인 전 일시적 1세대 2주택 특례를 적용받기 때문에 10년 이내에 수도권 아파트를 2년 보유 후 매도하면 비과세 혜택을 받을 수 있다. 추후 영등포 재건축 아파트는 재건축 후 매도 해서 다음 상급지를 노리는 플랜으로 상담을 마쳤다. 내가 추천한 아파트는 서울은 4억 원 수도권은 2억 원, 합산 6억 원이 올랐다.

세대 분리와 대체 주택 비과세 전략

과천에 재건축 아파트를 보유하신 분이 상담 문의를 하셨다. 자녀 명의로 아파트를 사고 싶어 하셨는데, 자금이 넉넉하셔서 자녀 명의의 아파트도 매수하고 본인도 대체 주택 비과세로 받으시는 게 어떻겠냐는 조언에 따라, 자녀 명의와 본인 명의로 각각 수도권 아파트를 매입하셨다. 자녀는 세대 분리가 가능하기 때문에 2년 보유 비과세 혜택을 받고, 본인도 수도권 아파트에 1년 거주 후, 과천 아파트가 완공되고 1년 거주 후 수도권 아파트를 매도하면 12억 원 이하 전액 비과세가 된다. 수도권 아파트는 보수적으로 각각 2억 원씩 올랐다.

아파트 산 뒤 분양권을 살 경우에도 비과세 혜택을 받을 수 있을까?

일시적 1세대 2주택 비과세는 부동산 상승장일 때, 2주택으로 비과세를 받을 수 있기 때문에 보유 아파트를 길게 끌고 갈수록 유리해진다. 종전 주택을 신규 주택 혹은 신규 분양권 취득 후 3년 이내에 팔면 되지만, 신규 주택이 분양권이고 만약 입주를 한다면 입주 후 3년으로 종전 주택 비과세 기간이 더 늘어날 수 있다.

예를 들면 종전 주택이 있고, 청약을 통해서 신규 아파트 청약에 당첨되거나 분양권을 매수했다. 신규 주택이 통상 완공까지 2~3년이 걸리기 때문에, 만약 입주를 한다면 입주 후 3년 이내 종전 주택을 비과세 혜택을 받을 수 있다. 그럼 신규 주택이 공사하는 기간까지 합치면 5~6년을 종전 주택을 보유해도 비과세 혜택을 받을 수 있게 된다.

2025년 상담을 받은 사람도 이런 경우였다. 기존 주택을 전매제한으로 팔 수가 없었기 때문에 상급지로 갈아탈 수가 없었다. 그래서 입주가 2년 후인 아파트 분양권을 추천했고, 전매 제한이 풀리고 기존 주택을 처분해도 비과세 혜택을 받을 수 있다는 취지로 상담했다. 전매 제한 때문에 부동산 투자를 할 방법이 없다고 생각했었는데, 상담 덕분에 발상이 많이 전환됐다며 많이 만족해 한 케이스다.

마지막으로 거주 주택 비과세다. 서울에 아파트 빌라 한 채, 그리고 강원도에 아파트 한 채를 갖고 계신 분이 향후 상급지 갈아타기로 상담을 요청하셨다. 가장 좋은 건 세 채를 모두 정리 한 후 똘똘한 한 채로 갈아타는 게 가장 우선이었지만, 세 채를 모두 팔 때까지 다른 아파트도 많이 오를 수 있다는 판단도 들어 어떻게 해야 할지 몰라 상담을 요청한 상황이었다.

다행히 빌라 한 채를 제외한 서울 아파트와 강원도 아파트는 일시적 1세대 2주택이 가능했다. 즉, 빌라는 임대주택으로 등록하면 살고 있는 서울 아파트는 거주 주택 비과세가 된다. 우선 거주 주택 비과세로 매도하고, 강원도 아파트도 처분하는 전략으로 얘기했다. 그리고 취득세 때문에 비조정 지역에 랜드마크 아파트를 전세를 끼고 사라고 추천드렸다. 서울에 있던 아파트는 가격이 많이 올라서 거주 주택을 비과세로 팔면 양도세가 거의 안 나오지만, 3주택 상태에서 팔면 양도세가 크게 나오는 상황이었다.

물론 이 방법은 갖고 있던 빌라를 10년 이상 보유해야 하는 단점이 있다. 하지만 거주 주택을 빨리 비과세로 팔고 강원도 아파트를 매도하면, 비조정 지역에 향후 미래가치가 더 커질 아파트를 싸게 살 수 있는 기회이기 때문에, 충분히 고려해 볼만한 컨설팅 전략이었다. 물론 이 분은 1회 상담만 했기 때문에, 그 이후의 과정은 나도 알지 못한다. 내가 컨설팅 전략을 제시하고 상담하신 분은 내 방법이 타당하다 생각하시면 따르면 되고, 아니면 그냥 이런 방법도 있구나 생각하면 된다. 이 외에도 여러 가지 사례가 많이 있지만 책의 범위가 너무 커질 수 있어서 이해를 돕기 위한 상담 예시는 여기에서 마칠까 한다.

끝으로 하고 싶은 말

지금까지 비과세를 활용한 전략을 구조적으로 설명했고, 실전 사례를 통해서 독자들에게 실제로 어떻게 활용할지에 대해서 설명했다. 하지만 여기서 가장 중요한 건 오를만한 지역에 사야 한다는 점이다. 가끔 상담을 통해 보면, 혼인 전 일시적 1세대 주택으로 각각 한 채씩 보유하신 분들이 있지만 정작 아파트 가격이 오르지 않고 오히려 떨어져, 혼인 전 일시적 1세대 2주택 비과세가 아무 의미가 없는 경우를 보게 된다. 구조만 보고 본질을 보지 못하기 때문이다.

부동산 투자의 핵심은 오를 수 있는 아파트를 발굴할 수 있는 능력이다. 이 능력을 키우는 게 부동산 투자를 잘하는 길이다. 비과세 전략은 이런 본질을 구조적으로 더 극대화시키는 것이다. 오르지도 않는 아파트나 부동산을 산들, 비과세가 무슨 의미가 있겠는가?

많은 사람이, 부동산은 돈이 많아야 한다고 생각한다. 하지만 반드시 돈이 많아야 부동산 투자를 할 수 있는 건 아니다. 나 또한 적은 돈으로도 2004년부터 지금까지 거의 한 해도 거르지 않고 부동산 투자를 해 왔다. 어떨 때는 거의 돈이 안 들어가거나, 정말 적은 돈으로 큰 수익을 낸 적이 굉장히 많다. 이해를 돕기 위해 한 가지 예시를 들겠다.

2023년도에 옥정 신도시가 입주물량 과다로 무 프리미엄이거나 약간 마이너스 프리미엄으로 아파트를 살 수 있었다. 당시 분양가가 3억 7천만 원 내외였는데, 희한하게 감정가가 5억 원으로 나왔다. 무주택자 같은 경우 LTV 70%가 가능했기 때문에, 감정가 5억 원에 70%인 3억 5천만 원 대출이 가능했다. 3억 5천만 원 대출을 받고 월세 보증금 3천만 원을 받으면 오히려 천만 원을 받을 수 있는 구조가 가능했다. 무주택자가 집을 사는데 오히려 현금 천만 원이 더 들어오는 것이다. 대출을, 월세를 받아서 충당하면 거의 대출 부담도 없게 된다.

3년이 지난 옥정의 그 아파트는 최소 1억 원에서 1억 5천만 원이 오른 상태다. 돈 한 푼 안 들이고 1억 5천만 원을 번 것이다. 저축으로

만 1억 원을 모으려면 얼마나 많은 노력과 시간이 필요한지 잘 알 것이다. 하지만 부동산은 머리만 잘 쓰고, 부동산 구조를 잘 파악하고 세금을 이해하며 과감한 결정을 내릴 용기가 있다면, 얼마든지 적은 돈으로, 혹은 돈이 없더라도 큰돈을 벌 수 있다.

상담을 오신 분도 그랬다. 당시 이 분은 다주택자라 본인 명의로 집을 살 수는 없었지만, 무주택 조카들을 활용해 네 명의 조카에게 각각 1채씩 집을 사줬다. 큰돈이 들어가지 않았고 조카들도 소득이 있었기 때문에 증여세 문제도 없었다. 오히려 1천만 원씩 현금이 들어오고 각각 한 채씩 집을 마련 했다. 옥정 신도시는 당시 비조정 지역이었기 때문에 2년 거주가 아닌 2년 보유만 해도 비과세가 된다. 즉 1억 5천만 원의 이익이 나도, 세금을 한 푼도 안 내도 된다는 얘기다.

이렇게 구조와 세금을 이해하면 얼마든지 부동산을 활용해서 돈을 벌 수 있다는 게 내가 말하고자 하는 핵심이다. 앞에서도 얘기했지만 물론 오를만한 집을 선택하는 게 가장 큰 핵심이다.

나는 어렸을 때부터 부자가 되기를 꿈꿨다. 그리고 부자가 되기 위해서 어떻게 해야 할지 연구하고 노력했다. 아마도 부모님이 항상 돈 문제로 싸우는 걸 자주 봐서인지도 모르겠다. 버스 요금이 매년 오르는 걸 보고 돈의 가치가 떨어진다는 걸 깨달았고, 어렸을 때 입주한 목동 아파트 가격이 오르는 걸 보고, 돈의 가치는 떨어지지만 아파트 가치는 오르는 걸 몸소 체험 했다. 당시 단독 주택인 우리 집보다 목동 아파트가 훨씬 더 오르는 걸 보고, 향후 어떤 아파트를 사야 더 자산가치가 오르는지 생각하기 시작했다.

20대 때부터 부동산 투자를 시작해서, 벌써 20년 넘은 세월이 흘렀고 놀랍게도 매년 부동산 투자를 할 수 있는 좋은 기회들을 발굴했다. 투자자로서 나도 좋지만, 〈미래를 읽다〉라는 사업자를 내고, 함께 투자할 수 있는 회원분들이 많이 생겨서 너무 감사하다. 매번 대박이 나는 투자를 한 건 아니지만, 조금씩 성과를 내는 투자를 했고 나를 믿고 가입하신 회원분들에게도 도움을 드리려 최선을 다했다.

내가 진심으로 하고 싶은 얘기는 바로 이것이다. 여전히 부동산 투자는 끝났다거나, 과거에는 기회가 많았지만, 현재에는 기회가 없다라는 마인드로, 아예 시도조차 하지 못하거나 도전하지 못하는 사람들이 거의 대다수라는 얘기다. 7년 넘게 꾸준히 유튜브와 블로그를 통해 부동산 투자에 대해 설명하고 있지만, 많은 사람이 여전히 믿지 못하거나 이해를 하지 못하는 경우를 많이 본다.

내가 하고 싶은 얘기는 딱 한 문장이다.

"부동산 투자의 본질은 단순하다.
오르는 부동산을 살 수 있는 안목을 키우면 돈을 벌 수 있다.
아직도 늦지 않았다."

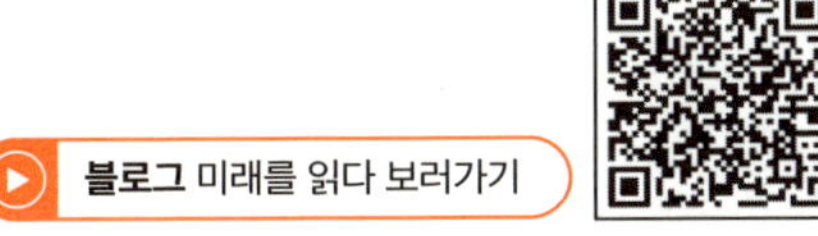

전영진
HOME BUYING TRENDS 2026

대박 날
재개발 투자 포인트 &
정비사업 트렌드

대박 날 재개발 투자 포인트 & 정비사업 트렌드

당신이 몰랐던 부의 설계도 :
99%의 삽질을 멈추게 할 '1%의 영감'

우리는 흔히 "천재는 99%의 노력과 1%의 영감으로 만들어진다"는 에디슨의 말을 '열심히 노력하라'는 뜻으로 오해하며 살아간다. 하지만, 이 문장의 진짜 핵심은 따로 있다. 에디슨은 생전에 "1%의 영감이 없다면 99%의 노력은 그저 무의미한 삽질일 뿐이다"라고 강조했다. 이처럼, 그저 막무가내로 노력하는 삶은 제대로 된 아이디어나 지식, 정보를 장착하고 움직이는 삶을 절대 이길 수 없다.

재개발 투자도 마찬가지다. 무작정 현장을 뛰어다니며 탐방을 다니고, 새벽에 일어나 개발이 가능한 지역의 아파트 놀이터 모래가 우레탄으로 바뀌었는지 조사하는 것은 그저 '열심히 사는 자기만족'에 불과하다. 진정한 투자는 내가 이 삽질을 '왜' 해야 하는지 깨닫는 영감에서 시작된다.

누군가는, 재개발은 너무 어려우니 공부할 필요 없고, 그냥 어디든 좋은데 사놓기만 하면 된다고 말한다. 시기에 따라 맞을 수도 있고, 틀릴 수도 있는 답이라고 생각한다.

그러면서 훈장과도 같은, 과거에 본인이 계약했던 한강변 재개발 예정지 투자 물건 리스트를 보여주며 본인의 투자 사례를 자랑한다. 하지만 그건 과거 사례의 참조 요소일 뿐, 투자 노하우의 핵심이 될 수는 없다. 고급 외제 세단 옆에서 사진 찍은 걸 자랑하는 것과도 다를 바가 없다. 여기서 핵심은, 물고기를 한 마리 얻으려 하지 말고, 어디에 그물을 던져야 물고기가 모이는지 그 '포인트'를 짚어내는 통찰력을 길러야 한다는 것이다. 본인이 물고기가 되어 뻐끔거리는 일은 없어야 한다.

'나비'가 될 것인가, '벌'이 될 것인가?

투자자들의 행태를 보면 재미있는 현상이 발견된다. 평소에는 벌처럼 바쁘게 온갖 교육원을 찾아다니다가도, 막상 정말 좋은 물건을 눈앞에 던져주면 나비처럼 유약하게 흔들리며 결정을 못 내린다. 여러 현장을 정신없이 쏘다니기만 하다가 투자할 기회를 놓치는 것이다.

반면, 고수들은 평소에 나비처럼 여유롭게 시장을 관망하고 깊이 있게 사색한다. 그러다 확신이 서는 물건을 만나는 순간, 벌처럼 빠르고 날카롭게 달려들어 낚아챈다.

나비와 벌 이야기의 핵심은 바로, 의사결정력이 있는 나비가 되기 위해 충분한 지식을 머릿속에 담아야 한다는 것이다. 그렇게 되고 나서야, 벌 같은 빠른 결정이 의미가 있다. 이걸 고려하지 않은 채, 그저 빠른 결정만 내린다면 의미가 없다. 지금 당신의 모습은 어떠한가? 결정적인 순간에 '의사결정력'을 발휘할 수 있는 준비가 되어 있는가? 준비도 안 되어 있고, 준비할 생각도 없으면서 그저 몸만 바쁘게 무료 세미나, 각종 투자 물건 소개, 유튜브 강사 강연에 시간을 쏟고 있지는 않는가?

세미나를 해보면, 질문을 잘하는 사람을 찾기가 힘들다. "재개발 투자를 하려고 하는데 자양동이 좋아요? 용산이 좋아요?"와 같은 질문으로는 정확한 답을 얻을 수 없다. 엄밀히 말해, 이런 류의 질문은 질문의 범주에 들어가지도 못할 것이라 본다.

"소금빵이 좋아요? 붕어빵이 좋아요?" 같은 의미 없는 질문일 뿐이다. 문제는 이런 질문에 "용산이 좋습니다"라거나 "자양동이 좋습니다"라고 답하는 전문가들도 종종 보인다는 것이다.

재개발 투자에서 의미 있는 질문은, 지역이나 물건의 상황판단과 해법의 모호함을 풀어가기 위한 것이어야 의미가 있다. 예를 들면 "oo 지역이 신통을 추진하려 한다는데, 노후도 요건이 맞을까요?"같은 질문이다.

이제, 재개발 투자에서 결정력을 갖기 위해 실질적인 노하우를 장착하는 방법을 큰 틀에서 짚어보겠다.

경제의 혈액, 유동성이 그리는 폭등의 시나리오

재개발이 부동산 투자상품에서 어떤 위치에 있는지, 그리고 지금 시기가 왜 재개발 투자를 해야 하는지에 대하여 깊은 고민과 답을 스스로 찾아가야 한다. 그 첫 번째 화두는 바로 유동성이다.

재개발 현장에서 땅값이 오르는 것은 단순히 건물이 낡아서가 아니다. 그 본질은 '유동성'의 원인에도 기인한다. 전 세계적으로 본원 통화(M1, M2)의 양이 감당할 수 없을 정도로 불어났다. 당연히 돈이 흔해지면 화폐 가치는 떨어지고, 실물 자산의 가격은 오를 수밖에 없다.

근 몇 년간 비트코인의 가격이 폭등한 것은, 전 세계적인 유동성이 어디로 흐르고 있는지를 보여주는 가장 정확한 지표다. 이 거대한 돈의 물결은 원자재를 거쳐 결국 부동산으로 흘러들어온다. 특히 현재 대한민국은 다른 국가들이 유동성을 줄이는 와중에도 매달 본원 통화가 수십조 원씩 늘어나고 있는 상황이다. 이 에너지가 응축되어 폭발하는 순간, 서울의 핵심 부동산, 재개발 가능지역은 우리가 상상하기 힘든 가파른 곡선을 그리며 상승할 것이다.

2026년 경제 전망

유동성의 팽창과 기회의 시간

거듭 말하지만, 부동산 시장을 움직이는 근본적인 힘은 결국 '유동성'이다. 2026년의 경제 환경은 우리에게 매우 중요한 신호를 보내고 있다.

통화량(M2)의 증가와 자산 가치 방어

대한민국의 M2 통화량은 2025년 하반기에 이미 4,500조 원에 육박했다. 수익증권까지 포함한 기준으로 보면 통화량 증가 속도는 더욱 가파르다. 화폐 가치가 지속적으로 하락하고 있는 상황에서, 현금을 은행 예금에만 묶어둔다면 실질적인 자산 가치는 매달 줄어들고 있는 셈이다.

부동산 전문가들은 2026년부터 약 3년 동안이 재개발 시장의 중요한 시기가 될 것으로 전망한다. 2021년 이후 인허가와 착공 물량이 급감하면서, 2026년 수도권 신축 입주 물량은 2025년 대비 30% 이상 줄어들 예정이기 때문이다. 수요는 풍부한데 공급은 부족하고, 통화량은 계속 늘어나는 상황은, 경제학적 분석을 넘어 상식적 판단으로도 가격 상승을 예고하는 강력한 지표다.

'똑똑한 한 채'로의 쏠림 현상

2026년 시장의 또 다른 키워드는 '양극화'다. 수도권과 지방의 가격 격차는 더 벌어지고, 서울 내에서도 강남과 용산 같은 핵심 입지로의 쏠림 현상이 두드러질 것이다. 토지거래허가구역을 지정했음에도 입지의 희소성 때문에 신고가를 경신하는 사례가 나타나고 있다. 다주택자들은 세제 부담으로 인해 자산을 정리하는 'REDUCE' 전략을 취하면서도, 가장 확실한 한 곳으로 자산을 재배치하는 'REBUILD' 전략을 동시에 구사하고 있다.

지표	2025년 현황	2026년 전망	파급 효과
M2 통화량	전년 대비 8.4% 증가	지속 증가 예상	화폐 가치 하락, 실물 자산 선호
신축 입주 물량	약 16.1만 호(수도권)	약 11.2만 호 (30.8% 감소)	전세가 상승 및 매매가 하방 지지
기준 금리	고금리 유지 후 하향 전환기	완만한 인하 추세	매수 심리 개선 및 금융 부담 완화
부동산 규제	투기과열지구 유지 (용산 등)	규제 완화 논의 지속	정비사업 활성화 동력 확보

재개발의 철학 : 지속 가능한 도시를 위하여

우리가 잊지 말아야 할 것은 재개발의 본질적인 목적이다. 단순히 자본 증식의 수단으로만 접근한다면, 도시의 역사와 공동체라는 소중한 가치를 잃을 수 있다. 관광지를 만들기 위해 벽화를 그리지만, 정작 거주하는 주민들은 실질적인 생활 환경 개선과 자산 가치 상승을 원하기 때문이다. 주민들의 노후된 생활을 구경거리로 만드는 '보존'이 아니라, 그들의 삶의 질을 높여주는 진정한 의미의 '개발'이 필요하다.

또한, '백사마을'처럼 이해관계의 충돌로 인해 수십 년간 사업이 공전하는 구역들은 우리에게 큰 교훈을 준다. 주민의 의지, 지자체의 정책, 정부의 승인이라는 세 요소가 조화를 이루어야만 정비사업은 성공할 수 있다. 투자자로서 가져야 할 올바른 태도는 소문에 휘둘리는 것이 아니라, 이러한 요소들이 유기적으로 작동하고 있는지 냉철하게 분석하는 눈을 갖는 것이다.

2026년 시장 대응 전략의 제안

2026년 시장에 대응하는 구체적인 전략을 제안해본다.

① **재개발에 대한 지속적인 학습이 필요하다** : 2026년부터는 시장의 유동성으로 인해 전반적인 가격 상승이 나타날 수 있다. 하지만 진정한 성과는 구역계의 성립여부, 재개발의 가능성 판단, 분양 자격과 권리 산정기준을 정확히 분석할 수 있는 지식에서 나온다.

② **역세권 고밀 개발에 주목하라** : 도심의 가용지가 부족한 상황에서 용적률을 높이는 구역만이 뛰어난 사업성을 가진다. 역세권 활성화 사업이나 민간 도심복합개발 대상지를 눈여겨보되, 접도 요건 등 법적 기준을 반드시 확인하라.

③ **용산과 같은 미래 가치 지역을 선점하라** : 용산 국제업무지구는 이제 가시화된 미래다. 그 배후지인 효창공원, 남영동, 원효로 일대의 정비사업들은 국제업무지구와 시너지를 내며 독보적인 가치를 형성할 것이다. 이와 같은 미래 가치 상승 지역을 선점하라.

④ **법적 규제를 철저히 관리하라** : 투기과열지구 내 5년 재당첨 제한은 강력한 규제다. 본인과 세대원의 당첨 이력을 철저히 관리하여 예기치 못한 불이익을 방지해야 한다.

재개발 투자는 복권이 아니라 과학이다. 2026년, 대한민국 부동산의 중심인 서울 재개발 현장에서 펼쳐지는 거대한 변화에 주목하라. 철저한 분석과 확신에 찬 실행력이 있다면, 역세권 재개발은 여러분의 자산을 안전하게 지키고 키워줄 가장 확실한 열쇠가 될 것이다.

사이클의 역설

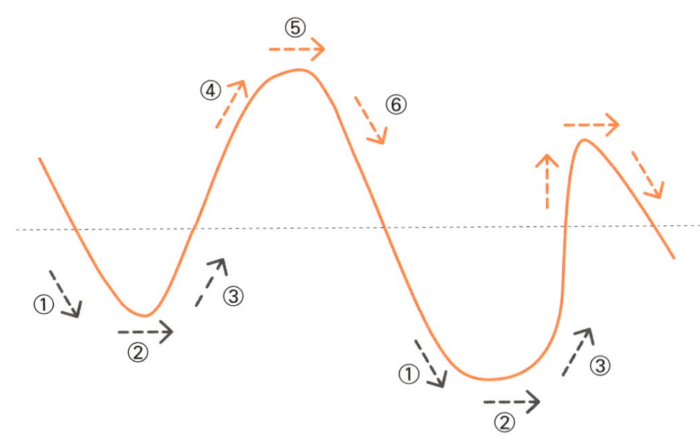

부동산 시장에는 1번부터 6번까지의 사이클이 있다. 대중은 대개, 가격이 오를 대로 오른 5번 구간에 너도나도 뛰어든다. 그리고 곧바로 6번의 하락장을 맞이하며 고통의 시간을 보낸다. 1, 2번과 같은 저점은 항상 불안하다. 남들이 모두 달려들 때 대중은 함께 덤벼든다.

96년부터 지금까지 재개발 업계에 30여 년 있는 동안 현장에서 확인한 투자의 정석은 단 하나다. 바로 '아무도 관심 없을 때' 들어가는 것이다.

지금으로부터 약 3년에서 5년 후면 일반인들이 시장에 무섭게 쏟아져 들어올 것이다. 2003년에도 대여섯 명으로 시작했던 내 강의 수강생이, 순식간에 수천 명으로 불어났던 경험이 있다. 지난 2003년 이후의 기억과 비슷하게, 앞으로 무수히 많은 관심자가 생겨날 것으로 본다. 반갑기도 하고 우려되기도 한 부분이다. 모두가 승자인 시장은 없기 때문이다. 대략 5년에서 10년 정도 후엔 승자만이 살아남을 것이다. 그렇기에 승자가 되기 위한 준비는 지금부터 해야 한다.

한남동이 가르쳐준 교훈: '정부의 부정'은 '강력한 긍정'이다

우리가 간과하지 말아야 할 점은 시장(투자 참여자들)은 정책을 이기지 못한다는 점이다.

하지만 역설적이게도 정책 역시 시장에게 자주 지곤 한다. 곰곰이 생각하면 그 둘은 상호 보완하거나 견제하는 구조이지, 어느 한쪽의 힘이 무한정 큰 것은 아닌 듯 하다. 그래서 우리는 정책의 방향과 시장의 니즈를 함께 읽어야 한다. 이때, 되도록 정치적 요소는 배제해야 하지만 어느 정도 참조해가며 바른 방향성을 찾아가야 할 것이다.

2002년 1월 말경, 서울시는 한남동 일대를 '투기 조장 구역'으로 지정하며 "이 지역은 개발 계획이 전혀 없으니 투기 세력에 일반인들은 유혹당하지 말고 속지 말라"는 보도자료를 낸 바 있다. 언론은 대대적으로 이를 보도했고, 겁을 먹은 투자자들은 계약을 해지하며 도 망쳤다. 하지만 결과는 어땠는가? 불과 2~3년 뒤, 그 동네는 한남 뉴 타운으로 지정되었고 그때 거론됐던 거의 대부분의 지역이 이제는 꿈 의 투자처가 됐다. 결국 관(官)의 의지보다 중요한 것은 그 '땅'이 가진 본질적인 가치와 사업성이다. 정책이나 정권의 입맛에 일희일비하지 마라. 땅은 거짓말을 하지 않는다. 주민들이 간절히 원하고, 사업성이 나오는 땅은 결국 어떤 이름표를 붙여서라도 개발될 수밖에 없다.

우리가 앞으로 관심있게 찾아야 할 곳은 누군가의 정치적 쇼나 브 랜드가 아닌, 진정 개발이 가능한 재개발 지역이다.

꾸준함이 만드는 복리의 마법

이제, 그 어떤 유행적 요소에도 휘둘림이 없는 무기를 머릿속에 장 착했다고 가정해보자. 그럼 이제부터는 항상성(최적화 상태를 오랫동안 유지하려는 특성)을 가져야 한다.

한 번의 큰 성공에 도취되어, 3년을 넘기지 못하는 수익을 내는 사 람보다, 매년 꾸준하게 20%의 수익률을 유지하는 사람이 훨씬 무서 운 법이다. 부동산 투자는 한탕주의가 아니다. 유동성의 흐름을 읽고, 제대로 된 입지를 고르는 안목을 길러 항상성을 유지할 때 비로소 우 리는 '피터 린치' 같은 어마어마한 자산가의 이야기를 우리의 투자철 학으로 새길 수 있게 된다.

민간 도심복합개발:
룰을 바꾸는 새로운 게임체인저

최근 정비사업 전문가들 사이에서 가장 많이 회자되는 법령은 단연, '도심복합개발 지원에 관한 법률'이다. 실무자들은 이를 '민간 도심복합개발'이라고 부른다. 이전의 공공 주도 3080+ 사업이 가진 한계를 극복하기 위해 나온 이 모델은, 민간 디벨로퍼와 토지 소유주가 주도권을 쥐면서도 파격적인 인센티브를 받을 수 있게 설계되었다.

노후도 20년의 파격과 빠른 사업 속도

이 사업의 가장 큰 매력은 '진입 장벽의 완화'에 있다. 일반적인 재개발이, 건물의 60% 이상이 30년 넘게 낡아야 시작할 수 있다면, 민간 도심복합개발은 그 기준을 20년으로 낮췄다. 1990년대 후반이나 2000년대 초반에 지어진 빌라가 많은 동네도, 이제는 정비사업의 대상지가 될 수 있다는 뜻이다. 서울시의 경우 조례를 통해 노후도 비율을 조정하고 있지만, 법적 근거가 마련되었다는 것 자체가 엄청난 기회라고 볼 수 있다.

또한, 조합을 설립하지 않고 토지 소유자 3분의 2(66.6%)의 동의만으로 사업시행자(신탁사 또는 위탁리츠)를 지정할 수 있어 사업 속도가 획기적으로 빠르다. 일반 재개발이 조합 설립에만 수년이 걸리고, 75%의 동의율을 채우느라 진을 빼는 것과 비교하면 엄청난 이점이다.

보통 70%에서 75% 사이의 동의서를 걷는 과정이 정비사업에서 가장 고통스러운 구간임을 고려할 때, 66.6%라는 수치는 사업 성공 가능성을 비약적으로 높여주는 수치다.

주요 정비사업 유형별 핵심 비교 분석

구분	일반 재개발(도정법)	민간 도심복합개발	모아타운(소규모 주택정비법)
기본 노후도	30년 이상	20년 이상	20년 이상
동의율 기준	조합설립 75%	시행자 지정 66.6%	조합설립 70~75%
5년 재당첨 제한	적용	적용(상호 합산)	미적용
사업 방식	조합 중심	시행자 지정 중심(신탁사 또는 위탁리츠)	조합 중심

5년 재당첨 제한의 덫: 전문가도 실수하는 법적 함정

하지만 주의해야 할 점도 명확하다. 바로 '5년 내 재분양 신청 제한' 규정이다. 많은 투자자가, 민간 도심복합개발은 도시정비법이 아닌 별도의 법령이니까 규제가 따로 적용될 것이라 생각하지만, 실상은 그렇지 않다.

민간 도심복합법은 도시정비법 제72조 제6항을 준용하고 있다. 투기과열지구(현재 서울시 전역) 내에서 재개발 아파트 분양 대상자로 한 번 선정되었다면, 그날로부터 5년 안에는 다른 투기과열지구 내 민간 도심복합사업뿐 아니라, 도시정비법에 의한 재개발·재건축지역에서 아파트를 신청할 수 없다. 만약 이 규칙을 모르고 용산의 한 구역에서 아파트를 받은 분이 5년이 지나기 전에 다른 구역의 빌라를 샀다면, 그 빌라는 아파트를 받을 수 없는 '현금 청산' 대상이 되어버린다. 전문 지식 없이 뛰어들었다가는 큰 낭패를 볼 수 있는 무서운 규정이다.

서울 도심복합개발의 황금기

2026년 부동산 시장의 거대한 전환과 투자 전략

도심 정비의 역사적 흐름과 패러다임의 변화

서울의 부동산 시장과 주거 정비 역사는 단순한 건물의 노후화 방지를 넘어, 현 시점의 정치적 지향점과 도시 철학이 격렬하게 충돌하며 만들어온 거대한 서사시와 같다. 과거 서울의 정비사업은 크게 재개발과 재건축이라는 두 가지 기둥으로 지탱되어 왔다. 하지만 시간이 흐르며 주택 공급 방식은 더욱 세분화되었고, 그 과정에서 탄생한 것이 바로 2003년의 뉴타운 사업이다.

당시 노무현 정부가 추진한 지역균형발전법은 전국적인 지방 분권을 목표로 했지만, 이를 서울 내부의 불균형 해소로 차용하여, 이명박

전 시장이 서울시 조례를 통해 뉴타운이라는 브랜드를 창조해냈다. 이 지점에서 우리는 정비사업의 주체가 조례냐 법령이냐에 따라 사업의 성격과 운명이 결정된다는 중요한 통찰을 얻게 된다.

뉴타운 사업은 초기에는 서울시만의 조례 사업으로 시작되었으나, 그 파급력이 국가적 차원으로 확대되면서 이후 '재정비 촉진지구'라는 특별법 형태의 법령 사업으로 진화했다. 은평 뉴타운이 도심 내 재개발이 아닌 도시개발 사업 방식으로 추진된 사례나, 한남과 흑석 등 2차 뉴타운들이 재정비 촉진지구로 전환된 역사는 정비 방식의 유연성이 사업의 성패를 가른다는 점을 시사한다.

이후 문재인 정부와 박원순 시장 시기에는 전면 철거 방식에 대한 반성으로 도시재생과 보존에 방점을 둔 '두꺼비 하우징' 등의 정책이 주를 이루었다. 하지만 이러한 보존 중심의 접근은 도심 내 신규 공급을 정체시켰고, 주거 환경의 근본적인 개선보다는 벽화 그리기와 같은 표면적 정비에 그쳤다는 비판을 받았다.

이러한 역사적 맥락 속에서 오세훈 시장은 귀환 이후 '신속통합기획(신통)'과 '모아타운'이라는 브랜드를 선보이며 다시 정비사업의 시계를 앞당기기 시작했다. 신속통합기획은 별도의 법 개정 없이도 서울시 내부의 운영 기준을 통합하여 인허가 절차를 획기적으로 줄인 모델이며, 모아타운은 소규모 필지를 묶어 대규모 단지화 효과를 노리는 전략적 접근이다. 그러나 진정한 '정비사업의 끝판왕'으로 불리는 모델은 바로, 2024년 제정된 도심복합개발 지원에 관한 법률과 2025년 12월 통과된 서울시 조례에 근거한 '민간 도심복합개발'이다.

2025년 10월 서울시 조례 통과와 민간 복합개발의 서막

2025년 10월 23일, 서울특별시의회 본회의를 통과한 '서울특별시 도심 복합개발 지원에 관한 조례안'은 서울 부동산 시장의 게임 체인저가 될 준비를 마쳤다. 이 조례의 핵심은 기존의 공공 주도 방식에서 벗어나 민간 전문기관인 신탁사와 (위탁)리츠가 주도하는 '민간 도심 복합사업'의 법적 근거를 서울시 차원에서 구체화했다는 점에 있다.

민간 도심복합개발은 주거와 업무, 상업 기능이 결합된 고밀복합 개발을 통해, 도심 내 가용 토지가 부족한 한계를 극복하고자 도입되었다. 기존의 재개발 방식으로는 사업성을 맞추기 어려웠던 역세권 노후 저층 주거지나 준공업 지역이 이 사업의 주요 타겟이다.

특히 이번 조례 통과 과정에서 가장 뜨거웠던 쟁점은 대상지 선정 기준과 면적 제한이었다. 초기에는 역 개찰구와의 거리 등 엄격한 기준이 논의되었으나, 최종적으로는 주민들의 사업 추진 의지를 존중하고 현실적인 개발이 가능하도록 면적 기준이 대폭 완화되었다.

주거중심형 도심복합개발의 경우, 구역 면적을 2만m^2에서 최대 6만m^2까지 설정할 수 있게 됨으로써 대규모 단지 조성을 통한 기반시설 확충과 사업성 확보라는 두 마리 토끼를 잡을 수 있게 되었다.

또한, 공동주택 단지 면적 기준을 기존 5,000m^2 이하에서 10,000m^2 이하로 늘려 중소 규모 부지도 도심 복합개발의 혜택을 받을 수 있도록 문턱을 낮추었다.

사업 유형	입지 요건	구역 면적 기준	공동주택 단지 면적
성장거점형	생활권 중심지, 간선도로(20m 이상) 인접 또는 결절지 500m 이내	5,000㎡ 이상	10,000㎡ 이하 (전체의 30% 이하)
주거중심형	역세권(과반 포함) 또는 공장비율 10% 미만 준공업지역	20,000㎡ ~ 60,000㎡	10,000㎡ 이하 (전체의 30% 이하)

위 표에서 알 수 있듯이, 성장거점형은 도심의 경제적 활력을 높이기 위해 용산역이나 왕십리역 같은 거점 지역을 타겟으로 하며, 주거중심형은 역세권 주변의 낡은 주거지를 현대적인 복합 공간으로 탈바꿈시키는 데 주력한다. 특히 성장거점형으로 지정될 경우 국토계획법상 '도시혁신구역(화이트존)'으로 지정되어 용도와 용적률의 제한이 거의 없는 파격적인 특례가 적용될 수 있다.

왜 민간 도심복합사업인가: 노후도와 동의율의 파격적 혜택

부동산 투자자와 실거주자들이 민간 도심복합사업에 주목해야 하는 가장 실질적인 이유는 기존 정비사업의 문법을 파괴하는 '파격적인 기준' 때문이다. 많은 이들이 빌라 투자를 망설이는 이유는 재개발 구역 지정까지의 험난한 과정과 높은 노후도 문턱 때문인데, 도심복합사업은 이 지점에서 압도적인 우위를 점한다.

일반적인 재개발 사업은 건축물의 노후도가 30년 이상 경과한 건물이 60% 이상이어야 추진이 가능하다. 그러나 민간 도심복합사업은 20년 이상 경과한 건축물이 60% 이상이면, 사업 구역 지정이 가능하다. 이는 2000년대 초반 서울 전역에 지어진, 필로티 구조의 신축 빌라들이 밀집한 지역도 이제는 당당히 재개발의 대상이 될 수 있음을 의미한다.

또한 주민 동의율 체계에서도 혁신적인 차이를 보인다. 재개발 사업이 조합 설립을 위해 75%의 높은 동의율을 요구하는 것과 달리, 민간 도심복합사업은 소유자의 3분의 2(약 66.6%) 동의만으로 사업 시행자 지정이 가능하다. 동의서를 걷어본 실무자들은 70%에서 75%로 넘어가는 마지막 5%의 과정이 얼마나 고통스러운지 잘 알고 있다. 이 사업은 그 고비를 획기적으로 낮춤으로써 사업 속도를 극대화할 수 있는 구조를 갖추고 있다.

정비사업 방식별 동의율 및 노후도 요건 비교

구분	일반 재개발	소규모 재개발	민간 도심복합사업
주민 동의율	75% (4분의 3)	75 % (면적 2/3)	66.6% (3분의 2)
노후도 기준	30년 이상 경과 60%	지역별 조례 준용	20년 이상 경과 60%
사업 방식	조합 방식 중심	조합 또는 신탁 방식	신탁업자 또는 위탁리츠

민간 도심복합사업은 25%의 동의만 있으면 사업 시행 예정자를

지정하여 입안 요청을 할 수 있어, 초기 추진력이 매우 강력하다. 이는 투자자 입장에서 구역 지정의 불확실성을 빠르게 해소할 수 있는 강력한 장점이 된다.

신탁사와 리츠: 전문 기관이 이끄는 정비사업의 현대화

민간 도심복합사업의 시행 주체는 주민들이 결성한 조합이 아니다. 대신 자본시장법상의 신탁업자나 부동산투자회사법상의 위탁관리 부동산투자회사(리츠)가 그 역할을 수행한다. 이는 비전문적인 조합 운영으로 인한 공사비 갈등, 사업 지연, 조합 내부 분쟁 등을 원천적으로 차단하기 위한 장치다.

신탁 방식의 메커니즘과 수익성

민간 복합개발에서 신탁사는 주민들로부터 시행권을 위임받아 자금을 조달하고 인허가 절차를 수행한다. 주민들은 자신의 자산을 신탁사에 맡기는 것에 거부감을 가질 수 있지만, 실질적으로는 시행권만을 일시적으로 부여하는 것이며, 관리처분 방식을 통해 자신의 권리를 온전히 보장받는다.

신탁사의 수수료는 법적으로 정해진 요율 범위 내에서 움직이며,

신탁사가 가져가는 것은 시행 마진이 아닌 업무 대행에 따른 보수다. 오히려 전문적인 협상력을 바탕으로 시공사와의 공사비 협상에서 우위를 점함으로써, 조합원들의 분담금을 낮추는 긍정적인 효과를 기대할 수 있다.

공공 주도 vs 민간 주도 기준일 차이점

공공 주도 도심복합사업(3080+)은, 2021년 6월 29일 국회 통과 다음 날인 6월 30일을 기점으로, 그 이후에 소유권 이전 등기를 마친 사람은 무조건 현금청산 대상으로 분류했다.

이는 시장에 엄청난 혼란을 야기했고, 소중한 전 재산을 털어 내 집마련을 한 서민들이 하루아침에 현물보상을 받지 못하는 사태를 낳기도 했다.

반면, 2025년부터 시행되는 민간 도심복합사업은 이러한 불합리함을 개선하여 도정법의 원칙을 따른다. 즉, 구역 지정 고시일이나 시장이 별도로 정한 날(기준일) 이전에 이미 존재하던 온전한 물건이라면, 기준일 이후에 매수하더라도 아파트 분양권을 받는 데 지장이 없다. 다만, 기준일 이후에 하나의 땅을 여러 개로 나누는 '지분 쪼개기'나 단독주택을 헐고 다세대 주택을 짓는 '신축 쪼개기' 행위는 엄격히 금지된다.

투자 시 유의해야 할 권리산정일 체크리스트

1. **지구 지정 가능성의 확인** : 해당 지역이 도심복합개발혁신지구로 지정될 수 있는지에 대한 요건을 검토해야 한다.

2. **신축 빌라의 경우**: 권리산정기준일 다음 날까지 소유권 보존 등기가 접수되었는지 확인해야 분양권을 보장받을 수 있다.

3. **지분 쪼개기 여부**: 한 필지의 토지가 여러 필지로 분할되었거나, 다가구가 다세대로 전환된 시점이 기준일 이후라면 투자해서는 안 된다.

역세권 활성화 사업과의 시너지와 지역별 수혜 분석

서울시가 추진하는 정비사업 중 가장 사업성이 좋다고 평가받는 4대 천왕은 '역세권 장기전세', '역세권 활성화', '소규모 재개발', 그리고 '민간 도심복합사업'이다. 이들은 모두 지하철역 인근의 고밀 개발을 지향한다는 공통점이 있으며, 최근 조례 개정을 통해 서로의 장점을 흡수하고 있다.

특히 역세권 활성화 사업은 역 승강장 경계로부터 350m까지 그 범위가 확대되었고, 환승역이나 도심 중심지의 역 주변은 더욱 넓은 인정 범위를 갖게 되었다. 민간 도심복합사업은 이러한 역세권 활성화 운영 기준과 맞물려, 역에서 개찰구 나오자마자 1m 이내 부지여야 한다는 초기 독소 조항을 넣지않고 500m 이내라는 넓은 반경을 확보했다.

2026년 하반기의 기회를 선점하라

서울특별시 도심 복합개발 지원에 관한 조례는 2026년 1월 5일 고시되어 시행되었으며, 서울시가 시행규칙과 운영 규정을 마련하는 2026년 하반기부터 본격적인 구역 지정이 시작될 예정이다. 정비사업의 시계는 생각보다 빠르게 돌아간다.

투자자는 지금부터 20년 노후도 요건을 충족하면서 역세권 500m 이내에 위치한 저평가된 빌라나 단독주택을 눈여겨보아야 한다. 특히 상가가 적고 단독주택 비중이 높아 주민 동의율 67%를 빠르게 확보할 수 있는 지역이 최우선 고려 대상이다. 과거의 재개발이 '30년의 기다림'이었다면, 민간 도심복합개발은 '20년의 혁신'이다.

부동산 시장에는 "공포에 사고 환희에 팔라"는 격언이 있지만, 정비사업에서는 "브랜드가 만들어지기 전에 사고, 확정될 때 보유하라"는 원칙이 더 유효하다. 신속통합기획과 모아타운이 시장의 관심을 휩쓸고 간 지금, 조용히 발톱을 드러내고 있는 민간 도심복합사업은 2026년 이후 서울 부동산 지형도를 바꾸는 가장 강력한 동력이 될 것이다. 전문가들이 '민복'이라 부르며 예의주시하고 있는 이 사업의 흐름을 놓치지 않는다면, 도심 속 진흙 속에 숨겨진 진주를 발견하는 기쁨을 누릴 수 있을 것이다.

서울 도심 재개발의 미래

용산 국제업무지구와 역세권 고밀 개발의 모든 것

새로운 시대의 서막: 왜 다시 재개발인가?

이제 현장의 이야기로 깊이 들어가보자. 주어진 지면의 한계로 인해 모든 현장을 다룰 수는 없으니, 말도 많고 호재도 않은 용산을 최우선으로 짚어보도록 하겠다.

대한민국 부동산 시장, 특히 서울의 정비사업 지형도가 2026년을 기점으로 완전히 재편되고 있다. 과거의 재개발이 단순히 낡은 집을 부수고 새 아파트를 올리는 수준이었다면, 지금 우리가 마주한 정비사업은 '도시의 기능을 어떻게 수직적으로 집약시키느냐'의 싸움이라고 할 수 있다. 특히 용산은 그 변화의 최전선에 서 있는 '정비사업의 백화점'과 같다.

일반적인 주택 재개발부터 도시정비형 재개발, 역세권 장기전세주택(Shift), 역세권 활성화 사업, 그리고 최근 가장 뜨거운 감자로 떠오른 민간 도심복합개발까지, 현존하는 거의 모든 정비 모델이 용산이라는 캔버스 위에 그려지고 있기 때문이다.

많은 분이 "지금 사도 늦지 않았을까?"라고 묻곤 한다. 하지만 유동성의 흐름을 보면 답은 명확하다. 현재 대한민국에는 매달 수십조 원, 연간으로 따지면 수백조 원에 가까운 돈이 풀리고 있다.

통화량(M2) 지표를 보면, 2025년 말 기준으로 사상 최고치를 경신하며 화폐 가치는 눈에 띄게 떨어지고 있다. 이런 상황에서 서울 도심, 특히 역세권의 토지는 단순한 부동산이 아니라 인플레이션을 방어하는 가장 강력한 '실물 자산'이 될 수밖에 없다.

우리는 흔히 재개발을 운에 맡기는 복권이라고 생각하기 쉽지만, 사실 재개발은 철저하게 법규와 숫자로 계산된 과학이다. 어떤 구역이 노후도 요건을 충족하는지, 역세권 활성화 사업의 대상이 되는 간선도로에 접해 있는지, 혹은 내가 매수한 빌라가 나중에 아파트 입주권이 아닌 현금 청산 대상인 '물딱지'가 되지는 않을지 분석하는 능력이 곧 수익률로 직결되는 시대가 온 것이다.

용산국제업무지구(YIBD):
10년의 기다림 끝에 닻을 올리다.

용산 재개발의 모든 길은 결국 '용산국제업무지구'로 통한다. 한강로3가 40-1 일대, 약 45만m^2의 부지는 대한민국을 넘어 아시아의 새로운 경제 허브로 거듭날 준비를 마쳤다. 2025년 11월 27일 기공식이 개최되며 10년 넘게 멈춰있던 엔진이 다시 돌기 시작했다.

물론 선거철 즈음하여 임대아파트 건립 등의 이슈가 있지만, 큰 틀에서 보면 유의미한 개발로 이어질 가능성이 높다.

입체적인 공간 설계 : 콤팩트 시티의 완성

용산국제업무지구는 단순한 오피스 단지가 아니다. 용산국제업무지구는 주거, 업무, 문화, 교육이 한곳에서 이루어지는 '콤팩트 시티'를 지향한다. 송도가 사원들의 업무지구라면, 평택은 공장, 용산은 헤드쿼터의 역할을 하게 될 것이다.

구체적으로는 세 개의 구역(Zone)으로 나뉘어 설계되었다.

1. **국제업무존 (A 구역)** : 글로벌 기업의 본사(헤드쿼터)를 유치하기 위한 초고층 빌딩들이 들어선다. 용도지역을 중심상업지역으로 상향하여 용적률을 최대 1,000% 이상까지 끌어올릴 계획이다.

2. 업무복합존 (B 구역) : 오피스와 오피스텔, 리테일 시설이 결합된 구역이다. 약 8만㎡ 부지에 고층부 스카이 트레일을 도입해, 시민들이 입체적인 전망을 즐길 수 있게 설계되었다.

3. 업무지원존 (C 구역) : 주거, 의료, 교육시설이 집중적으로 배치되어 비즈니스를 지원하는 역할을 수행한다.

주거 비중 확대와 국가 경쟁력 사이의 신중한 접근

최근 가장 뜨거운 논쟁거리는 '주거 물량을 얼마나 더 늘릴 것인가'에 대한 문제다. 진보와 보수의 의견이 다를 수 있는 부분이다. 임대 비율도 상당 부분 추가될 가능성이 높다. 하지만 임대계획이 늘수록 업무지구 주변의 용산 개발지역들의 몸값은 오히려 커질 것이다.

서울 도심의 주택 부족을 해결하기 위해 기존 1만 3천 호에서 공급 규모를 더 확대해야 한다는 목소리가 현재 높다. 하지만 서울시는 이에 대해 신중한 입장이다. 주거 위주로 개발할 경우, 뉴욕의 허드슨 야드나 도쿄의 아자부다이 힐즈처럼 전 세계 자본을 끌어들이는 경제 중심지로서의 가치가 훼손될 수 있다고 보고 있다. 2026년 상반기 중에 구체적인 토지 공급 계획이 확정되면, 이 지역의 주택 분양은 2027년 말부터 본격화될 것으로 예상된다.

용산의 현장 속으로:
전문가가 짚어주는 구역별 관전 포인트

용산을 단순히 "좋다"고만 말하는 것은 부족하다. 
진짜 전문가라면 각 구역이 가진 구체적인 숙제와 해결 방법을 알아야 한다. 그동안 나는, 용산을 13개 권역으로 나누어 현장 탐방을 진행하며, 그 이면의 생생한 이야기를 현장에 회원들에게 매달 들려준 적이 있으며, 이를 영상으로 담아 "재개발연구회 라이브스쿨"(큐알)에 담아놨다.

남영 2구역:
래미안 수페루스가 그리는 하이엔드의 기준

숙대입구역과 남영역 사이에 위치한 남영 2구역은 최근 삼성물산이 시공사로 선정되면서 용산에서 가장 주목받는 단지가 되었다. 6,600억 원이 넘는 공사비를 투입해 '래미안 수페루스'라는 이름의 명품 단지로 탄생할 예정이다.

삼성물산이 제안한 설계는 그야말로 파격적이다. 남산과 용산공원을 파노라마로 볼 수 있는 185m 길이의 스카이 브릿지를 세우고, 27가지의 다양한 평면을 제공해 입주민의 취향을 세심하게 배려했다. 특히 이 구역은 천주교 재단 등 대형 토지주들이 동의에 적극적으로 참여하면서 95%라는 경이로운 동의율로 조합을 설립했다. 이는 정비사업에서 토지 소유 구조가 사업 속도에 얼마나 결정적인 영향을 미치는지 보여주는 아주 좋은 사례다.

청파동과 원효로:
빌라 투자의 성지이자 주의가 필요한 지역

청파동 1가와 2구역 일대는 서울역과 맞닿아 있어 투자 수요가 끊이지 않는 곳이다. 최근 청파동 1가 46번지 일대가 역세권 도시정비형 재개발 구역으로 지정되면서, 741세대의 주거 복합 단지가 들어서기로 확정되었다.

하지만 그 주변 지역을 살펴볼 때는 주의해야 할 점이 있다. 소위 '지분 쪼개기'를 통해 빌라를 매도하려는 행위가 성행하고 있기 때문이다. 어떤 구역은 신속통합기획을 하겠다고 하고, 어떤 쪽은 모아타운이나 역세권 활성화를 추진하겠다며 주민들이 나뉘어 갈등을 빚는 현장도 있다. 전문가의 시각으로 보면 '역세권 활성화' 요건인 간선도로(폭 20m 이상) 접도 기준을 충족하지 못해 종상향이 불가능함에도, 마치 개발이 될 것처럼 홍보하는 사례가 많으니 각별히 유의해야 한다.

서빙고 신동아아파트와 지하차도의 법적 이슈

서빙고동의 랜드마크인 신동아아파트는 최고 49층 높이의 재건축 계획을 발표하며 한강변 핵심 단지로 떠올랐다. 그런데 이 아파트 주변의 노후된 단독 주거지인 정비사업 부지를 보면 아주 흥미로운 지점이 있다. 바로 서빙고역 근처의 '지하차도' 문제다.

겉보기에는 도로에 바로 붙어있는 땅처럼 보이지만, 실제로는 지하차도 위로 지나가기 때문에 법규상 '접도(도로에 붙어있음)'로 인정받지 못한다.

구청 담당자 역시 "물리적으로 붙어있는 것이 중요한 게 아니라, 그 도로를 통해 사람이 직접 건물을 이용할 수 있어야 접도"라고 강조한다. 이런 미세한 법리 해석 차이가 용적률 수백 퍼센트를 좌우하고, 결국 자산 가치를 결정짓게 된다.

청파1, 2 소규모 역세권 재개발

이 현장은 필자인 내가 현재 동의서를 걷고 사업을 추진하는 현장이다. 두 개 구역을 합하여 조합원이 100명이 안 되지만 용적률 상향으로 건립가구수가 500세대나 되는 사업성이 월등히 좋은 곳이다. 분양가 상한제 적용 지역이어서 일반분양가를 높게 잡을수 없지만, 그럼에도 불구하고 비례율이 120%에 달하는 사업성이 월등히 좋은 현장이다. 이에 조합원들의 분양가 역시 함께 낮아져 조합원들의 분담금도 낮은 곳이다. 숙대입구역 350미터 이내 지역이라 교통입지가 상당히 뛰어나다. 재개발·연구회 회원들과 함께 이런 지역을 함께 개발해 가는 것이 나의 꿈이다.

데이터로 분석하는 재개발의 과학

재개발 투자의 핵심은 치밀한 분석과 현장감이다. 재개발 투자는 단순히 발품만 팔아서는 성공하기 어렵다. 서울시가 제공하는 'S-Map(스마트 서울 맵)'과 같은 디지털 도구를 활용하면 훨씬 정교한 분석이 가능하다.

일조권 시뮬레이션의 중요성

재개발 지역에 학교가 있으면 흔히 "초품아"라며 그 지역을 선호하지만, 사실 정비계획 수립 단계에서 학교는 가장 까다로운 조건 중 하나다. 아파트 건물이 학교 교실이나 운동장에 그림자를 드리우면 안 되기 때문에, 학교의 위치가 구역의 남쪽이나 동쪽에 있으면 아파트 층수를 높게 올리는 데 제약이 생긴다.

이때 S-Map을 활용하면 계절별, 시간별로 해의 고도에 따른 그림자 길이를 시뮬레이션해볼 수 있다. 투자하려는 구역에 학교가 있다면, 과연 이 구역에서 몇 층까지 건물을 올릴 수 있는지, 용적률 손실은 없을지 미리 계산해볼 수 있다는 뜻이다. 막연한 기대보다는 데이터에 기반하여 사업성을 판단하는 것이 훨씬 더 가치 있는 통찰이다.

바람길과 조망권 분석

또한, S-Map은 도시의 바람길까지 계산해준다. 고층 빌딩이 들어섰을 때 주변 열섬 현상을 어떻게 완화할지, 한강 조망권이 어느 세대까지 확보될지도 3D 시뮬레이션으로 확인할 수 있다. 서울시는 이미 공공건축물 설계 공모 심의에서 이 S-Map을 전면 활용하고 있다. 이제는 일반 투자자들도 공무원과 대등한 정보를 바탕으로 의사결정을 할 수 있는 시대가 되었다. 마음만 먹으면 재개발이 가능할지 아닐지를 책상에 앉아 분석이 가능한 시대다. 물론 현장점검은 필수다.

이 밖에도 노후도 체크, 조합원의 수 등을 가늠할 수 있는 프롭테크들이 상당히 많이 출시되고 있다. 부디 꾸준히 학습해 재개발 노하우를 배워, 꾸준한 수익률을 창출하는 투자자가 되시길 바라며 챕터를 마무리한다.

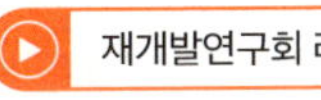

심형석
HOME BUYING TRENDS 2026

규제의 명암, 시장의 논리.
이재명 정부 부동산 정책 실험을 해부하다

2026년 주목해야 할 부동산 규제는 무엇일까?

정부 당국자의 이야기처럼 2026년에도 부동산 규제는 계속될 것 같다. 얼마나 있을지 모르겠지만 취임 100일 기자회견에서 대통령은 아직 주머니에 규제 카드가 많다고 했다. 공급대책을 발표한다고 이야기한지 꽤 많은 시간이 지났지만 거기에 대한 이야기는 2025년에는 나오지 않았다.

부동산시장의 가격은 수요와 공급에 의해 대부분이 결정된다. 정부의 규제는 일시적으로 시장을 멈추게 할 수는 있지만 지속성이 떨어진다. 특히 3번째 겪는 좌파 정부의 부동산 정책은 이미 부동산 시장에 모든 카드를 펼쳐 보인지 오래되었다. 노무현 정부 시즌2에서 이제는 문재인 정부 시즌2로 명칭만 바뀌었을 뿐이다. 시장의 집단지성은 명청하지 않다. 어떤 규제도 시장을 이길수는 없다. 하지만 우리가 규제에 주목해야 하는 이유는, 규제가 또 다른 기회를 제공해주기 때문이다.

규제는 단순히 개인에게 부담을 주는 제도만은 아니다. 새로운 기회와 도약의 발판을 제공해주는 역할도 한다. 또한, 주택 수요자들이 정책이나 제도에 신속하게 대응하고 리스크를 관리할 수 있는 정보를 제공한다. 입법 동향을 모니터링하면, 변화하는 규제환경에서 자산축적의 기회를 만들 수 있다. 우리가 2026년에도 부동산 규제에 주목해야 하는 이유이다.

먼저 나무를 보자. 정권 출범부터 대출과 거래를 막은 3번의 부동산대책으로 내집마련의 난이도는 꽤 높아졌지만, 2026년에도 추가되는 규제는 이미 정해져 있다.

2026년 1월부터 주택 매매계약 신고관리가 강화됐다

공인중개사가 매매계약을 실거래 신고할 때 계약서와 함께 계약금 입금 증빙자료 제출이 의무화된다. 그동안은 신고할 때 증빙자료 요구가 없었으나, 자전거래나 실거래가 왜곡이 발생한다는 문제가 현장에서 제기되어 왔다. 확대 해석이라는 의견이 많지만 이에 대한 조치라고 보여진다.

자금조달계획서도 대폭 손질되어 세분화된다

대출 유형을 구분해 금융회사 명을 직접 기입하도록 해 자금의 출처를 더욱 명확히 했다. 부동산 처분대금, 주식채권 등 자기자금의 명세도 세분화된다. 임대보증금도 취득주택과 그 외 주택으로 나눠 표시한다. 투기과열지구에서만 적용되던 자금조달계획서와 증빙서류 제출 의무가 토지거래허가구역 내 주택거래에서도 적용된다. 기준이 한 단계 넓어진 셈이다. 부동산감독원(가칭) 설립이 추진되면서 관련 규제는 더욱 시장의 관심을 끈다.

금융회사의 주택담보대출(주담대) 관리도 강화된다

주담대 위험가중치 하한을 15%에서 20%로 높이는 조치가 2026년 1월로 조기화 되었다. 금융회사는 주담대의 위험을 반영해 자본을 더 많이 적립하게 되어 대출여력이 줄어든다. 이로 인해 주담대가 27조 원가량이 감소하는 효과가 있을 것이라고 한다. 주택담보대출에 대한 간접 규제이지만 주택수요자들이 돈을 빌리는데 어려움이 예상된다.

다행스럽게도 외국인 주택 거래에 대한 관리는 더욱 강화된다

2026년 2월 10일 이후 체결되는 계약부터는 2년 실거주 요건뿐 아니라 체류자격과 국내 주소 보유여부, 183일 이상의 거소(居所) 여부도 자금조달계획서와 관련 입증서류를 함께 제출해야 한다. 유의해야 할 점은 외국인 토지거래허가구역의 경우 국내 토허제와는 다르게 서울과 경기, 인천 등 수도권의 대부분 지역이 포함되어 있다. 그리고 허가 대상 용도도 국내 토허제가 대부분 아파트에만 적용되는 것과는 다르게 연립주택, 단독, 다가구, 다세대 주택 모두 포함된다.

세금 분야에서는 비수도권 준공 후 미분양 주택 취득 시 적용되는 양도세·종부세 완화 특례가 1년 더 연장된다

착한 임대인 세액공제와 농어촌주택 양도세 특례·개발제한구역 양도세 감면 역시 기한이 연장된다. 다만 조정대상지역 내 다주택자 양도소득세 중과 배제는 2026년 5월9일까지로 한시 적용돼, 향후 부동산 가격 안정 여부에 따라 추가 연장 여부가 결정될 전망이다. 현재 주택시장에는 매물부족 문제가 최대의 관심사이다. 양도소득세 중과 배제를 1년 연장하면서 보유세 증세 로드맵을 제시한다면 시중에 매물이 나올 수 있지 않을까 생각된다. 대통령의 신년 기자회견으로 연장의 가능성은 더욱 낮아졌다.

전체적으로는 규제 강화가 더 많은 듯하다. 규제 완화가 연장되는 경우도 있으나 이는 실효성에서 의문을 가지는 정책들이다. 대표적인 것이 지방 준공 후 미분양 주택인데 1주택자에게만 혜택이 있는 현재의 1주택 특례로는 지방 주택시장을 되살리기에 어려움이 예상된다. 따라서 2026년에도 현재의 규제가 그대로 유지되며, 오히려 규제가 강화될 가능성도 있다고 생각하고 내집마련에 나서는 것이 좋겠다. 나무와 함께 봐야 할 숲을 고려한다면 더욱 그렇다.

대출규제는 2026년에도 계속될 가능성이 크다. 대출규제의 핵심은 스트레스DSR인데 여기에 포함되지 않은 대출규제가 여전히 존재한다. 전세대출, 정책대출 그리고 중도금대출이다. 이미 1주택자에 대한 전세대출은 2025년 10·15대책에서 DSR에 포함시킨 바 있다. 정책대출과 중도금대출이 남았는데 순차적으로 포함될 것으로 예상된다. 정책대출과 중도금대출을 한꺼번에 DSR에 포함시키면 서민들의 내집마련은 더욱 힘들어질 것이다. 정책금융과 청약은 서민들의 내집마련에 가장 큰 힘이 되기 때문이다. 하지만 계속 집값이 오른다면 이를 외면하기는 어려울 듯하다.

정부 대출규제의 유형과 방법	
유형	**방법**
전세 대출	DSR 포함(1주택, 이자 à 전면 시행)
정책 대출	한도 축소 à DSR 포함
중도금 대출	DSR 포함
DSR 한도 규제	주담대 스트레스 금리 상향(1.5% à 3%)
주담대 총량 규제	주담대 위험가중치 상향 조기 실시(26년 4월 à 26년 1월)
대출금액 한도 규제	6억 원
주택가액 한도 규제	15억 원á=6억 원, 15~25억 원=4억 원, 25억 원á=2억 원

공급대책과 맞물리면서 조금 특이한 대출 규제가 나올 가능성도 있겠다. 이를테면 공공주택은 스트레스DSR의 예외사항으로 인정하는 경우 등이다. 또다시 편가르기를 하는 규제이며 민간 주택개발사업에 부정적인 영향을 주겠지만 실효성 없는 공급대책을 계속 발표하다 보면 대출(금융)과 연계한 이런 상품을 만들 수밖에 없지 않을까 생각한다. 이런 대책이 나온다면 대출이 안되거나 줄어드는 사람은 공공

주택을 기다려야 한다. 수요가 잠기는 효과가 자연스럽게 생길 것이다. 안타깝게도 공공주택이 민간과 비교해 가격 상승의 가능성이 크지 않다면 문재인정부 때와 유사하게 벼락 거지를 양산하게 될 수도 있을 것이다.

대출금액에 대한 추가적인 규제는 당분간은 나올 가능성은 적다고 보여 진다. 이미 대출이 많이 줄어 주택수요자들의 불만이 큰 상태에서 6억 원의 금액 한도를 줄이기는 쉽지 않다. 물론 이 또한 현재의 주택시장을 고려한 판단이다. 계속 집값이 오르면 6억 원의 금액 한도마저 낮아질 가능성은 충분하다. 다만 2026년 6월 3일로 예정된 지방선거로 인해, 극단적인 부동산 규제를 활용하고 있는 현 정부도 추가적인 규제를 사용할 때 조심할 것으로 판단된다. 즉, 선거에 영향을 끼칠 부정적인 규제는 2026년 상반기에는 선보이지 않을 것으로 생각된다.

2026년에도 규제지역 확대는 계속될 것으로 판단된다. 2026년 3월 분구가 예정되어 있는 화성시가 가장 먼저 규제 대상의 물망에 오를 것으로 우려된다. 철도교통 호재와 일자리가 늘어나는 곳들을 중심으로 규제지역은 확대될 것이다. 동탄역, 구리역, 기흥역, 안양역이 먼저 규제지역 확대의 대상이 될 것이다. 향후 경기도의 대부분 지역이 규제로 묶이게 될 것이며 마지막 규제지역 확대는 인천과 지방 광역시 핵심지역이 될 것이다. 2025년 한해 동안 주택가격 상승률이 0%대였던 지역들도 현재 규제지역으로 지정되어 있으니 지방이라고 안심할 수는 없다. 다만 과거와 다르게 규제지역 3종 세트(조정대상지역, 투기과열지구, 토지거래허가구역)가 한꺼번에 지정될 수 있음에 유의해야 한다.

이렇게 규제가 계속될 것이란 걱정이 주택 수요자들 사이에서는 널리 퍼져 있다. 규제를 피하는 것이 불가능하다면 규제가 발표되기 전에 내집마련에 나서려고 할 것이다. 이는 미래 수요마저 당겨서 주택수요를 더욱 늘릴 것으로 예상된다. 서울에만 결혼과 이혼으로 인한 신규 주택 수요자가 5만 명이 넘는데 2026년부터 아파트 입주는 1만 세대로 줄어든다. 기존의 주택수요도 충족이 안되는데 미래의 주택수요까지 앞으로 당기면 서울 주택시장은 더욱 과열로 치닫지 않을까 우려된다.

연도별 서울 결혼·이혼 건수(단위: 건)

구분	2020년	2021년	2022년	2023년	2024년
결혼	44,746	37,012	35,752	36,324	42,471
이혼	16,282	14,967	13,174	12,397	12,154

출처: 국가데이터처(2025년 말)

직접적인 세금규제는 2026년에도 지방선거로 인해 시행하기 어려울 것이다. 매년 7월 발표되는 종합적인 세제개편안에 부동산 부문을 포함하는 것이 적절해 보인다. 공시가 현실화와 공정시장 가액비율을 조정한 증세가 예상된다. "세금으로 집값 잡지 않겠다."를 믿는 주택수요자는 아무도 없을 것이다. 다만 어떤 방식으로 세금규제가 도입될지를 면밀히 검토하는 것이 좋겠다. 양도세는 안 팔면 그만이지만 재산세(종합부동산세) 부담을 고려해야 하기 때문이다.

2026년에도 부동산규제는 계속될 것으로 예상된다. 하지만 외부 변수 등을 생각한다면 더욱 세심한 대비가 필요하다. 5월 9일까지 연장되어 있는 양도세 중과 배제, 6·3지방선거 등을 일차적으로 고려해야 한다. 규제지역 3종 세트가 서울 외곽과 경기도까지 적용되었기 때문에 세입자가 있는 매물을 판다는 것은 불가능하지만, 그래도 내년 초에 아파트를 팔 수 있고 팔아야 하는 매도자들이 늘어날 수는 있다. 매물이 없어 고민하고 있는 주택 수요자들이 의외로 많다. 2026년 내집마련을 준비중인 주택 수요자들은 양도세 중과로 인해 펼쳐질 마지막 바겐세일을 맞을 준비를 해야 할 것이다. 숲과 나무를 함께 보는 지혜가 더욱 필요한 시점이다.

이재명 정부 부동산 정책, 왜 이리 다급한가?

집권한 지 2년차에 접어들었지만 이재명 정부의 굵직한 부동산정책은 이미 3번이나 나왔다. 문재인정부 또한 집권하자마자 부동산시장을 잠재우겠다는 의도로 6·19대책, 8·2대책, 9·13대책, 12·16대책까지 줄줄이 해결책으로 발표했다. 고강도 규제는 시장을 한동안 위축되게 만들었지만 결과적으로는 효과가 없었다. 이재명 정부의 부동산 정책은 더욱 과격한 특징을 가진다. 규제는 핀셋으로 해야 효과적이고 부작용이 없는데 10·15부동산 대책은 너무 넓은 면적을 규제지역으로 지정했다.

대출규제도 마찬가지이다. 6억 원 이상은 대출해주지 않는다는 6·27대책은 주택 수요자들을 너무 일률적으로 판단하는 오류를 범했다. 내가 가진 자금에 따라 다양한 계획을 세우는 주택 수요자들을 하나의 범주에 넣고 재단한다는 느낌을 지울 수 없다. 국민소득이 3만5천 달러 수준의 주택 수요자들을 1만 달러 수준으로 판단하고 정책을 펼치고 있다. 6억 원이라는 금액이 나온 근거도 희박하지만 10·15부동산 대책으로 투기과열지구로 지정된 곳은 LTV가 40%로 줄면서 소득만 있고 자산이 부족한 매수자들은 더 이상의 대출이 불가능하게 되었다. DSR로 규제한다고 해놓고는 LTV가 선행되는 모순을 낳고 있다. 새롭게 발표되는 부동산정책은 기존의 정책들을 모두 부정하고 있다.

우선, 부부 합산 소득이 많은 가구들이 일차적으로 피해를 입게 된다. 현재 보유 자산이 부족하지만 미래 소득의 현금 흐름이 좋아질 것으로 기대되는 가구들이 원하는 지역은 마포구, 성동구와 같은 강남 다음의 주거선호지역이다. 아파트 단지에 따라 가격대가 다르지만 이들은 현재의 소득을 기준으로 대출을 받으면 충분히 원하는 지역의 아파트를 매입할 수 있다. 하지만 대출규제가 주택가액이 아니라 대출금액의 상한선을 설정하는 바람에 소득이 많아도 대출이 나오지 않아 당분간 희망하는 지역을 포기할 수밖에 없게 되었다.

이들의 포기가 안타까운 점은 아무리 연봉이 높아도 소득을 모아서 집을 살 수 없기 때문이다. 소득이 많이 늘어나는 고 연봉자들도 자산가격이 늘어나는 속도를 따라잡기는 힘들다. 현재와 같이 통화량이 엄청나게 늘어나는 상황에서 아파트와 같은 실물자산의 상승 속도는 통화량 증가를 상쇄할 수 있을 만큼 많이 오른다. 여기에 더해

환율마저 지금의 속도로 오른다면 실물자산의 가격 상승을 소득이 따라잡기는 거의 불가능하다.

더 큰 피해는 무주택자들이다. 6억 원을 빌리면 수도권 어지간한 지역에서는 주택을 구입할 수 있지만 무주택자들의 대부분은 소득이 적기 때문에 DSR(총부채원리금상환비율)에 걸린다. 6억 원이 아니라 그 반 밖에 안되는 금액도 빌리지 못하는 소득이 적은 무주택자들이 많다. 심지어 정책대출마저 20% 줄어든 상황에서 이들은 주택 매입을 포기할 수밖에 없다. 이재명 정부의 부동산 정책은 실수요자, 투자자를 가리지 않고 규제한다는 점에서 내집마련을 원하는 주택 실 수요자들에게는 치명적이다. 다주택자들에게 써야 하는 규제를 무주택, 1주택의 실수요자들에게도 적용하고 있기 때문이다.

주택수요자를 실수요자, 투자자, 투기자로 구분한다는 것은 어렵다. 이런 단어들은 대부분 정치적인 의도가 들어가 있는 용어이다. 하지만 무주택자가 집을 사거나, 1주택자가 필요에 의해 집을 옮기는 수요는 논란의 여지가 없는 실수요이다. 이런 주택 수요자들마저 어렵게 만든 3번의 대책은 공공의 횡포에 가깝다. 사다리 끊기에서 사다리 걸어차기로 옮겨가고 있는 강압적인 부동산 대책은 헌법에 보장된 주거이전의 자유와 내 집을 마련하고 싶은 주거권을 심각하게 침해하고 있다.

이전 좌파 정부에서는 주택시장을 규제하더라도 순차적으로 진행했다. 하지만 이번 정부는 왜 이렇게 빠른 시간내에 과격한 정책을 사용하는지 이해하기 어렵다. 규제는 최소화해야 한다는 경제학의 기본 논리와 싸우는 중이다. 규제는 되도록 사용하지 않아야 하지만 만약 사용해야 한다면 특정 지역과 특정 계층 부문에만 한정해야 한다. 이 러한 규제의 방식을 핀셋규제라고 한다.

핀셋(Pincette)은 가장 정밀하고 작은 물건이다. 규제는 이렇게 전체 가 아닌 특정부문을 정밀하게 겨냥해야 한다. 주택가격이 불안정하다 면 특정 지역과 특정 계층에만 적용될 수 있는 규제를 사용해야 한다. 그것이 시장의 불안을 해소할 수 있고 부작용도 최소화하는 방법이 다. 실제로 2020년11월 넓은 면적의 규제지역 지정의 부작용이 커지 자 당시 민주당은 규제지역은 시·군·구 단위뿐 아니라 읍·면·동 단위 까지 '핀셋지정' 할 수 있도록 주택법을 개정한 사실이 있었다.

핀셋규제의 성공 사례로는 서울시의 토지거래허가제(토허제)를 들 수 있다. 2025년 3월 19일 이후 구 단위로 토지거래허가구역을 지정 하는 방식이 당연 시 되었지만 원래 토허제는 동 단위, 또는 구역 단 위로 지정해왔다. 이렇게 지정방식을 핀셋화 했어도 주택시장에 미치 는 영향은 크게 차이가 없었다. 물론 주택시장이라는 살아있는 생물 이 규제의 영향을 받는 기간 또한 짧아졌다. 빠르면 한달, 길면 6개월 이 그 유효기간이다. 따라서 이런 규제가 발표되더라도 주택시장의 가 격을 장기간 안정적으로 만들 수는 없다. 하지만 주택시장을 더 이상 왜곡시키지 않고 시장의 선순환 구조로 돌아가게 만드는 가장 좋은 방법은 최소한의 규제가 될 것이다.

과격한 부동산대책이 주택시장에 가장 크게 부정적인 영향을 미 치는 것은 '매물의 감소'이다. 주택시장의 매물은 신규매물과 기존주택의 매물로 나눠진다. 신규매물은 이미 2028년까지는 추가적인 공급이 불가능한 상황으로 확정되어 있다. 2026년 이후로 서울에 입주하는 신규 아파트는 매년 1만 가구 이하로 떨어진다. 1천 세대의 아파트를 선호하는 우리나라 주택수요자들로 인해 당분간 입주물량이 늘어나는 것은 어렵게 되었다. 왜냐하면 인허가에서 입주까지는 최소 5년 이상이 필요하기 때문이다.

하지만 더 큰 문제는 기존주택의 매물이다

2025년 초 서울 아파트의 매매매물은 9만2천건에 달했다. 2025년 3월 토허제가 확대 재지정되면서부터 감소하기 시작한 아파트 매물은 2025년 12월 말 현재 57,612건에 불과하다. 연초 대비로는 37.3%가 줄었다. 국토교통부가 토허제를 확대 지정한 10월15일 이후에만 1만6천 건이 넘는 매물이 사라졌다. 무려 22.2%나 감소한 수치이다. 부동산 규제가 발효될 때마다 엄청난 매물이 줄어들면서 주택시장에는 거래가능한 매물이 갈수록 없어지고 있다. 주택수요도 줄지만 주택공급이 더 빠르게 줄고 있어 주택시장은 가격이 오르게 된다.

서울 아파트 매매매물 감소 추이

일자	2월 22일	3월 24일	10월 15일	12월 31일
매물 수	91,952건	90,016건	74,044건	57,612건
비고	연 최다 매물일자	토허제 확대 재지정 발효	10·15대책	

출처 : 아실(2025년 12월 말)

정부의 규제로 인해 거래가능한 아파트가 급격히 줄어들고 있다. 정부 입장에서는 주택수요가 집중되는 가장 매력적인 상품을 규제하고 싶을 것이다. 아파트의 가격만 떨어뜨리면 나머지 주택유형(연립·다세대, 다가구, 단독주택)은 자연스럽게 안정화될 것으로 기대된다. 물론 주택 수요가 풍부하고 공급 또한 한정된 상품이기 때문에 규제하는 것이지 수요가 없고 공급도 언제든지 늘릴 수 있는 상품은 규제할 이유가 없다.

사람의 심리란 묘해서 언제든지 살 수 있는 물건이 널려 있는 경우 오히려 사고자 하는 욕구는 줄어든다. 하지만 사는 것을 어렵게 만들거나 능력이 없어 살 수 없는 경우에는 왠지 그 물건이 매력적으로 보인다. 희소성의 원칙이 적용되는 것이다. 인간의 욕망은 무한하나 이를 충족시켜 줄 재화나 용역은 항상 부족하기 때문에 인간의 가장 근원적인 욕구인 결핍을 자극하면 투자자들은 강하게 반응한다. 희소하다고 생각하면 더 가치 있다고 여기는 경향이 있어 시장의 가격은 오르게 된다.

이재명 정부는 단기간에 성과를 내고 싶었을 수도 있다. 지지층을 대상으로 열심히 하는 모습을 보여주고 싶었을 것이다. 집권 초기의 정부가 생각할 수 있는 당연한 결과라고 판단된다. 하지만 여당 국회의원들까지도 등을 돌리게 만들 정도의 과격한 부동산대책은 시장에서 작동하지도 않고, 시장의 신뢰를 회복하기도 어렵다. 10·15부동산대책이 발표된 지 채 한 달도 안되어 서울 핵심지역을 중심으로 아파트 매매가격 상승폭이 확대되고 있다는 사실이 그 방증이다. 심지어 공급대책(9.7부동산대책)이 발표되자마자 시장의 수요가 다시 몰린 것은 설명하기 어려울 정도로 빠른 시장의 반격이다.

과격한 정책의 끝은 좋지 않을 가능성이 크다. 주택시장은 조절과 관리를 하는 대상이지 감독과 통제를 하는 대상은 아니다. 감독과 통제가 지나칠 때 시장은 필히 반격을 하게 된다. 문재인정부 내내 이뤄진 부동산 수요억제 정책은 2021년 주택 가격 폭등으로 돌아왔다. 당시에는 그래도 가용할 수 있는 정책 수단이라도 남아있었다. 이렇게 넓은 지역을 한꺼번에 묶는 부동산대책을 사용한 이후 이재명 정부는 어떤 대책을 추가로 쓸 수 있을지 벌써부터 의문이다.

부동산 규제는
어떻게 주택시장을 왜곡시킬까?

가격이 오르니 부동산 규제를 하는 것은 선후가 잘못된 인식이다. 부동산을 규제하니 가격이 오르는 것이 맞다. 경제학 교과서에 나오는 이야기로 이미 증명된 사실이다. 경제학에서 규제는 시장의 실패를 방지하거나 사회적 목표를 달성하기 위해 정부가 직접적으로 개입하는 거라고 인식한다. 하지만 규제는 시장의 기능을 왜곡하거나 비효율적인 자원 배분을 초래할 수 있어 이제는 간접적, 사후적 규제로 전환해야 한다는 이론이 힘을 얻고 있다. 10·15부동산 대책은 직접적이다 못해 극단적이기까지 하다. 정부는 경제학의 기본원리와 싸우는 중이다.

정부가 시장에 직접적으로 개입해서 부동산 규제를 하는 경우 가장 큰 문제는 주택시장을 왜곡시킨다는 점이다. 주택시장은 수요와 공급의 논리에 의해 움직이는 것이 정상이다. 수급의 균형이 무너지면 가격이 오르고, 공급이 늘면 가격은 하향 안정화된다. 여기에 정부의 잘못된 정책이 개입하게 되면 올라야 할 지역이 멈추거나, 그만 올라야 할 지역이 계속 오르는 부작용이 발생한다. 심지어 대지지분이 낮은 주상복합과 같은 아파트가, 전세를 끼고 거래할 수 있어 인기가 있다. 부동산 투자의 정석으로 따지고 보면 정상적인 가격은 아닐 것이다. 현재 서울의 주택시장은 규제로 인해 가격 왜곡 현상이 벌어지고 있다.

주택시장의 왜곡은 3가지 방향으로 이루어진다

첫번째는 주택가격 상승기가 길어지게 된다. 주택과 같은 자산의 가격은 순환성과 주기성을 갖는다. 상승기가 있고 하락기가 있으며 이런 주기가 순환되면서 계속 반복된다. 정부가 주택시장에 잘못 개입하게 되면 이 주기가 길어지거나 단축된다. 2013년 8월부터 시작된 주택시장의 상승기는 현재까지도 이어지는 중이다. 2022년과 2023년 급격한 금리 인상으로 인해 짧은 조정기가 왔지만 국내 주택시장의 역사상 가장 긴 상승기는 계속되고 있다. 왜 이렇게 상승기가 길어졌을까? 그건 정부의 규제 때문이다.

시기	대세 상승기	조정기	재 상승기	하락기
2000년대	2000~2003년	2004~2005년	2005~2008년	2008~2013년
현재	2013~2018년	2019~2020년	2021~2035년 (2022~23년) 추가 조정기	2036~20**년

　국내 주택시장은 공급이 많거나 금융위기가 오지 않는 한 본격적인 하락기를 겪었던 적은 없었다. 이번의 상승기 또한 블랙스완(Black Swan)과 같은 예기치 못한 경제위기가 온다면 하락기로 접어들겠지만, 그렇지 않다면 현재의 주택가격은 입주하는 아파트가 많이 늘어나지 않는 한 떨어질 가능성은 낮다. 당분간 3기 신도시를 제외하면 공급이 늘어나기 어렵다. 물론 3기 신도시 또한 서울 주택수요를 분산할 수 있을 지는 또 다른 문제이다. 지금의 상승세는 최소 2035년까지 길어질 것이다. 이렇게 상승기가 길어질 수밖에 없는 이유는 전임 서울시장이 정비구역을 지정하는 것은 고사하고 재개발·재건축 구역 389곳을 해제했기 때문이다. 예정 세대 수만 43만가구가 넘는다. 공급부족의 문제가 극명하게 드러나게 된 것이 2026년부터이니 전임시장 재임기간을 고려하면 향후 10년은 공급이 없을 가능성이 크다.

　두번째는 강남 위주의 상승세가 계속될 것이란 점이다. 정부의 규제가 없다면 강남이 오르면 자연스럽게 서울의 나머지 지역들이 순차적으로 오른다. 이후에는 경기와 지방까지도 오르게 된다. 미국의 사회학자인 버제스(E.W.Burgess)의 동심원이론에 가깝다. "동심원이론"은

성장하는 도시에선 시민들이 사회계층에 따라 공간적으로 분화해 동심원이 형성된다는 이론이다. 중심업무지구부터 외곽지역까지 5개 지대로 지역구조가 형성된다. 가격 또한 동심원처럼 퍼지게 될 것이다.

하지만 정부의 강력한 규제가 지금과 같이 수도권의 광범위한 지역에서 이루어지면 서울 외곽은 오르기 힘들게 된다. 서울 외곽과 강남지역이 동일한 규제를 적용 받고 있는데 서울 외곽으로 주택 수요자들이 이동하지는 않기 때문이다. 이동하더라도 제한적일 수밖에 없다. 동일한 규제라면 서울 외곽보다는 강남이 더 매력적으로 보인다. 물론 자본력이 가능한 주택 수요자들의 이야기이다. 더 큰 문제는 대출규제이다. 돈 있는 사람만 집을 사라는 정부의 부동산 대책은 자금력이 떨어지는 주택 수요자들이 많이 찾는 서울 외곽을 더욱 힘들게 할 수 있다. 외곽 지역의 주택 수요자들은 몇 천만 원이 없으면 현실적으로 집을 살수가 없다. 20%나 줄어든 정책대출은 치명적이다.

정부의 부동산 대책의 목표는 강남 등 가격이 많이 오르는 지역의 주택시장을 안정시키는 것이다. 사실 2025년 말 기준으로, 서울의 연간 상승률은 8.7%이며 송파구는 무려 21%이다. 하지만 서울 안에서도 아파트 매매가격 상승률이 물가상승률(2.1%)에도 미치지 못하는 기초 지자체(區)만 5개나 된다. 이런 지역들은 아파트 매매가격이 오르기는 고사하고 오히려 떨어졌다고 보는 것이 맞다.

2025년 서울 기초 지자체 아파트 매매가격 상승률 하위지역

구분	노원구	금천구	강북구	도봉구	중랑구
상승률	2.04%	1.23%	0.99%	0.89%	0.79%

출처 : 한국부동산원(2025년 12월 29일 현재)

자금의 여유가 있는 강남 등 주거선호지역은 하락의 기미가 없는 반면 오히려 서울 외곽이 어려움을 겪게 된다. 규제의 목표는 명확했지만 그 실현 가능성은 갈수록 떨어지게 된다. 궁극적으로 시장에서는 정부의 정책을 불신하게 된다. 향후 어떠한 정부의 정책이 나오더라도 정부를 믿고 합리적인 의사결정을 하기는 힘들 것으로 보인다. 우리 주택시장에서 주기적으로 패닉 바잉(panic buying)이 나오는 이유이다. 신뢰 없는 정부의 부동산 대책은 안 그래도 불안한 주택 수요자들을 한 쪽으로 몰아 가고 있다.

주택시장 왜곡의 가장 큰 마지막 문제점은 서민들의 주거부담을 가중시킨다는 점이다. 부동산 규제는 주택시장에 매물을 줄이는 동결효과(lock-in effect)와 함께 집주인에게 부여된 부담을 세입자에게 돌아가게 만드는 전이효과(pass-through effect)를 발생시킨다. 규제지역 3종 세트(투기과열지구, 조정대상지역, 토지거래허가구역)가 서울 전역에 적용되면서 2025년 10월 15일 이후 아파트 매물이 가장 많이 줄어든 지역은 서울이다. 부동산 정보업체 아실에 의하면 11월 5일 현재 서울의 아파트 매매 매물은, 부동산 대책이 발표된 10월 15일과 비교하면 무려 1만 1천 건이 넘게 줄어들었다. 한 달도 안되어 15%에 가까운 매물이 사라진 것이다. 두 번째로 많이 줄어든 지역 또한 12개 지역이 3종 규제 지역으로 묶인 경기도이다. 단기간에 5.0%가 줄었다.

대출을 활용하지 못해 내집마련이 어려워진 주택 수요자들은 전월세시장에 머무를 수밖에 없다. 임대차수요가 늘어나면서 전월세가격은 벌써부터 불안해지고 있다. 전세가 빠르게 월세로 전환되면서 언뜻 전세가격은 안정되어 있는 것처럼 보이지만 월세가격에 전가되면서 자산축적은 갈수록 어려워질 것이다. 정부의 전세시장에 집중된 규제들로 인해 월세시장은 커져만 간다. 단기적으로 매매가격이 안정되어 보이지만 매매수요가 전월세수요로 이전되면서 서민들의 부담은 더 커질 것이다. 전세시장을 없애고 싶은 정부는 서민들을 월세시장으로 내몰고 있는 것은 아닌지 걱정된다.

주택시장을 안정적으로 관리하고 싶은 정부의 의도는 좋은 것이라 믿고 싶다. 하지만 그 방법을 적용하며, 경제학의 기본조차도 지키지 않고 있다. 그러니 정책은 시장에서 작동하지 않고 정부의 신뢰는 나락으로 떨어지는 것이다. 정부의 규제가 강하면 강할수록 주택시장은 더 크게 왜곡될 것이다. 이로 인해 느끼는 피해는 오로지 무주택 서민들의 몫이다. 지옥으로 가는 길은 선의로 포장되어 있다. 더 이상 주택시장을 왜곡하지 않았으면 한다.

실거주 요구,
주택시장 불안의 주범

실거주 의무 규제는 2021년 2월 수도권 분양가상한제 적용주택을 대상으로 처음 도입되었다. 거주 의무기간이 있는 주택을 분양 받으면 당첨자가 실제로 그 집에 들어가서 살아야 한다는 것이다. 수도권에서 건설, 공급되는 분양가상한제 주택은 모두 적용되었으며 공공택지의 경우 분양가격이 인근 시세의 80% 미만의 경우 5년의 실 거주 의무가 적용되었다.

택지	분양가	거주의무기간
공공	인근 지역 주택 매매가격의 80%미만	5년
	인근 지역 주택 매매가격의 80~100%	3년
민간	인근 지역 주택 매매가격의 80% 미만	3년
	인근 지역 주택 매매가격의 80~100%	2년

원래 실 거주 의무는 시세보다 낮은 분양가로 인해 발생하는 시세차익을 노리고 투자하는 것을 막기 위한 조치로, 공공택지 분양아파트에만 적용하던 규제를 공공택지 민간분양과 민간택지 분양아파트까지 확대 적용하게 된 것이다. 이 규제는 '전월세 금지법'으로 불리었는데 통상 아파트를 분양 받으면 계약금과 중도금은 현금(대출 등)으로 내고 잔금은 전세로 돌려 보증금으로 치르곤 했던 관행을 제한하려는 목적으로 도입되었다. 실거주를 적용하게 되면 잔금을 마련하고 직접 사는 수밖에 없게 된다.

실거주 의무는 거주이전의 자유를 침해하고 신축 임대시장을 불안하게 만들 수 있다는 부작용이 우려된다. 특히 '패키지' 격인 전매제한 기간으로 인해 매물 잠김 현상이 커질 수 있다. 나아가 실 거주 의무를 강하게 요구하면 기존 주택의 매물 잠김과 함께 분양주택 또한 감소할 수 있다. 즉 주택공급에는 부정적인 영향을 미칠 수밖에 없다.

실거주 의무는 갭투자를 원천적으로 막을 수는 있지만 동시에 전월세 공급을 줄여 세입자의 선택권을 침해할 수 있다. 물론 다주택자가 보유한 주택의 경우 실 거주 의무를 채우기 위해 입주하게 되면 기존에 거주하던 주택은 다른 세입자를 받을 수 있기 때문에 실제로는 줄어드는 전월세 매물이 없다고 생각할 수도 있다. 하지만 주거선호지역의 임대차매물은 사라지게 되고 서울 외곽의 전월세 매물은 넘쳐나게 될 수 있다. 집주인이 입주해서 실 거주 의무를 채워야 하는 주택은 서울의 핵심 주거선호지역일 가능성이 크기 때문이다.

6·27대출규제로 인해 주택담보대출을 받으면 무조건 실 거주해야 한다는 규제가 새롭게 생겼다. 이번 대출규제에 포함된 실 거주 의무 규제는 기존의 실 거주 의무 규제를 대다수의 주택 구입자들까지 확대하는 정책이다. 주택 구입 시 대출이 필수적인 경우가 많아 상당수의 가구에 실거주 의무가 적용된다. 한마디로 말해 수도권 전체를 토지거래허가제로 묶어놓은 효과가 있게 된다.

더욱 복잡한 문제는 대출규제로 인한 실거주 의무는 주택매입 후 6개월 이내 입주해야 하지만 토지거래허가제는 4개월 내 입주해야 한다. 두 가지 규제가 상충되면서 어느 규제를 우선시해야 하는가 의문이 든다. 물론 4개월 내 입주가 우선시되어야 할 것이다. 아마 강한 규제가 더 우선해서 적용되는 것으로 판단된다.

실거주 의무는 매물 잠김 현상을 더욱 늘어나게 만들 수 있다. 토지거래허가제로 인해 이미 실거주 의무를 적용 받은 아파트가 늘어나면서 2025년 초 대비해서 서울의 아파트 매매매물은 많이 줄었다. 2025년 초와 비교해 아파트 매매매물이 가장 많이 줄어든 지역은 당연히 규제가 가장 많이 적용되고 있는 서울이다. 이제는 대출규제로 인한 매물감소폭도 늘어날 것이다. 8만 5천 건을 넘어서던 매물이 7만 5천 건 밑으로 떨어져 13.1%나 줄어들었다. 전세 매물의 감소폭은 더욱 심각하다. 같은 기간 2만8천 건이 넘던 매물은 8월1일 현재 2만2천 건으로 줄었다.

서울 아파트 매물 변화

구분	매매	전세	월세	합계
2025년 2월 1일	85,726	28,770	18,246	132,636
2025년 8월 1일	74,549	22,370	19,044	117,045
변동폭	-13.1%	-18.2%	4.3%	-11.8%

아실(2025년8월1일)

입주물량도 급격히 줄어들고 있는 상황에서 기존의 매물들마저 계속 줄어들게 만드는 실 거주 의무와 같은 규제는 지금 단계에서는 전혀 바람직하지 않다. 실 거주 의무는 투기를 막기 위해 적용하는 규제이다. 하지만 분양시장 자체가 이미 무주택자가 내집마련을 하는 방편으로 자리 잡고 있는 상황에서 추가적인 규제는 바람직하지 않다고 생각된다. 내 집을 지금 들어가느냐 나중에 들어가느냐는 수분양자들의 생활계획에 맞춰서 이루어지는 일이지, 정부에서 정해줄 필요는 없다. 특히 주택담보대출마저 무주택자만 받을 수 있도록 만든 6.27대책이 이미 시행되고 있는데, 굳이 투기를 방지하기 위한 실 거주 의무를 더욱 강하게 요구할 필요까지는 없었다고 본다. 하지만 정부는 서울 전역과 경기 12개 지역을 토지거래허가구역으로 묶어 실거주 의무를 더욱 강하게 적용하였다.

더 큰 문제는 양도세 중과와 결합되어 나타나는 예상치 못한 부작용이다. 2026년 5월 9일까지 유예된 양도세 중과제도가 다시 시행된다면 다주택자들은 서둘러 집을 팔거나 아니면 본격적인 버티기에 돌입해야 한다. 주택시장에는 일시적으로 매물이 나와 거래가 활성화될 수도 있었다. 안타깝게도 토지거래허가제와 결합된 양도세 중과제도는 매물 출회 가능성 자체를 무산시켜 버렸다. 토지거래허가구역 내의 아파트의 경우 매입과 동시에 실입주 의무가 2년 주어지기 때문에 이미 전월세를 포함하고 있는 매물은 팔 수가 없게 된다. 즉 매물이 주택시장에 나올 가능성 자체를 막아버렸다는 말이다.

실거주 의무를 부여하는 규제 유형

규제 유형	내용	비고
세금	조정대상지역 양도세 비과세 생애최초 취득세 감면	실거주 2년 통상 3년간 실거주
분양	분양가상한제 주택의 실거주 의무	입주시점 기준 2~5년
토지거래허가구역	토지거래허가구역 내 주택 거래	매입 직후 2년 실거주
주택담보대출	주택담보대출 전입, 실거주 의무	매입 직후 6개월 내 입주

그리고 이미 주택시장 대부분의 수요는 실수요를 넘어 실거주 주택 수요자로 재편되었다. 임차인이 있어 주택 매수자가 실입주를 못하

면, 지금은 실입주가 가능한 아파트에 비해 매매가격이 낮게 책정되기도 한다. 과거 전세를 끼고 아파트 구입을 하던 갭 투자 수요는 현재는 많지 않다. 하지만 이렇게 강하게 실거주를 요구하는 규제가 시행된다면 기존에 전세를 끼고 투자할 수 있는 주상복합 같은 아파트가 다시금 주목받을 수도 있을 것으로 보인다. 정부가 갭투자를 조장하는 것은 아닌가 우려된다.

실거주를 요구하는 다양한 규제가 적용되고 있다. 단기적으로는 투기성 수요와 갭투자가 위축되어 고가의 주택이 있는 지역이나, 과열된 지역의 매수세가 둔화되고, 일정 기간 거래량 감소와 가격이 정체되는 효과가 나타날 수 있다. 하지만 전월세 공급이 축소되고 대출규제가 함께 적용되면서 실수요자의 구입능력에 제약이 겹치면서 오히려 중저가, 비규제지역과 임대차시장으로 수요가 이동하는 풍선효과와 이로 인해 지역별 가격대별 양극화 현상이 심화될 수 있다.

더욱이 서울의 아파트 입주물량이 급격히 줄어드는 지금, 공급부족과 규제가 겹치게 되면 전월세뿐 아니라 매매시장까지 상승 압력이 배가될 수 있다. 실거주를 부여하는 의무만으로 가격을 안정시키는 것은 한계가 있으며 주택수요자들의 의사결정을 제한하는 부작용만 초래할 수 있다.

규제를 만들면 그 규제의 장단점과 영향을 꼼꼼히 파악해야 한다. 주택시장은 살아있는 생물이어서 규제의 파급효과가 예상과 달라지는 경우가 종종 있기 때문이다. 실거주 의무를 요구하는 것은 언뜻 보기에는 바람직한 규제로 보여질 수 있으나 시장에는 부정적인 영향을 미치는 경우가 더 많다. 특히 현재와 같이 매물 잠김이 늘어나고 있는 시점에서 실거주를 강하게 요구하는 것은 주택시장을 더욱 불안하게 만들 수 있는 트리거(trigger)가 될 수 있다.

규제의 사전예고제,
부동산 시장을 과열시킨다

취임 100일 기자회견에서 대통령은 "앞으로도 수요측면, 공급측면의 부동산 가격 안정을 위한 대책은 계속될 수밖에 없다"며 그 강도나 횟수는 부동산 시장 상황에 따라 다를 것이라고 언급했다. 한마디로 문재인정부 시절과 비슷하게 재임기간 동안 수십번의 부동산대책이 나올 가능성이 높아졌다. '규제의 사전 예고제'와 같은 현재의 방식은 문재인정부와 유사하게 진행되는 듯하다.

이렇게 부동산대책이 계속 나올 것이라고 생각한다면 부동산시장은 어떻게 반응할까? '더 이상 내집마련을 해서는 안되겠다'고 생각할까? 전혀 그렇지 않다. 시장은 오히려 '규제가 나오기 전에 빨리 내가 원하는 아파트를 더 좋은 조건에 매입해야 겠다'고 반응할 가능성이 크다. '사전 예고제'의 효과다. '사전 예고제'란 부동산 대책을 사전에 예고하고 그 영향을 공개함으로써, 자율적인 주택 수요자의 행동을 유도하여 부동산시장의 안정을 구현하고자 하는 목적으로 실시한다.

부동산과 건설을 제외한 분야에서는 규제의 사전 예고제가 긍정적인 효과를 발휘하기도 한다. 대표적인 영역이 환경분야인데 규제대상과 시행시기를 사전에 공표하게 되면 관련업계에서 규제에 대응하여 미리 대비하게 된다. 처리시설을 추가하거나, 준수해야 하는 관리기준을 미리 맞추는 경우가 그 예이다.

식당을 예로 들면 갑자기 돌발적으로 단속을 하는 것보다는 단속정보를 사전에 예고하고 단속결과를 공개함으로써, 자율적인 위생관리를 유도하여 불법영업에 대한 예방적 효과를 거두는 한편, 투명하고 책임 있는 행정을 구현할 수 있다. 예전에 사전예고된 회계 이슈를, 당해 연도에 수정하는 상장사 비율이 높아져 제도 정착에 도움이 되었다는 사례도 있다. 하지만 안타깝게도 부동산시장에서는, 사전 예고된 규제는 부정적인 효과를 불러 일으킬 수 있다.

몇몇 지자체에서 시행되었던 "건축허가 사전예고제"의 사례를 보면 더 명확해진다. "건축허가 사전예고제"는 지자체에서 임의로 운영하여 국민과 기업의 자율성과 권한을 침해한 대표적인 그림자 규제이다. 관계법령에 규정한 건축기준과 절차를 준수하였으나, 법령상 규율하지도 않는 주민동의서를 요구해, 주민 동의 여부에 따라 건축허가를 결정한 명백한 임의 규제였다. 건축규제혁신센터는 이런 불합리한 점을 들어 이 규제를 더 이상 운영하지 못하게 만들었다.

2025년 3번의 부동산대책이 발표된 이후 다음에 어떤 대책이 추가로 발표될 것인가에 대해 궁금증이 많다. 서울의 주택시장도 과열 양상을 보이지 않고, 하반기에 금융회사들도 적극적으로 대출영업을 하지 않는다는 점을 고려한다면 2026년 상반기에는 마지막 남은 규제인 세금대책이 나올 가능성은 크지 않다. 세금규제는 이미 조기 대선을 치를 당시 하지 않겠다고 선언까지 한 상황에서 집권 초기에 도입한다는 것은 큰 부담일 것이다. 물론 안심해서는 안 된다.

그렇다면 다음 부동산대책은 공급대책과 함께 규제지역 확대가 될 것으로 예측된다. 규제지역은 투기과열지구, 조정대상지역 뿐 아니라 토지거래허가제까지 활용할 수 있다. 국토부가 토지거래허가제 지정 권한까지 가질 것이기 때문이다. 9.7부동산대책을 발표할 때 서울의 유휴부지 활용에 있어 실무자간 협의가 있었다고 하지만 여전히 서울시와 국토부는 불편한 관계인 것으로 보인다. 국토부가 토지거래허가제 지정권한을 가지려고 하는 이유일 것이다.

안타깝게도 서울 아파트에 대한 수요가 확대되는 상황에서 규제지역을 확대하려는 현 정부의 생각은 주거선호지역을 중심으로 부동산시장을 과열시킬 것으로 생각된다. '지금 아니면 서울에 집을 살 수가 없다'라는 생각은 실수요자들의 불안 심리를 더욱 자극할 수 있다. 사전 예고제나 마찬가지로 부동산 규제를 계속 하겠다는 정부의 의사표현은 주택수요자들의 의사결정을 빨리 하게 유도하게 된다.

투기과열지구와 조정대상지역은 해당 지역의 주택가격 상승률이 물가상승률보다 현저히 높은 지역 중 청약경쟁률, 집값, 주택보급률 등을 함께 고려해 선정된다. 통상 조정대상지역은 물가상승률의 1.3배, 투기과열지구는 1.5배를 넘으면 정량요건을 충족한다. 정량요건을 충족했다고 무조건 지정되는 것은 아니지만 현 정부의 사전예고를 고려한다면 추가로 규제지역이 지정될 가능성을 배제하긴 어려울 것으로 보인다.

대표적인 지역으로 경기도의 화성시, 구리시, 안양시 만안구 그리고 용인시 기흥구를 들 수 있다. 이들 지역은 교통여건 개선이 이루어지고 일자리도 늘어나고 있지만 10·15대책에서 규제지역으로 지정되지 않은 곳들이다. 규제지역으로 지정되면 취득세가 중과되고, 토지거래허가제까지 지정된다면 매입 직후 2년을 실거주해야 한다. 앞으로는 규제지역 3종 세트가 한꺼번에 지정될 가능성이 크다. 이렇게 되면 사고 싶고 살 수 있는 여건이 된다고 해도, 살 수 없게 될 수도 있다는 말이다. 따라서 이곳을 사고 싶은 주택수요자들은 불안해하면서 예정에도 없던 매수 의사결정을 빠르게 할 수도 있게 된다.

규제지역 지정 예상

내용	역(단지)
화성시(동탄)	동탄역(시범단지)
구리시	구리역(e편한세상인창어반포레…)
안양시 만안구	안양역(안양푸르지오더샵…)
용인시 기흥구	기흥역(주상복합 3인방…)

특히 지방의 자산가들은 더욱 다급 해졌다. 대부분 유주택자인 이분들은 증여 또는 투자의 목적으로 서울의 아파트를 매입하려고 한다. 이미 집을 가지고 있기에 규제지역으로 지정되면 취득세 중과와 함께 실거주까지 해야 한다. 현실적으로 지방에 거주하시는 분들이 본인의 생활근거지까지 옮기면서 투자하기에는 어려움이 따른다. 그렇다고 매력적인 서울 아파트 투자를 포기하기도 힘들기 때문에 많은 분들이 규제가 나오기 전에 매입하려고 할 것이다. 선 매입 수요가 수도권에만 있는 것은 아니라는 이야기다.

심지어 레밍효과(The Lemming Effect)가 발생할 수도 있다. 레밍효과는 북유럽의 설치류인 레밍이 우두머리를 따라 무작정 이동하다가 절벽에서 집단적으로 익사하는 모습에서 유래한 용어로 인간 사회의 집단적 편승효과를 비판적으로 표현할 때 사용한다. 이 현상은 군중심리에 의해 발생하며, 개인이 소외되거나 손해보는 것을 두려워해 다수의 행동에 동조하는 경향이 강해진다는 의미이다.

자산시장에서는 소위 "묻지 마 투자"로 이해되는 현상이다. 투자대상에 대해 잘 알아보지도 않고 주변인들에게 돈을 벌 수 있다는 얘기만 듣고 무조건 투자하는 것을 말한다. 정확히 얘기하면 투자는 아니고 요행을 바라는 투기에 가깝다. 정상적인 시장에서의 행위는 아니다. 수요가 몰리는 곳에는 수요를 악용하는 사람들이 늘어난다. 시장 왜곡과 벼락 거지가 공존하게 된다.

계속 규제하겠다는 현정부의 사전 예고는 언뜻 생각하면 부동산 시장 안정에 긍정적인 효과를 볼 수도 있을 것으로 생각된다. 하지만 규제의 속성은 오히려 더 강한 규제가 나오기 전에 서둘러야 하겠다는 시장 불안을 유도할 뿐이다. '규제 카드가 주머니에 많다', '이번 규제는 맛보기에 불과하다'는 과거부터 있어왔던 좌파 출신 대통령들의 엄포는 이미 학습효과에 단련된 시장에서는 잘못된 시그널로만 이해될 수 있다는 점을 유의했으면 한다.

이재명 부동산 대책은
문재인 정부 시즌2인가, 2X인가?

3번의 부동산대책이 발표되었지만 주택시장의 안정화는 요원하다. 서울 아파트 매매가격은 바닥을 다지면서 상승폭을 키우는 중이다. 불과 대책이 발표된 후 몇 개월이 지났을 따름이다. 9.7공급대책은 가장 큰 문제였다. "이재명 정부 기간 동안 공급은 없다"를 공개적으로 시인한 부동산 공급대책은 시장 참여자들의 의사결정을 더 쉽게 만들었다. "이제는 사야 한다"는 인식이 널리 퍼지면서 부동산대책이 발표되자마자 가격이 오르기 시작했다. 부동산시장에서 30년 넘게 주택시장을 연구, 조사하고 이제는 현장에서 거래를 중개하는 입장에서는 놀라지 않을 수 없는 빠른 시장의 반응이었다.

정부가 야심 차게 내놓은 부동산대책들의 약발이 떨어지면서 대책의 실효성에 대한 의문이 커져만 간다. 마포, 용산, 성동, 광진구 등 한강벨트를 중심으로 집값 오름폭이 더욱 커지는가 하면 신고가 거래도 잇따르는 중이다. 심지어 규제 대상에서 제외된 경기도 구리, 화성의 동탄에는 풍선효과가 나타나 정부는 추가규제를 검토하는 중이다. 시장에서는 집값을 잡기 위해 수십차례 부동산 대책을 내놓은 '문재인 정부 시즌2'가 재연될 것이란 우려가 나오고 있다.

'문재인 정부 시즌2'를 가장 우려하는 이유는 당시 주택가격이 천정부지로 상승했으며 현재의 양극화를 만든 잘못된 부동산 정책을 계속 사용했기 때문이다. 문재인 정부 5년 동안(2017년 5월~2022년 4월) 한국부동산원에 의하면 서울의 아파트는 110.4% 상승했다. 더 큰 문제는 양극화다. 상위 20% 아파트와 하위 20%의 아파트 간 가격차이는 크게 벌어지게 된다. 2017년 5월 문재인 정부가 집권할 당시 전국 5분위 배율은 5.1에 불과(?) 했다. 상위 20%의 아파트와 하위 20% 아파트의 평균 가격이 5배 정도 차이가 났다는 말이다. 2022년 4월 문재인 정부 마지막에는 이 수치가 8.5로 올라간다. 2025년 말 현재는 12.7로 벌어졌다. 가격 상승도 문제이지만 높은 가격의 아파트만 오르는 양극화는 큰 문제이다. 상대적 박탈감을 증폭시키기 때문이다.

문재인 정부와 이재명 정부의 부동산대책을 비교하기 전에 먼저 시대적 환경이 다르다는 사실을 염두에 두어야 한다. 같은 부동산정책을 사용하더라도 경기 호황기와 경기 불황기에는 그 정책의 효과가 다르게 발현된다. 이는 부동산 정책이 단기적 가격변동에 대응하거나 장기적 가격 안정을 목표로 각기 다르게 작동하기 때문이다. 더욱 중요한 사실은 경기 상황에 따라 주택수요자들이 체감하는 정도가 달라진다는 사실이다. 이는 정책의 방향과 강도를 결정하는 중요한 요인이 된다.

외부의 환경적 요인은 이재명 정부에서 더욱 어려워졌다. 집값을 자극하는 가장 큰 변수인 유동성은 빠르게 늘고 있다. 2017년 5월 문재인 정부가 출범할 당시 광의 통화량(M2)은 2,459조 원이었지만 임기가 끝난 2022년 4월에는 3,697조 원으로 증가한다. 무려 1,240조 원이나 통화량이 늘어났었다. 이재명 정부가 집권한 2025년 6월에서 9월까지 3개월간 4,308조 원에서 4,431조 원으로 늘어나 약 120조 원의 통화량이 늘어났다. 이를 단순하게 적용하면 문재인 정부 기간동안 늘어날 통화량의 거의 2배에 달하는 통화량 증가를 보이게 된다.

우리는 이를, 가격이 오르는 것이 아니라 돈이 풀리는 것으로 이해해야 한다. 통화량 증가는 소비와 투자를 자극해 총 수요를 확대시킨다. 이는 결국 실물자산의 가격을 상승시키는 경로로 작용하게 된다. 주택가격도 단기적으로는 수급의 영향을 받지만, 장기적으로는 통화량 증가가 가격상승에 가장 중요한 변수가 된다. 특히나 현재와 같이 환율이 오르는 시기에는 수입되는 자재의 가격을 올려 공사비 또한 올라갈 수밖에 없게 된다. 이렇게 돈이 많이 풀린다면 이재명 정부 5년 동안 부동산가격은 문재인 정부 상승기를 추월할 수 있다는 판단도 가능하다.

좌파 정부 유동성 비교		
구분	문재인 정부(2017년)	이재명 정부(2025년)
광의 통화량(M2)	2,459조 원(2017년 5월)	4,495조 원(2025년 11월)
국가채무	660.2조원(2017년)	1,300.6조 원(2025년)

출처 : 한국은행(2025년 말)

2017년 5월에 집권한 문재인 정부 때는 주택가격이 안정적으로 상승하는 시기를 겪었다. KB부동산에 의하면 2017년 한 해 동안 노원구의 아파트 매매가격 상승률은 5.28%로 서초구 5.20%보다 높았었다. 지금은 상상하기 힘들지만 당시에는 전국적으로 가격이 오르던 시기였으니 가능했던 것 같다. 반면 이재명 정부가 집권한 2025년은 특정지역을 중심으로 가격이 많이 오르는 차별화 상승기 시장이다. 2025년 송파구의 아파트 매매가격 상승률은 20%를 넘어선 반면 노원구, 도봉구, 강북구는 0~2%의 상승률을 보였다. 0~2%의 상승률은 물가나 소득증가율을 고려하면 거의 오르지 않았다는 것이다. 현재(2025년 12월)의 전국 아파트 5분위 배율은 12.7에 이른다. 갈수록 아파트 시장의 양극화는 심화되고 있으며 이런 경향이 지역별 아파트 매매가격 상승률에도 영향을 미치는 것으로 보여 진다.

특히 아파트 신규입주물량이 가장 큰 차이를 보인다. 문재인 정부 5년 동안 서울의 신규 아파트 평균 입주물량은 45,747세대였다. 반면에 이재명 정부가 집권한 후 3년(2026년~2028년) 아파트 평균 입주물량은 9,880세대로 떨어진다. 더 큰 문제는 기존 주택의 매물마저 줄어들고 있다는 사실이다. 아실에서 아파트 매물의 통계를 발표하기 시작한 2020년 1월 말 서울 아파트 매매매물은 66,798건이었다. 2025년 말, 현재 문재인 정부때보다 더 줄어든 57,612건의 매물이 서울에 있다. 하지만 이 매물을 연초 매물이 가장 많았을 때(9만 2천 건)와 비교하면 무려 40% 가까이 줄어든 것을 알 수 있다. 더 강력한 규제를 사용하고 있는 이재명 정부 기간 동안 매물이 얼마나 줄어들지 상상하기 쉽지 않다. 2026년 5월 양도세 중과가 다시 시행되면 다주택자 매물 또한 급격하게 사라질 것이다.

신규매물인 아파트 입주물량도 없는데 기존의 매물마저 줄어든다면 아파트 가격상승은 불을 보듯 뻔하다. 2025년 한해 동안의 지역별 매물 증감 현황을 살펴보면 매물이 많이 줄어든 지역의 가격상승률이 높다는 것을 알 수 있다. 전국에서 아파트 매매매물이 가장 많이 줄어든 지역은 서울의 성동구였다. 2025년 한해 동안 성동구의 가격 상승률은 무려 17%나 된다. 매물 감소 상위 7개 지역을 추려보면 대부분이 상승률 10%를 넘어간다. 이렇게 기존매물의 감소가 아파트 매매가격에 영향을 크게 미치는 이유는 신규매물이 줄어든 상황에서 기존매물의 감소가 더 크게 작용한 탓이다.

전국 매물감소 상위 7개 지역(단위: 건, %)

순번	지역	2025년 1월 1일	2025년 12월 31일	감소폭
1	서울 성동구	3,201	1,216	- 62.0%
2	서울 동작구	3,431	1,290	- 62.4%

3	경기 하남시	3,849	1,487	- 61.4%
4	서울 광진구	1,938	784	- 59.5%
5	서울 마포구	3,488	1,475	- 57.7%
6	경기 성남 분당구	4,679	1,987	- 57.5%
7	경기 과천시	665	326	- 51.0%

출처 : 아실(2025년12월 말)

주택공급도 심각하지만 주택수요도 걱정이다. 과거 문재인 정부 때 주택수요는 실수요자뿐 아니라 다주택자, 법인들의 수요가 많았다. 이들은 투자의 방법이 실수요자들과는 다르다. 다주택자나 법인들은 여러 채를 매입하는 경향이 강했다. 하지만 현재는 실수요가 압도적이다. 특히 실거주 수요가 크다. 이재명 정부가 집권하고 규제가 강해지기 전에는 임차인이 거주하는 매물은 거래가 어려웠다. 그러나 이제는 오히려 갭투자가 가능한 매물을 찾아다니는 경우가 늘었다. 심지어 토지거래허가구역으로 지정되더라도 상업지역의 주거상품의 경우 적용 하한이 대지지분 15제곱미터로 늘어나니 이런 상품을 찾아다니는 수요도 있다. 땅을 얼마나 보유하고 있는지가 부동산 상품의 가장 중요한 경쟁력인데 규제로 인해 가격 왜곡이 커진다.

부동산시장 대외적인 환경은 이전 좌파 정부에 비해 이재명 정부가 더 좋지 않은 시기에 집권했다. 그렇다고 하더라도 지금과 같이 과격한 부동산정책을 계속 사용한다면 시장의 왜곡은 더 커질 것이다. 이재명 정부의 부동산정책은 문재인 정부 시즌2 보다는 2x가 아닐까 생각된다. 이를 바로잡기 위해서는 얼마만큼의 시간이 필요할지 벌써부터 걱정이다.

좌파 정부 주택시장 수급상황 비교

구분	문재인 정부(2017년)	이재명 정부(2025년)
주택 시장	안정적 상승기 2017년 노원구 5.28%〉서초구 5.20%	특정지역 중심의 高상승기 2025년 송파구20.9%〉노원구20.04%
서울 신규 주택 공급 (아파트 입주물량)	45,747세대(5년 평균)	9,880세대(2026~2028년)
서울 기존 주택 공급 (매매 매물)	66,798건(2020년 1월)	57,612건(2025년 12월)
주택 수요	실 수요자+GAP, 多주택자, 법인	실 (거주) 수요자
규제 방법	단계적	극단적

부동산 세금 규제는 마지막 카드인가? 망할 카드인가?

"부동산 세금에 대한 추가규제는 없다" 21대 대선에서 지지율에 우위를 점한 민주당은, 집권하면 부동산 세금을 늘려 집값을 잡는 정책은 쓰지 않기로 공언했다. 문재인 정부의 부동산 정책 실패를 반복하지 않겠다는 건데, 세금보다는 공급에 초점을 맞춘 정책을 예고했었다.

강력한 세 번의 부동산 대책이 나왔음에도 불구하고 서울의 아파트 가격이 다시 상승폭을 확대하면서, 고려하지 않았던 직접적인 세금규제가 부동산 대책에 포함되지 않을까 우려된다. 이런 걱정을 하는 이면에는 확장 재정정책을 사용하는 현 정부 입장에서 세원 확보가 중요한 문제로 부각되기 때문일 것이다. 돈이 없는데 돈을 마련할 수 있는 방법을 포기한다는 것이 말처럼 쉽지는 않을 것이다.

2026년 예산안이 국무회의를 통과하며 최종 확정되었다. 728조 원에 달하는 총 지출로 사상 처음으로 7백조 원을 넘겼다. 과거 윤석열 정부가 편성했던 올해 예산안보다 8.1%가 늘어난 수치로, 총 수입을 고려한다면 세입·세출의 괴리가 심각하다. 총수입은 674.2조 원으로 적자는 53.8조 원이 예상된다. 기금적자 55조 원을 포함하면 약 110조 원 적자로, 국채 110조 원 발행이 예상된다.

세입여건이 좋지 않은 상황에서 정부는 직접적인 세금 규제(확대)를 하고 싶을 것으로 예상된다. 세금이 오르는 것을 누가 좋아하겠는가? 다행스럽게도 2026년 지방선거를 앞두고 있는 상황이라 전국이 영향권에 들어가는 세금 규제를 하기는 쉽지 않을 것으로 보인다. 세금 규제를 단계적으로 한다고 가정하면 가장 먼저 도입될 규제는 '공시가격 현실화'와 '공정시장가액 비율 조정'이 될 것이다. 공동주택의 공시가격은 현재 69% 수준에 동결되어 있다. 현실화율은 공시가격이 시세 대비 어느 정도 반영되었는지를 나타내며 동결은 시세 반영률을 인위적으로 높이지 않겠다는 뜻이다. 공시가격은 시세에 현실화율을 반영해서 결정되므로 시세가 오르면 현실화율을 유지해도 최종 공시가격은 상승하게 된다.

더 큰 문제는 공정시장가액 비율 조정이다. "공정시장가액 비율"이란 재산세 또는 종합부동산세를 산출하기 위해 과세표준을 정하는데 공시가격에서 할인을 적용하여 최종 결정하는 과세표준 기준율을 말한다. 공정시장가액 비율은 과세표준을 정할 때 공시가격에 곱하는 비율로 60~100% 범위에서 시행령으로 정하게 되어 있다. 현재 공정시장가액 비율은 60%에서 적용되고 있지만 이 비율을 상향하면 아파트 가격이 떨어진 지방의 경우에도 재산세가 늘어날 수 있게 된다. 2025년 12월 29일을 기준으로 지방의 아파트 매매가격은 1.13% 하락했다. 수도권 아파트 매매가격 상승에 상대적 박탈감을 안고 있는 지방 유권자들에게 세금 폭탄을 떨어뜨린다면 지방선거에는 나쁜 영향을 미칠 것이 명약관화(明若觀火)다. 지방선거 이후로 세금 규제가 나올 가능성이 더 높아진 이유다.

지방선거를 치르기 전까지는 민심 이반을 자초할 직접적인 세금 규제를 시행하기 어려울 것이다. 단 매년 7월 발표되는 종합적인 세제 개편안에 부동산 부문을 포함하는 것이 적절해 보인다. 2025년 7월 말에도 종합적인 세제 개편안이 발표되었으나 부동산 세제와 상속세는 거의 배제되었다. 당시 정부는 부동산 시장 대응을 위해 이미 대출정책이 시행되었고 공급정책도 고민하고 있는 상황에서 이 같은 정책의 효과를 먼저 지켜보고자 했을 것이다. 물론 부동산 세제를 손질할 경우 시장에 미치는 영향이 불확실한 점도 고려했을 것으로 보인다. 하지만 올해 7월에 발표될 세제 개편안에서는 오히려 시장에 정부의 의도를 명확히 드러내지 않을까 생각한다. 이런 점들을 종합적으로 고려한다면 내년부터 공시가 현실화와 공정시장가액 비율을 조정한 증세가 예상된다.

현 정부의 세금정책이 이 정도 선에서 이루어진다면 다행일 것이다. 하지만 "세금으로 집값을 잡지 않겠다"를 믿는 주택 수요자들은 이제 아무도 없다. 현 정부는 이미 부동산 부문에서 국민의 신뢰를 잃어버렸다. 부동산대책이 발표되면 단기적으로 집값은 안정되지만 9·7공급대책이 발표된 후에는 오히려 주택 수요가 몰리면서 아파트 매매 가격이 많이 올랐다. 이런 현상은 정부에 대한 주택시장의 신뢰가 사라졌음을 나타내는 뚜렷한 방증이다.

어느 정부에서나 세금 규제를 도입할 때는 조심스럽다. 특히 현 여당은 부동산 세금정책으로 인해 정권을 2번이나 내어주어야 했던 트라우마가 있을 것이다. 이런 상황에서 모든 세금규제를 한꺼번에 도입하기는 힘들 거다. 당연히 순차적으로 단계별로 세금 규제가 도입될 것으로 예상할 수 있다.

공시가 현실화나 공정시장가액 비율 조정은 굳이 법을 개정할 필요도 없다. 시행령 개정만으로도 조정이 가능하기 때문에 입법과정(국회 동의) 없이도 시행할 수 있다. 따라서 세금규제를 쓰지 않겠다는 공약을 했던 현 정부에서는 부담이 없게 된다. 하지만 주택가격이 잡히지 않고 계속 오른다고 가정한다면 더 강력한 세금정책을 쓰고 싶은 욕구가 생길 것이다. 본인들의 지지층의 불만을 그냥 둘 수는 없기 때문이다. 이후 순차적으로 할 수 있는 세금 규제는 부동산 세율 조정과 세목 신설이 될 것이다.

구분	유형	방법(영향)
세금 규제	공시가 현실화, 공정시장 가액비율 조정	세제(보유세, 거래세) 합리화 방안 용역 (2026년 초 매물 출회 가능성)
	다주택자 양도세 중과	
	부동산 세율 조정(구간 세분화, 세율)	
	부동산 세목 신설	

양도세는 안 팔면 그만이지만 재산세(종합부동산세) 부담은 면밀히 고려해야 한다. 문재인 정부 시절 종부세 세율의 상한은 과세표준의 6% 였다. 당시에는 투기과열지구내 2주택자부터 종부세가 중과되었기 때문에 상상하기 힘들 정도로 세금이 높았다. 여야 합의로 통과된 현재의 종부세 세율의 상한은 5%로 약간 떨어졌지만 여전히 살인적이다.

종부세율의 변화를 고려한다면 세율 조정을 통해 보유세를 올린다는 것은 과거 세율로 돌아간다는 것을 의미한다. 하지만 1% 정도의 차이에 따라 부담이 급격히 늘어나지는 않아 실익이 그리 크지 않을 수 있다. 2주택이냐 3주택이냐에 따라 중과대상이 달라지는 점은 세율이 2배나 차이가 나기 때문에 영향이 크다. 하지만 이미 대부분의 다주택자들이 주택 수를 줄이면서 종부세 부담에서 벗어나려는 노력을 오랜 기간 해왔기 때문에 주택시장에 미치는 영향은 크지 않을 것으로 보인다.

과세표준 50억 원 이상 중과 종부세율 변화

과세표준	2021~2022년 세율 (투기과열지구 2주택 이상)	2023년 이후 세율 (3주택 이상)
50억 원 이하	3.6%	3.0%
94억 원 이하	5.0%	4.0%
94억 원 초과	6.0%	5.0%

출처 : 국세청(2025년 말)

다만 현재 종부세 세율은 25억 원 이상부터는 50억 원, 94억 원처럼 과세표준의 구간이 넓다. 25억 원 마저도 새로 신설한 구간이다. 따라서 이를 세분화할 가능성이 크다. 이렇게 하면 조세저항도 크지 않지만 별다른 노력을 기울이지 않더라도 세금을 더 걷을 수 있기 때문이다. 하지만 계속 주택가격이 오른다면 종부세율 구간 세분화나 세율 조정을 넘어선 정책이 나올 수도 있을 것이다.

따라서 더 걱정해야 할 점은 세목의 신설이라고 본다. 이미 후보 시절부터 이야기해온 "국토보유세"가 신설하려는 대표적인 세금이 될 것이다. 구체적인 내용이 나와있지 않아 어떤 세금을 신설하려는 지, 세율은 어떻게 되는지 정확히 알 수는 없지만 최근 이에 대한 단초를 제공하는 법안이 기본소득당에서 제출되었다. "토지세와 토지배당에 관한 법률안"이 그것이다.

작년 11월에 발의된 이 법안은 기존의 종합부동산세를 폐지하고 모든 토지에 세금을 매기는 내용을 포함하고 있다. 다수의 국민들은 황당하다는 의견이지만 사실 토지세 및 토지배당세라는 개념은

2021년 처음 발의되었다. 발의 당시 기한 만료로 폐기되었는데 이재명 대선후보가 다시 국토보유세라는 이름으로 공약하면서 대중적인 인지도를 얻은 바 있다. 이런 세목을 신설하려는 움직임은 아주 오래되었으며 최근 부동산 양극화가 심화되고 기본소득 논의가 맞물리면서 더욱 주목받고 있다.

토지배당세는 19세기 경제학자 헨리 조지(Henry George)의 지대조세의 개념에서 나왔다. 당시에도 건물에는 세금을 부과하지 않았는데 건물가격을 제외한 순수 땅값(공시지가)에 대해 세금을 토지 가액 1%를 기준으로 0.7~1.3%의 탄력세율을 적용한다고 한다. 문제는 이렇게 걷은 세금을 정부 예산으로 활용하지 않고 모든 국민에서 똑같이 배당을 한다. 이렇게 하면 1인당 연간 약 80만 원에서 140만 원 수준의 배당이 가능하다고 추정한다. 땅을 많이 가진 사람은 세금을 더 내지만, 땅이 없거나 적은 서민은 내는 세금보다 받는 배당금이 더 많아지는 구조가 될 것이다.

토지배당세는 부동산 투기를 차단하고 실질소득을 증가시킬 수 있는 장점도 있지만 인플레이션을 자극하고 재정에 부담을 주는 등 단점이 더 크다. 재산세를 내고 있는 상황에서 중복 과세 논란 또한 계속될 것이다. 더 큰 문제점은 모든 기업들이 토지배당세를 내야하기 때문에 단순히 아파트 사업을 위해 대규모 부지를 미리 확보해야하는 주택 사업자뿐 아니라 모든 제조회사들 또한 사업을 영위하는데 비용 부담이 늘어나는 문제가 발생하게 된다. 부동산 세금 규제는 정부가 주택가격을 안정시킬 수 있는 마지막 카드로 여겨진다. 하지만 이 정책 수단이 망할 카드가 되지 않기 위해서는 주택시장에 미치는 영향을 사전에 잘 판단해야 할 것이다. 특히나 주택 수요자뿐 아니라 주택 사업자까지 힘들게 만드는 세목 신설은 지금은 하지 않는 것이 좋겠다. 안 그래도 공급이 부족한 상황인데 이 공급절벽 상황을 더 늘려놓을 위험이 있기 때문이다.

정리하며,

이재명 정부의 부동산 실험은 계속될 것이다. 부동산시장 특히 주택시장은 살아있는 생물과 같다. 아무리 정교한 부동산 정책을 사용하더라도 내가 원하는 방향으로 움직이지 않을 가능성이 더 크다. 왜냐하면 규제는 시장을 왜곡시키고 단기적인 효과만을 기대할 수 있기 때문이다. 심지어 그 유효기간 마저도 지금은 더 짧아지고 있다.

그럼에도 불구하고 이재명 정부는 더 극단적이며 반 시장적인 부동산 정책을 계속 활용하고 있다. 후보시절 공약을 지키려는 생각도 의지도 없다. 이제는 문제해결에는 관심이 없고, 본인들의 이념적 정체성을 투영하는 오기와 집념의 배출구로서 부동산시장을 활용하고 있을 따름이다. 부동산 가격이 올라 규제를 하는 것이 아니라, 규제를 하기 때문에 가격이 오르는 상황을 이재명 정부는 직시해야 한다.

단기간 위축되었던 주택시장은 필연적으로 더 크게 반발할 것이며 과거 가격 상승을 넘어선 폭발적 상승국면이 다시 다가올 것이다.

수급과 유동성의 장이 본격적으로 펼쳐질 2027년, 2028년에는 부동산 시장은 더 강하게 반격할 것이다. 다가오는 폭등의 장에서 우리는 어떤 준비를 해야 할까? 정책은 예측도 해야 하지만 기회를 발견하고 대응하는 것이 더 중요하다. 주택거래의 현장에서 이를 몸소 느껴보자.

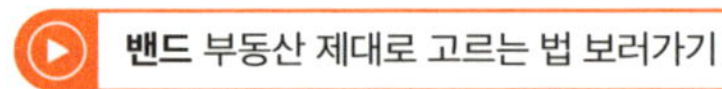

HOME BUYING TRENDS 2026
후랭이

하지 말아야 하는 것들, 부동산 투자의 함정

부동산 강의 시장 트렌드의 빛과 그림자

10년 넘게 반복되고 있는 부동산 강의 시장의 사이클

부동산 강의 시장을 10년 이상 지켜보며 한 가지 불편한 진실을 발견했다. 바로, 강사들은 언제나 수강생들보다 먼저 시장에서 빠져나온다는 사실이다. 그 이유는, 그들은 정보의 최전선에 서 있기 때문이다. 새로운 정책이 발표되면 가장 먼저 그 의미를 파악하고, 시장의 흐름이 바뀌는 조짐이 보이면 누구보다 빠르게 포지션을 정리한다. 강의장에서는 여전히 기존 전략의 유효성을 설파하면서도, 자신의 포트폴리오는 이미 새로운 방향으로 재편하고 있는 모습을 어렵지 않게 봤다.

이것은 비난이 아니다. 어쩌면 당연한 이치다. 그들 역시 자신의 자산을 지켜야 하는 투자자이며, 정보력에서 우위에 있는 만큼 그 이점을 활용하는 것은 합리적인 선택이다. 문제는 수강생들이다. 강사의 말을 듣고 투자를 실행하기까지는 시간이 걸린다. 결심을 하고, 자금을 마련하고, 물건을 찾고, 계약을 하는 동안 시장은 이미 다음 사이클로 넘어가 버린다. 강사가 가르친 전략은 이미 유효기간이 지났는데, 수강생은 그제야 첫걸음을 떼는 시차가 발생하는 것이다.

이러한 정보의 시차는 부동산 시장의 구조적 특성과 맞물려 더욱 치명적인 결과를 낳는다. 주식 시장은 몇 번의 클릭으로 매수와 매도가 가능하지만, 부동산은 다르다. 물건을 찾고, 현장을 답사하고, 계약을 체결하고, 대출을 받고, 등기를 하기까지 최소 몇 주에서 몇 달이 걸린다. 이 과정에서 시장 상황은 변할 수 있고, 정책은 바뀔 수 있으며, 금리는 오를 수 있다. 강사가 "지금이 적기"라고 말한 그 순간의 시장과, 수강생이 실제로 투자를 실행하는 순간의 시장은 이미 다른 시장인 경우가 허다하다.

지난 10년간 부동산 강의 시장의 역사는 이러한 정보 비대칭의 역사였다. 빌라 경매 투자가 유행할 때 강사들은 이미 수십 채를 보유하고 있었고, 수강생들이 뒤늦게 빌라를 사들일 때 그들은 이미 다음 유행으로 눈을 돌리고 있었다. 지식산업센터와 생활형숙박시설이 온갖 강의장에서 회자될 때 현명한 강사들은 슬며시 발을 빼고 있었다. 심지어 일부 부도덕한 강사들은 강의를 하며 수강생에게 자기 물건을 넘기기도 했다. 그리고 시장이 얼어붙었을 때, 수강생들의 손에는 팔리지 않는 매물만 남았다. 이 패턴은 너무나 일관되게 반복되어 왔기에 우연이라고 보기 어렵다.

강의 시장의 또 다른 문제는 생존자 편향이다. 우리가 접하는 것은 성공한 강사들의 이야기뿐이다. 같은 전략으로 실패한 수많은 투자자의 이야기는 들리지 않는다. 강의장에서 소개되는 성공 사례들은 철저하게 선별된 것이다. 수백 명의 수강생 중 몇 명의 성공담만 부각되고, 나머지 대다수의 평범하거나 실패한 사례는 언급되지 않는다. 이로 인해, 수강생들은 해당 전략의 성공 확률을 과대평가하게 되고, 자신도 성공할 수 있다는 근거 없는 확신을 갖게 된다.

이 글은 2026년을 맞이하는 독자들에게 보내는 경고다. 역사는 반복된다. 다만 그 양상이 조금씩 달라질 뿐이다. 과거의 사례를 통해 패턴을 읽고, 앞으로 다가올 함정을 미리 인식할 수 있다면 적어도 같은 실수는 반복하지 않을 수 있다. 부동산 투자에서 가장 중요한 것은 남들보다 먼저 움직이는 것이 아니라 잘못된 방향으로 움직이지 않는 것이다. 손해를 피하는 것이 이익을 얻는 것보다 먼저다.

얼어붙은 시장의 탈출구: 빌라 경매 투자의 흥망

꽁꽁 얼어붙은 2014년의 부동산 시장

2013~2014년 대한민국 부동산 시장은 겨울이었다. 박근혜 정부 출범 이후 정부가 내놓은 각종 부양책에도 불구하고 수도권 시장은 좀처럼 기지개를 켜지 않았다. 전국 주택매매가격 상승률은 1.7%에 불과했고, 수도권은 오히려 하락세를 보였다. 서울 아파트 가격은 2012년부터 2013년까지 2년 연속 하락한 후 겨우 보합 수준을 유지하고 있었다. 부동산 시장을 뜨겁게 달궜던 2000년대의 추억은 이미 아득해졌고, 많은 전문가가 부동산 불패 신화의 종말을 점쳤다.

당시 분위기를 이해하려면 그 시절의 뉴스 기사를 살펴볼 필요가 있다. "하우스푸어 100만 가구", "깡통전세 급증", "부동산 불패 신화 끝났나"와 같은 헤드라인이 연일 지면을 장식했다. 2008년 글로벌 금융위기 이후 부동산 시장은 6년째 침체를 벗어나지 못하고 있었다. "집 사면 망한다"는 말이 농담이 아니라 진지한 조언으로 통용되던 시절이었다. 부동산 투자로 부자가 되었다는 이야기는 과거의 전설처럼 들렸고, 현실에서는 집을 샀다가 손해를 본 사람들의 이야기가 더 흔했다.

거래 자체가 실종되다시피 했다. 매수자는 더 떨어질 것을 기대하며 관망했고, 매도자는 원하는 가격에 팔리지 않아 매물을 거두어들였다. 중개사무소들은 파리만 날렸고, 재개발 구역의 조합원들은 사업 지연으로 속을 태웠다. 시세차익은커녕, 원금 보전도 장담할 수 없는 분위기였다. 전세 시장마저 불안했다. 전세가율이 80~90%까지 치솟은 지역이 속출했고, 깡통전세 우려가 현실화되기 시작했다. 세입자들은 전세금을 돌려받지 못할까 봐 불안에 떨었다.

이런 상황에서 기존의 부동산 투자 방식은 더 이상 작동하지 않았다. 아파트를 사서 오르기를 기다리는 전통적인 방식은 무한정 기다림만 요구했고, 전세를 끼고 갭투자를 하기에는 전세가율이 너무 높아 실익이 없었다. 오히려 전세가가 매매가에 육박하면서 갭투자는 위험한 도박처럼 여겨졌다. 시장이 완전히 막혀버린 상황에서 부동산 투자자들은 새로운 돌파구를 찾아야 했다.

바로 이 공백을 파고든 것이 빌라 경매 투자였다. 시장의 최약체인 빌라를 역발상으로 공략한다는 콘셉트였다. 아파트가 안 움직이니 빌라도 당연히 안 움직인다. 하지만 빌라는 애초에 시세가 낮고, 경매로 나오면 그 낮은 시세의 절반 수준에 낙찰받을 수 있다. 여기에 당시 LTV 규제가 상대적으로 느슨했던 빌라의 특성을 활용하면 80%까지 대출을 받을 수 있었다. 낙찰가의 20%만 있으면 빌라 한 채를 손에 넣을 수 있었던 것이다. 적은 돈으로 부동산을 살 수 있다는 점이 가장 큰 매력이었다.

마법과도 같은 빌라 월세 소액 투자

빌라 경매 투자의 핵심은 월세 세팅이었다. 5,000만 원짜리 빌라를 2,500만 원에 낙찰받고, 2,000만 원(80%)을 대출받으면 실투자금은 500만 원 정도였다. 이 빌라에 보증금 500만 원, 월세 30만 원으로 세입자를 들이면 대출 이자를 내고도 월 10만~20만 원의 순수익이 남았다. 적은 돈으로 매달 현금흐름을 만들어낼 수 있다는 이 논리는 당시 부동산 초보자들에게 마법처럼 다가왔다. 시세차익을 기대하기 어려운 상황에서 월세 수익에 집중한다는 접근법은 나름의 합리성을 갖추고 있었다.

강의장은 활기를 띠었다. 경매의 기초부터 입찰 전략, 명도 요령, 월세 세팅 노하우까지 체계적인 커리큘럼이 갖춰졌다. 권리분석 방법, 물건 선별 기준, 현장 답사 체크리스트, 입찰가 산정 공식 등 구체적인 기술들이 전수되었다. 열성적인 수강생들은 강사를 따라 법원 경매장을 누비며 물건을 낙찰받았고, 인테리어를 하고, 세입자를 구했다. 처음으로 자신의 이름으로 된 부동산 등기부등본을 받아든 수강생들의 감격은 대단했다. 아무리 작은 빌라에서 나오는 월세라도 내 소유의 부동산에서 월 10만~20만 원의 순수익이 생긴다는 사실 자체가 성취감을 주었다.

SNS에는 성공 사례가 넘쳐났다. "500만 원으로 월 15만 원 수익 창출!", "1년 만에 빌라 5채 달성!", "월세 100만 원 현금흐름 완성!" 같은 자극적인 제목이 달린 후기들이 또 다른 수강생들을 불러모았다. 빌라 한 채로 시작해 수십 채까지 불린 강사들의 이야기는 마치 신화처럼 회자되었다. 경매 투자 관련 카페 회원 수는 폭발적으로 늘어났고, 주말마다 열리는 강의는 항상 매진이었다. 부동산 침체기에 새로운 희망을 찾은 사람들의 열기가 뜨거웠다.

강의는 점점 세분화되고 고급화되었다. 초급 과정을 마친 수강생들을 위한 중급, 고급 과정이 개설되었다. 멘토링 프로그램, 현장 실습반, 원포인트 코칭 등 다양한 형태의 유료 서비스가 등장했다. 일부 강사들은 수강생들과 공동 투자 모임을 만들기도 했다. 여러 사람이 돈을 모아 경매 물건을 낙찰받고 수익을 나누는 방식이었다. 투자 커뮤니티가 형성되면서 정보 공유가 활발해졌고, 선배 투자자가 후배를 이끄는 문화가 자리 잡았다.

당시 환경에서 이 전략은 분명 합리적이었다. 시장이 얼어붙어 시세차익을 기대하기 어려운 상황에서 현금흐름에 집중한다는 발상 자체는 나쁘지 않았다. 문제는 수강생들이 이 전략의 전제조건을 제대로 인식하지 못했다는 점이다. 이 전략이 작동하려면 몇 가지 조건이 충족되어야 했다.

첫째, 대출 환경이 유지되어야 했다. LTV 80%가 가능해야 적은 돈으로 투자할 수 있었다. 둘째, 빌라 시장이 계속 침체 상태를 유지해야 했다. 경매로 싸게 사려면 경쟁자가 적어야 했다. 셋째, 금리가 낮게 유지되어야 했다. 대출 이자가 오르면 수익 구조가 깨지기 때문이다. 넷째, 세입자 수요가 안정적이어야 했다. 공실이 나면 현금흐름은 마이너스로 전환된다.

시장이 깨어나다: 전제조건의 붕괴

2015년, 부동산 시장에 봄기운이 돌기 시작했다. 정부의 계속된 부양책과 저금리 기조가 맞물리면서 얼어붙었던 거래가 서서히 살아났다. 전국 주택매매가격 상승률은 3.5%로 뛰어올랐고, 수도권도 4.4%나 상승했다. 미분양 주택 수는 2014년 말 4만 호에서 2015년 말 3만 호로 줄어들었다. 시장의 분위기가 확연히 달라지고 있었다. "이제 바닥을 찍었다", "지금이 매수 적기"라는 분석이 힘을 얻기 시작했다.

빌라 경매 투자의 전제조건들이 하나씩 무너지기 시작했다. 시장이 살아나자, 경매 경쟁이 치열해졌다. 예전에는 감정가의 50~60%에 낙찰받을 수 있었지만, 이제는 70~80%, 인기 지역의 좋은 매물은

90~95%까지 써야 했다. 싸게 사는 메리트가 사라지고 있었다. 경매 장에 나오는 물건 수는 줄어드는데 입찰자 수는 늘어났다. 법원 경매 장은 사람들로 북적였고, 인기 물건은 수십 명이 경쟁하는 상황이 벌 어졌다. 더 큰 문제는 대출 규제였다. 정부는 가계부채 증가를 우려하 며 LTV와 DTI 규제를 강화하기 시작했다.

빌라에 대한 대출 한도도 점차 줄어들었다. 80%를 받을 수 있던 대출이 70%, 60%로 내려갔다. 은행들은 빌라 담보대출에 더욱 까다 로운 기준을 적용했다. 감정가를 보수적으로 산정하고, 추가 서류를 요구했다. 일부 은행은 아예 빌라 담보대출을 취급하지 않기로 했다. 레버리지가 줄어들면서 필요한 투자금은 늘어났고, 수익률은 떨어졌 다. 500만 원으로 시작할 수 있다던 빌라 경매 투자가 이제는 1,000만 원, 2,000만 원이 필요해졌다.

강사들은 이 변화를 가장 먼저 감지했다. 그들은 보유한 빌라를 조용히 정리하기 시작했다. 매각이 어려운 물건은 전세로 전환했다. 새로운 빌라를 사들이는 대신 아파트로 눈을 돌렸다. 강의 내용도 슬 슬 바뀌기 시작했다. "빌라 투자의 기본기를 다졌으니 이제 아파트로 스케일업 할 때"라는 논리로 수강생들을 다음 단계로 인도하기도 했 다. 하지만 대부분의 수강생은 여전히 빌라를 사들이고 있었다. 강사 의 신호를 읽지 못했거나, 읽었더라도 이미 여러 채를 보유하고 있어 쉽게 발을 뺄 수 없었다.

결국, 빌라의 유동성 문제가 서서히 드러나기 시작했다. 아파트와 달리 빌라는 팔고 싶을 때 쉽게 팔리지 않았다. 급하게 팔려면 시세보다 훨씬 낮은 가격을 감수해야 했다. 특히 위치가 안 좋거나 층수가 불리한 물건은 아예 매수자가 나타나지 않았다. 수강생들 중 일부는 "언젠가는 팔리겠지"라고 생각하며 버텼지만, 시간이 지날수록 상황은 나아지지 않았다. 보유 비용은 계속 나갔고, 공실이라도 발생하면 현금흐름은 곧바로 마이너스로 돌아섰다.

빌라 경매 투자의 흥망성쇠는 부동산 강의 시장의 전형적인 패턴을 보여준다. 시장이 침체할 때 등장한 틈새 전략은 특정 조건에서만 작동한다. 시장이 회복되고 대출 규제가 강화되면서 그 전제조건들이 무너졌고, 뒤늦게 뛰어든 수강생들은 출구를 찾지 못했다. 강사들은 이미 다음 유행으로 이동했지만, 빌라에 묶인 투자자들은 손실을 감수하며 버텨야 했다. 이 패턴은 이후에도 반복된다. 다만 상품과 이름만 바뀔 뿐이다.

규제의 틈새를 찾아서: 갭투자에서 법인 투자까지

규제의 시대가 열리다

빌라 경매 투자 열풍이 시들해질 무렵, 부동산 시장에는 2016년부터 서서히 새로운 바람이 불고 있었다. 부동산 시장이 회복하는 시기와 맞물려 2017년 5월 문재인 정부가 출범했다. 새 정부는 부동산 시장 안정화를 핵심 국정과제로 내세웠다. 그해 6월 19일 첫 번째 부동산 대책이 발표되었다. 투기지역 지정, 다주택자 양도세 강화, 청약 규제 강화 등 강력한 내용이 담겼다. 이후 2017년 8월 2일 대책, 2018년 9월 13일 대책, 2019년 12월 16일 대책 등 크고 작은 규제 정책이 쏟아졌다.

규제가 강화될 때마다 부동산 강의 시장은 들썩였다. "규제를 피해 투자하는 법"을 가르치겠다는 강의가 우후죽순 등장했다. 수강생들 입장에서는 정부가 막으면 막을수록 더 강력한 무기가 필요했다. 강사들은 수요에 맞춰 새로운 전략을 개발하고 포장했다. 규제를 피해가는 방법, 규제의 틈새를 파고드는 방법, 규제에 해당하지 않는 새로운 상품을 찾는 방법. 부동산 강의 시장은 마치 창과 방패의 싸움처럼 규제와 회피 전략이 맞서는 전장이 되었다.

이 시기 강의 시장의 주요 키워드는 "갭투자"였다. 전세를 끼고 아파트를 사는 갭투자는 사실 새로운 개념이 아니었다. 하지만 아파트 가격 상승이 본격화되면서 갭투자는 황금알을 낳는 거위로 떠올랐다. 2017년부터 2021년까지 서울 아파트 가격은 두 배 가까이 올랐다. 3억 원짜리 아파트가 6억 원이 되었고, 5억 원짜리 아파트는 10억 원이 되었다. 1억 원의 갭으로 아파트를 샀던 사람들은 몇 년 만에 수억 원의 시세차익을 거두었다.

갭투자의 황금시대와 그 이면

갭투자 강의는 폭발적인 인기를 끌었다. 강사들은 "적은 돈으로 아파트를 사는 법", "갭투자로 자산 10억 만들기" 같은 자극적인 제목으로 수강생을 모았다. 강의 내용은 전세가율이 높은 지역 찾기, 전세 세입자 구하는 법, 대출 활용법, 취득세 절감법 등으로 구성되었다. 실제 투자 사례와 수익 인증이 곁들여졌다. 수강생들은 강사가 가르친 대로 전국을 돌아다니며 갭이 작은 아파트를 찾아 계약했다.

갭투자의 문제점은 시장이 하락할 때 드러난다. 집값이 오를 때는 갭이 벌어지면서 안전마진이 생기지만, 집값이 내릴 때는 갭이 줄어들면서 역전세난이 발생한다. 전세금을 돌려줘야 하는데 돌려줄 돈이 없는 상황이 벌어지는 것이다. 강의에서는 이런 위험에 대한 경고가 충분하지 않았다. 경고를 하더라도 상승장에서는 수강생들이 심각하게 받아들이지 않았다. "집값은 장기적으로 오른다"는 전제 하에 갭투자의 장점만 부각되었고, 시장이 영원히 상승할 것처럼 낙관적인 전망이 지배했다.

당시 갭투자의 대표적인 타깃 지역은 인천, 경기 외곽, 지방 광역시의 신도시였다. 서울이나 수도권 핵심지의 아파트는 이미 너무 올라서 갭투자로 접근하기 어려웠다. 대신 아직 덜 오른 외곽 지역이나 지방 신도시가 대안으로 떠올랐다. "서울은 비싸니 GTX 개통되는 지역을 선점하자", "지방 광역시 신도시는 아직 저평가되어 있다" 같은 논리가 힘을 얻었다. 수강생들은 처음 가보는 광역시나 중소도시의 아파트를 덜컥 계약했다.

그러나 많은 갭투자 물건이 훗날 깡통전세의 씨앗이 되었다. 특히 지방이나 수도권 외곽 지역의 경우, 2022년부터 집값 하락이 심했다. 전세가는 버티는데 매매가가 떨어지면서 갭이 거의 사라지거나 역전되는 경우가 속출했다. 이 과정에서 세입자들이 전세금을 돌려받지 못하는 피해가 발생했고, 집주인들은 대출을 갚지 못해 경매로 넘어가는 상황에 처했다. 2022년 이후 사회 문제가 된 전세사기의 상당 부분은 이 시기 무리한 갭투자에서 비롯되었다.

법인 투자의 등장과 몰락

개인에 대한 규제가 강화되자 법인 투자가 새로운 대안으로 떠올랐다. 그 당시 법인은 개인과 달리 종합부동산세 부담이 상대적으로 적었고, 양도세도 차이가 있었다. 무엇보다 대출 규제에서 어느 정도 자유로웠다. 개인이 DSR 규제에 막혀 대출을 받지 못할 때 법인은 사업 목적의 대출을 받을 수 있었다. "법인으로 투자하면 규제를 피할 수 있다"는 이야기가 퍼졌다. 법인 설립부터 법인 명의 부동산 취득, 세무 처리까지 가르치는 강의가 인기를 끌었다.

법인 투자 강의는 복잡한 세법과 부동산 규제를 해석하고 우회하는 방법을 알려주었다. 1인 법인 설립 방법, 법인 자금 조달 방법, 법인 명의 취득세 계산법, 법인세와 배당소득세 처리법 등 전문적인 내용이 담겼다. 일부 강의는 세무사나 변호사와 협업하여 원스톱 서비스를 제공하기도 했다. 규제를 피할 수 있다는 기대감에 수강생들이 몰렸다.

하지만 정부는 법인 투자의 확산을 가만히 지켜보지 않았다. 2020년 7·10 대책에서 법인에 대한 규제가 대폭 강화되었다. 법인의 주택 취득 시 취득세가 12%로 인상되었고, 종합부동산세 공제가 폐지되었다. 법인이 주택을 양도할 때 추가세율 20%가 적용되었다. 법인 투자의 메리트가 대부분 사라져버린 것이다. 이미 법인을 설립하고 주택을 취득한 투자자들은 당혹스러운 상황에 빠졌다. 팔자니 세금 폭탄, 갖고 있자니 보유세 부담. 어느 쪽을 선택해도 손해였다.

공시가격 1억 원 이하의 덫

법인 투자가 막히자 새로운 틈새가 등장했다. 공시가격 1억 원 이하 주택이었다. 2020년 7·10 대책에서 취득세 중과에 대한 예외 조항이 있었다. 공시가격 1억 원 이하의 주택은 취득세 중과 대상에서 빠지는 경우가 있었다. 이 규정을 활용하면 다주택자도 취득세 부담 없이 주택을 구입할 수 있었다.

강의 시장은 빠르게 반응했다. "공시가격 1억 원 이하 투자법", "소형 저가 주택으로 현금흐름 만들기" 같은 강의가 등장했다. 타깃은 지방 소도시의 오래된 소형 아파트였다. 서울이나 수도권에서는 찾기 어려운 조건이지만 지방 소도시에서는 공시가격 1억 원 이하 물건이 수두룩했다. 수강생들은 처음 들어보는 지방 소도시로 원정 투자를 떠났다. 현지 중개사를 섭외하고, 하루에 수십 개 물건을 보며 공시가격 1억 원 이하 매물을 싹쓸이했다.

문제는 이런 물건들의 실수요였다. 지방 소도시의 저가 주택이 싼 데는 이유가 있었다. 인구가 줄고 있었고, 젊은 층은 떠나고 노인만 남아 있었다. 세입자를 구하기 어려웠고, 월세는 기대에 못 미쳤다. 팔려고 해도 살 사람이 없었다. 관리비와 수리비는 계속 나갔다. 통장에서 돈이 빠져나가기만 할 뿐 들어오는 돈은 없었다. 강의에서 배운 현금 흐름은 이론에만 존재했고, 현실은 끝없는 적자였다.

설상가상으로 정부의 감시도 강화되었다. 2021년부터 국세청은 공시가격 1억 원 이하 주택의 대량 취득자에 대한 세무조사를 강화했다. 차명 투자, 편법 증여, 자금 출처 등을 집중적으로 들여다보았다. 일부 투자자들은 세무조사에 걸려 추징금을 물어야 했다. 규제를 피하려다 더 큰 위험에 빠진 것이다. 정부는 규제의 허점을 계속 메워나갔고, 투자자들이 발견한 틈새는 오래가지 못했다.

광풍의 절정: 지식산업센터와 생활형숙박시설의 부침

2020년, 유동성의 홍수가 밀려오다

2020년 초, 코로나19 팬데믹이 전 세계를 덮쳤다. 경제가 멈춰 설 것이라는 공포 속에 각국 정부는 유례없는 규모의 돈을 풀었다. 한국도 예외가 아니었다. 한국은행은 기준금리를 계속 내렸고, 정부는 긴급재난지원금을 포함한 각종 지원책을 쏟아냈다. 시중에 풀린 돈은 어딘가로 향해야 했다. 주식 시장이 폭등했고, 부동산 시장도 달아올랐다.

문제는 주택 시장에 대한 규제가 촘촘하게 쳐져 있었다는 점이다. 다주택자는 대출도 어렵고 세금도 무거웠다. 청약 규제도 강화되어 무주택자가 아니면 좋은 단지에 당첨되기 어려웠다. 넘치는 돈을 주택 시장에 투입하고 싶어도 길이 막혀 있었다. 이런 상황에서 규제 사각지대에 있던 상품들이 주목받기 시작했다. 대표적인 것이 지식산업센터와 생활형숙박시설이었다.

지식산업센터는 과거 아파트형 공장으로 불리던 상품이다. 제조업이나 IT 기업 등이 입주하는 산업시설이다. 주택이 아니기 때문에 주택 관련 규제를 받지 않았다. 취득세, 종합부동산세, 양도세 중과 등 다주택자를 옥죄는 규제가 적용되지 않았다. 대출 규제도 상대적으로 느슨했다. 개인도 법인도 비교적 쉽게 대출을 받을 수 있었다.

지식산업센터 : 공장이라는 이름의 투자처

지식산업센터에 대한 관심은 2018년부터 조금씩 커지고 있었다. 하지만 본격적인 투자 열풍은 2020년에 시작되었다. 서울과 수도권 곳곳에 새로운 지식산업센터 분양이 쏟아졌다. 분양가는 $3.3\,m^2$당 수백만 원에서 1,000만 원을 넘기도 했다. 전용면적 $20{\sim}30\,m^2$의 소형 호실도 수억 원에 달했다. 분양 공고가 나면 청약이 폭주했고, 경쟁률이 수십 대 일을 기록하기도 했다. 원래 지식산업센터의 취지는 IT 스타트업이나 영세 소상공인을 위한 세금 감면 등의 혜택을 주기 위함으로, 실입주하는 회사들을 위한 상품이었다. 그런데 부동산 폭등, 유동성 폭발, 부동산 규제와 맞물리며 투자 상품으로 주목받게 된 것이다.

지식산업센터의 투자 논리는 이랬다. "수도권에 지식산업센터 수요가 늘고 있다. 제조업의 고도화로 도심형 공장 수요가 증가하고 있다. IT 스타트업과 1인 기업이 폭발적으로 늘고 있다. 공급은 부족하고 수요는 넘친다. 따라서 지식산업센터 임대료는 오를 수밖에 없다. 월세 수익률 6~8%를 기대할 수 있다. 시세차익까지 노릴 수 있다. 규제를 피해 투자할 수 있다. 세금 부담도 적다."

부동산 강의 시장도 빠르게 반응했다. "지식산업센터 투자의 모든 것", "규제 없는 부동산 투자", "월 6% 수익률 지산 투자" 같은 강의가 우후죽순 등장했다. 강사들은 지식산업센터의 장점을 부각하고 투자 방법을 알려주었다. 좋은 입지 고르는 법, 층수와 향 선택법, 분양가 적정성 분석법, 임대차 계약 노하우 등이 커리큘럼에 포함되었다. 주택 투자에서 막힌 사람들이 지식산업센터로 몰려들었다.

공급은 폭발적으로 늘어났다. 2010년 전국 481개에 불과하던 지식산업센터는 2022년 1,529개로 3배 이상 증가했다. 특히 2019년부터 2022년까지 승인된 지식산업센터는 315개에 달했다. 연간 100개 이상이 쏟아진 셈이다. 호실 수로 따지면 3만 호 이상이 공급되었다. 문제는 이 물량이 시장에서 소화될 수 있느냐는 것이었다. 분양가는 천정부지로 치솟았지만, 실수요가 그만큼 뒷받침되는지는 검증되지 않았다. 그야말로 묻지마 투자였다.

생활형숙박시설: 오피스텔 같은 숙박시설

생활형숙박시설은 더 복잡한 상품이었다. 법적으로는 숙박시설이다. 호텔이나 펜션처럼 숙박업 신고를 하고 운영해야 한다. 하지만 외관은 오피스텔, 조금 더 규모가 있는 곳은 아파트와 거의 같다. 방, 화장실, 간이 주방이 있고, 빨래도 할 수 있다. 주거용으로 사용하기에 전혀 불편함이 없어 보인다. 분양사들은 이 점을 적극 활용했다.

생활형숙박시설은 주택이 아니기 때문에 청약 자격 제한이 없었다. 무주택자가 아니어도, 다주택자여도 분양받을 수 있었다. 전매 제한도 없어서 분양권 거래가 자유로웠다. 분양가상한제 적용도 받지 않았다. 대출 규제도 상대적으로 느슨했다. 주택 규제에 지친 투자자들에게 매력적인 대안으로 다가왔다. 2020년부터 2022년까지 전국 곳곳에서 생활형숙박시설 분양이 쏟아졌다. 서울 마곡, 부산 해운대, 속초, 강릉, 여수 등 관광지와 신도시를 가리지 않았다. 분양가는 오피스텔과 비슷하거나 오히려 더 높은 경우도 있었다. "오피스텔보다 싸게 산다"는 논리로 팔린 곳도 있고, "호텔처럼 임대 수익을 올릴 수 있다"는 논리로 팔린 곳도 있었다. 일부 분양 현장에서는 "나중에 오피스텔로 용도변경이 가능하다"는 설명이 암암리에 퍼지기도 했다.

분양권 시장이 달아올랐다. 계약금만 내고 분양권을 확보한 투자자들은 프리미엄을 붙여 되팔았다. 인기 단지의 경우 분양가에 수천만 원의 프리미엄이 붙었다. 실입주 목적보다 분양권 거래로 단기 시세차익을 노리는 투자자가 많았다. 유튜브와 블로그에는 "생활형숙박시설로 한 달에 몇천만 원 벌었다"는 자극적인 후기가 넘쳐났다. 후발 주자들은 더 비싼 가격에 분양권을 사들였다.

경고 신호를 무시한 대가

사실 경고 신호는 처음부터 있었다. 지식산업센터의 경우 이미 2019년부터 일부 지역에서 공실 문제가 제기되었다. 신규 공급이 폭발적으로 늘면서 기존 지식산업센터의 임대료가 하락하고 공실이 늘어난다는 보도가 있었다. 하지만 시장 열기 속에 이런 목소리는 묻혀버렸다. 분양만 하면 완판이고, 분양가는 계속 올랐다.

생활형숙박시설은 더 심각한 문제가 있었다. 2021년 3월, 정부는 생활형숙박시설의 주거용 사용을 금지하는 방침을 명확히 했다. 주민등록 전입신고가 불가능하고, 주거용으로 사용하면 불법이라는 것이었다. 이 발표는 생활형숙박시설 시장에 충격을 주었다. 분양사가 암묵적으로 약속한 "나중에 주거용으로 쓸 수 있다"는 기대가 무너진 것이다. 하지만 이미 분양 계약을 마친 사람들은 발을 뺄 수 없었다.

더 큰 문제는 금융이었다. 생활형숙박시설은 주거용 부동산이 아니기 때문에 주택담보대출이 나오지 않았다. 잔금을 치르려면 기업자금대출이나 사업자 대출을 받아야 했는데, 이 대출은 주택담보대출보다 금리가 높고 조건이 까다로웠다. 많은 분양자가 잔금대출을 받지 못하는 상황에 처했다. 분양 포기, 계약 해제, 법적 분쟁이 이어졌다.

폭락의 시대:
수만 명의 눈물

금리 인상, 시장의 종말을 고하다.

2021년 8월, 한국은행이 기준금리를 0.5%에서 0.75%로 인상했다. 코로나19 이후 풀린 유동성을 거둬들이기 시작한 것이다. 이것은 시작에 불과했다. 2021년 11월 1.0%, 2022년 1월 1.25%, 4월 1.5%, 5월 1.75%, 7월 2.25%, 8월 2.5%, 10월 3.0%, 11월 3.25%. 한국은행은 쉬지 않고 금리를 올렸다. 2023년 1월 기준금리는 3.5%에 도달했다. 불과 1년 반 만에 금리가 0.5%에서 3.5%로, 7배나 뛴 것이다.

금리 인상은 부동산 시장 전체에 충격을 주었지만, 특히 지식산업센터와 생활형숙박시설에 치명적인 충격을 줬다. 이들 상품은 높은 대출 비율과 임대 수익에 기반한 투자 논리로 팔렸다. 금리가 0.5%

일 때 70~90%까지 대출을 받아 투자해도 월세 수익으로 이자를 감당할 수 있었다. 하지만 기준금리가 3.5%가 되자 상황이 완전히 달라졌다.

간단한 계산을 해보자. 분양가 3억 원, LTV 70%로 2억 1,000만 원을 대출받은 경우를 가정하자. 금리 2%일 때 월 이자는 약 35만 원이다. 월세 50만 원을 받으면 15만 원이 남는다. 하지만 금리가 5%로 오르면 월 이자는 약 87만 5,000원이 된다. 월세 50만 원으로는 이자도 감당하지 못한다. 매달 37만 5,000원씩 적자가 난다. 여기에 관리비, 수선비, 공실 위험까지 더하면 손실은 눈덩이처럼 불어난다.

실제로 2023년 기준 지식산업센터 대출 금리는 5~7%대까지 치솟았다. 월 대출이자가 100만 원을 넘기는 경우가 허다했다. 반면 월세 수입은 80만~100만 원 수준에 불과했다. 매달 적자를 메워야 하는 상황이 된 것이다. 임대료를 올리려 해도 시장 상황이 허락하지 않았다. 경기 침체로 기업들의 신규 임차 수요가 줄었고, 공실이 늘면서 오히려 임대료가 떨어지는 추세였다.

거래 절벽, 공실 폭탄

지식산업센터 시장은 급속히 냉각되었다. 거래량이 급감했다. 2021년 전국 지식산업센터 거래 건수는 8,287건, 거래금액은 3조 4,288억 원이었다. 그러나 2024년에는 거래 건수 3,395건, 거래금액

1조 4,297억 원으로 줄어들었다. 거래량이 59%, 금액이 58% 감소한 것이다. 사고 싶어도 대출이 안 나오고, 팔고 싶어도 살 사람이 없었다. 분양가 이하로 떨어진 매물, 이른바 마피(마이너스 프리미엄) 물건이 쏟아졌다. 분양받은 가격에서 수천만 원을 깎아도 팔리지 않았다. 급한 사람들은 분양가의 70~80% 수준에 급매로 내놓기도 했다. 하지만 매수자는 나타나지 않았다. 시장 참여자 모두가 "더 떨어질 것"이라고 예상했기 때문이다.

공실 문제는 더 심각했다. 2022년부터 2024년까지 지식산업센터 평균 미분양률은 37%에 달했다. 서울이 43%, 경기가 32%로 수도권 상황이 특히 나빴다. 광명역 GIDC 같은 대형 지식산업센터에서는 1,200실 이상이 공실로 남아 있다는 보도가 나왔다. 분양은 받았지만, 세입자를 구하지 못해 텅 빈 호실이 즐비했다. 복도에 불이 꺼져 있고, 엘리베이터는 한산했다.

생활형숙박시설의 비극

생활형숙박시설 분양자들의 상황은 더 참담했다. 주거용으로 사용할 수 없다는 정부 방침이 확정되면서 실거주 목적으로 분양받은 사람들은 낭패를 보았다. 전입신고가 안 되니 자녀 학교 배정도 어렵고, 주민등록상 무주택자가 되어 각종 복지 혜택에서도 배제되었다. 그렇다고 숙박업을 영위하자니 경험도 없고 엄두도 나지 않았다.

잔금대출 문제는 더 컸다. 많은 금융기관이 생활형숙박시설에 대한 대출을 꺼렸다. 주택이 아니니 주택담보대출이 안 되고, 사업자 대출을 받으려면 복잡한 조건을 맞춰야 했다. 대출을 받지 못해 잔금을 치르지 못하는 분양자가 속출했다. 계약금 수천만 원을 날리고 분양을 포기하는 경우도 많았다. 일부는 분양사를 상대로 소송을 제기했지만, 법정 다툼은 길고 지루했다. 정부는 뒤늦게 출구를 마련했다. 2023년부터 생활형숙박시설의 오피스텔 전환을 허용하는 규제 완화가 시행되었다. 용도변경 절차를 간소화하고 조건을 완화한 것이다. 하지만 용도변경에는 비용이 들었다. 건축 기준 충족을 위한 리모델링, 각종 인허가 비용, 취득세 추가 납부 등을 고려하면 수천만 원이 필요했다. 이미 투자금이 묶여 있는 상태에서 추가 비용을 부담하기 어려운 분양자가 많았다.

2027년까지 용도변경을 하지 않으면 공시가격의 10%에 해당하는 이행강제금이 부과된다. 시한이 다가오면서 분양자들의 불안은 커지고 있다. 마곡, 속초, 부산 북항, 해운대 엘시티 등 대규모 생활형숙박시설 단지에서는 집단 민원과 시위가 이어지고 있다. 하지만 정부도, 분양사도, 뚜렷한 해결책을 내놓지 못하고 있다.

수만 명의 피해자들

지난 10년간 유행하는 투자 상품과 강의는 계속 바뀌어왔다. 한때 유효했던 전략도 몇 해가 지나거나 정부 규제, 금리 변동 같은 외부 변수에 부딪히면 순식간에 수익을 내기 어려운 구조로 바뀐다. 밖에서 보면 "왜 저런 곳에 투자하지?"라는 의문이 들지만, 같은 무리 안에 있을 때는 상황을 냉정하게 바라보기 어렵다. 월세로 세팅한 구축 빌라가 금리 상승에 적자로 돌아설 수 있다는 점, 정작 팔아야 할 때 쉽게 팔리지 않는다는 점을 간과했다. 법인 투자가 규제 한 방에 막힐 수 있다는 것, 공시가격 1억 원 이하 주택이 나중에 1억 원을 넘기면 취득세 중과로 매수자가 사라진다는 것을 미처 생각하지 못했다.

지식산업센터와 생활형숙박시설도 마찬가지다. 피해자는 수만 명에 달하는 것으로 추산된다. 20대 사회 초년생부터 80대 은퇴자까지, 직장인부터 자영업자까지 다양하다. 공통점은 "안전한 투자"라고 믿었다는 것이다. 주택 규제를 피할 수 있고 임대 수익도 안정적이라는 말을 듣고 계약했다. 피해 정도는 계약금만 날린 경우부터 전 재산을 잃은 경우까지 천차만별이다. 강의장에서는 성공 사례만 조명되지만, 현실에는 훨씬 많은 실패 사례가 있다.

2026년의 함정:
올해는 무엇을 조심해야 하는가

다시 찾아온 상승장

2026년, 부동산 시장은 다시 상승 국면에 접어들고 있다. 주요 부동산 연구기관과 전문가들은 서울 아파트 가격이 4% 이상 오를 것으로 예측했다. 주택산업연구원은 2026년 서울 아파트 가격 상승률을 4.2%, 수도권을 2.5%로 전망했다. 일부 전문가는 더 높은 상승률을 점치기도 한다. 상승의 주된 이유는 공급 부족이다. 2026년 전국 아파트 입주물량은 약 21만 가구로 2014년 이후 최저 수준이다. 서울은 더욱 심각하다. 2025년 4만 2,000가구였던 입주물량이 2026년에는 2만 9,000가구로 31.6%나 줄어든다. 지난 4년간 누적된 60만 호 수준의 착공 물량 부족이 본격적으로 영향을 미치기 시작한 것이다. 수요는 있는데 공급이 부족하니 가격은 오를 수밖에 없다.

전세시장은 더 불안하다. 주택산업연구원은 2026년 서울 전셋값이 4.7%, 수도권이 3.8% 상승할 것으로 예측했다. 매매가 상승률을 웃도는 수준이다. 입주물량 감소와 전세의 월세 전환이 겹치면서 전세 물량이 크게 줄어들기 때문이다. 이미 전월세난이 현실화되고 있다. 전세난이 심해지면 매매 수요를 자극하여 집값 상승을 부추길 수 있다. 이런 분위기에서 부동산 강의 시장도 다시 활기를 띠고 있다. 하락장 때 떠났던 수강생들이 돌아오고, 새로운 초보자들이 유입되고 있다. "집값이 오른다"는 전망이 지배적일 때 "어떻게 하면 이 상승장에 올라탈 수 있는가"를 알려주겠다는 강의들이 줄을 잇고 있다. 하지만 역사의 교훈을 기억해야 한다. 유행은 반복되고, 유행의 끝에는 항상 피해자가 있다.

2026년 주의해야 할 강의 유형

첫째, 재개발 빌라 투자 강의를 주의하라. 2026년에는 재개발·재건축 시장이 활성화될 전망이다. 그동안 규제로 꽁꽁 묶였던 수도권 정비사업이 속도를 내기 시작했고, 공급 부족까지 겹치면서 "재개발 구역 빌라를 사두면 대박"이라는 논리가 힘을 얻고 있다. 하지만 재개발 투자는 고도의 전문성이 필요한 영역이다. 사업 진행 단계, 조합 현황,

분담금 추정, 예상 분양가 등 복잡한 변수를 종합적으로 분석해야 한다. 문제는 일부 강의에서 이런 복잡성을 무시하고 단순화된 논리를 펼친다는 점이다. "이 구역은 곧 사업시행인가가 난다", "분담금이 얼마 안 나올 것이다" 같은 장밋빛 전망만 제시하고, 사업 지연 리스크나 분담금 폭탄 가능성은 축소한다. 재개발 사업은 10년, 20년이 걸리는 경우도 흔하다. 그 사이 시장 상황이 바뀌고, 정책이 바뀌고, 조합원 간 분쟁이 벌어지기도 한다. 더 위험한 것은 강사가 직접 빌라를 팔려는 목적으로 강의를 진행하는 경우다. 객관적인 분석 대신 자신이 매도하려는 물건을 포장하게 된다.

둘째, "규제를 피하는 법"을 가르치는 강의를 경계하라. 2026년에도 다주택자에 대한 규제는 계속되고 있다. 양도세 중과 유예는 2025년 5월 9일 종료되었고, 대출 규제도 강화 기조가 유지되고 있다. 이런 상황에서 "규제를 피해 투자하는 방법"을 알려주겠다는 강의가 등장하고 있다. 명의 분산, 특수 상품 활용 등 온갖 방법이 제시될 것이다. 지난 10년간 흥망했던 투자법을 복기하며 신중하게 접근할 필요가 있다.

역사가 보여주듯 규제의 틈새는 언제든 막힐 수 있다. 법인 투자가 유행하자 법인에 대한 규제가 강화되었고, 공시가격 1억 원 이하 주택이 인기를 끌자, 감시가 강화되었다. 지식산업센터나 생활형숙박시설도 마찬가지다. 규제를 피한다는 것은 결국 규제가 쫓아오기 전에 발을 빼야 한다는 의미인데, 수강생이 강사보다 먼저 빠져나올 가능성은 거의 없다. 틈새 투자로 성공한 사람은 강사이고, 틈새가 막힌 후

갇히는 사람은 수강생이다.

셋째, "현금흐름 창출"을 강조하는 강의를 냉정하게 판단하라. 금리가 여전히 높고 경제 불확실성이 큰 상황에서, 현금흐름에 대한 관심이 다시 높아지고 있다. 오피스텔 월세, 상가 임대, 소형 주택 월세 세팅 등 다양한 현금흐름 창출 전략이 강의로 포장되고 있다. 현금흐름 자체는 건전한 투자 개념이지만, 문제는 실현 가능성이다.

강의에서 제시하는 수익률은 종종 비현실적이다. 공실 위험, 관리 비용, 세금, 대출 이자 변동 등을 충분히 반영하지 않는다. "월 100만 원 현금흐름 만들기"라는 목표는 매력적으로 들리지만, 실제로 달성하기 위해 필요한 투자금, 감당해야 할 리스크, 투입해야 할 시간과 노력은 잘 언급되지 않는다. 화려한 숫자에 현혹되기 전에 수익률 계산에 빠진 항목은 없는지, 최악의 상황에서도 버틸 수 있는지 따져보아야 한다.

넷째, 유튜브와 SNS에서 접하는 정보를 맹신하지 마라. 부동산 유튜브 시장은 수백만 구독자를 거느린 대형 채널부터 신생 채널까지 다양하게 분화되어 있다. 알고리즘은 자극적인 콘텐츠를 밀어주고, 조회수 경쟁은 더욱 과장된 주장을 낳는다. "지금 당장 이 지역을 사야 한다", "이 방법을 모르면 바보" 같은 자극적인 제목이 클릭을 유도한다.

유튜버들 중에는 양질의 정보를 제공하는 이도 있지만, 특정 지역이나 상품을 홍보할 목적으로 콘텐츠를 만드는 이도 있다. 자신이 보유한 물건을 팔기 위해 해당 지역을 추천하거나, 분양 대행 수수료를 받고 특정 단지를 띄우는 식이다. 시청자 입장에서는 순수한 정보인지 광고인지 구분하기 어렵다. 실제로 지난 몇 년간 유명 부동산 유튜버와 강사가, 투자 사기나 불완전 판매에 연루된 사례가 여럿 있었고, 수강생들에게 특정 물건을 추천한 뒤 정작 본인은 빠져나간 경우도 비일비재했다. 명심하자. 구독자 수나 인지도가 신뢰의 척도가 될 수 없다.

부동산 유튜브의 비즈니스 모델을 이해하면 이런 현상의 배경을 알 수 있다. 순수하게 광고 수입만으로 운영되는 채널은 많지 않다. 대부분 강의 판매, 컨설팅, 부동산 중개, 분양 대행 등 부가 사업을 통해 수익을 얻는다. 채널은 고객을 모으는 창구이고, 실제 수익은 그 뒤에서 나온다. 이 구조에서는 객관적인 정보보다 본인에게 유리한 방향으로 콘텐츠를 만들 요인이 생긴다. 그러니, 모든 콘텐츠를 비판적으로 바라보는 습관이 필요하다.

다섯째, 홈쇼핑식으로 판매되는 고액 강의를 경계하라. 최근 부동산 강의 시장에서 우려스러운 현상이 나타나고 있다. 수백만 원짜리 강의를 마치 홈쇼핑 상품처럼 파는 것이다. "오늘 자정까지만 이 가격", "선착순 50명 한정", "지금 결제하면 100만 원 할인" 같은 문구로 긴급성을 조성하고 충동 결제를 유도한다. 카운트다운 타이머가 돌아가는 결제 페이지 앞에서 냉정한 판단을 내리기란 쉽지 않다.

문제는 이렇게 급하게 결제한 강의가 기대에 훨씬 못 미치는 경우가 많다는 점이다. 막상 들어보면 유튜브나 블로그에서 무료로 얻을 수 있는 정보의 재탕이거나, 특정 물건이나 서비스를 판매하기 위한 영업 수단인 경우도 있다. 환불을 요청하면 이미 수강이 시작되었다는 이유로 거절당하기 일쑤다. 부정적인 수강 후기는 삭제되거나 법적 대응을 암시하는 경고를 받기도 한다. 급하게 결제를 종용할수록 의심해야 한다. 최소 며칠간 고민하고, 해당 강사와 강의에 대한 외부 평판을 충분히 검색한 뒤 결정해도 늦지 않다.

강의와 유튜브를 현명하게 활용하는 법

그렇다면 부동산 강의와 유튜브를 완전히 피해야 할까? 그렇지 않다. 유용한 정보를 얻을 수 있는 채널도 분명히 있다. 중요한 것은 비판적 사고를 유지하는 것이다. 다음의 원칙을 기억하자.

첫째, 유명하다고 무조건 믿지 마라. 구독자나 팔로워가 많다고 정답을 이야기하는 것은 아니다. 오히려 채널이 커지고 영향력이 커질수록 돈 되는 정보보다는 일반적인 이야기를 할 가능성이 높아진다. 영향력이 커지면 시장에 왜곡된 영향을 미칠 수 있고, 얻는 것보다 잃을 것이 많아 콘텐츠를 신중하게 만들 수밖에 없다. 구독자 수보다는 콘텐츠의 논리와 근거를 살펴보아야 한다.

둘째, 마케팅 채널의 이야기를 있는 그대로 믿지 마라. 개인 홈페이지나 강의 사이트에 있는 수강 후기는 보지 않는 것이 좋다. 유리한 후기는 더 노출시키고 불리한 후기는 숨길 수 있기 때문이다. 주식 강의에서 계좌를 포토샵으로 조작하듯이 수강 후기와 투자 성과도 얼마든지 만들어내고 숨길 수 있다. 강의 소개 페이지의 화려한 문구보다는 외부의 객관적인 평가를 찾아보아야 한다.

셋째, 반드시 평판을 검색하라. 수십만 원, 수백만 원의 강의를 결제하려면 강의 소개 페이지와 유튜브 영상 몇 개만 보고 판단해서는 안 된다. 각종 부동산 카페와 커뮤니티, 네이버와 구글을 통해 해당 강사에 대한 정보를 검색해보아야 한다. 과거에 어떤 활동을 했고, 어떤 발언을 했으며, 어떤 투자를 했는지 살펴볼 필요가 있다. 논란거리가 있다면 내가 들으려는 강의, 내가 배우고자 하는 투자법과 어떤 상관관계가 있을지 생각해 볼 필요가 있다.

넷째, 비즈니스 구조를 파악하라. 강사의 주 수입원이 무엇인지 알아야 한다. 강의 자체가 주 수입원인지, 아니면 강의를 통해 다른 무언가를 팔려는 것인지를 구분해야 한다. 예를 들어 재개발 구역의 투자유망 지역을 알려주는 콘텐츠를 채널에 올리는 부동산 전문가가 무료 또는 저가의 강의를 한다면, 빌라를 팔려는 목적이 있을 수 있다. 그 전문가가 빌라를 파는 것이 주 수입원이라면 빌라를 팔기 위해 최선을 다할 것이다.

다섯째, 항상 반대 의견을 찾아보라. 어떤 강사가 특정 지역이나 전략을 강력히 추천한다면, 그 반대 의견도 반드시 찾아보아야 한다. 모든 투자에는 장단점이 있고, 한쪽 면만 보여주는 정보는 불완전하다. 강사가 말하지 않는 위험은 무엇인지, 이 전략이 실패한 사례는 없는지 스스로 조사해 볼 필요가 있다. 장점만 나열된 정보는 광고일 가능성이 높다.

현명한 투자자가 되기 위한 체크리스트

지난 10년간 부동산 강의 시장의 역사를 훑어보았다. 빌라 경매에서 갭투자로, 법인 투자에서 지식산업센터와 생활형숙박시설로. 유행은 돌고 돌았고, 그 끝에는 항상 피해자가 있었다. 강사들은 대부분 무사했다. 그들은 정보의 최전선에서 먼저 빠져나왔기 때문이다. 피해는 뒤늦게 따라온 수강생들의 몫이었다.

2026년, 공급 부족과 전세난이 겹치면서 시장은 다시 뜨거워지고 있다. 강의 시장도 활기를 띠고 있다. 새로운 유행이 등장하고, 새로운 성공담이 퍼지고, 새로운 수강생들이 몰려들고 있다. 유튜브와 SNS에서는 또 다른 자극적인 콘텐츠가 쏟아지고 있다. 역사는 반복된다. 하지만 같은 역사를 반복할 필요는 없다. 과거의 교훈을 기억하고, 비판적 사고를 유지한다면 함정을 피할 수 있다.

마지막으로, 현명한 투자자가 되기 위한 체크리스트를 정리한다. 이 체크리스트를 투자 결정 전에 반드시 점검하기 바란다. 한 항목이라도 명확한 답을 내리지 못한다면 투자를 보류하고 더 공부해야 한다.

① 이 투자 전략의 전제조건은 무엇인가? 어떤 조건이 유지되어야 이 전략이 작동하는가? 그 조건이 바뀔 가능성은 없는가?

금리, 대출 규제, 세금 정책, 시장 수급 등 전략이 의존하는 외부 변수를 파악하고, 그 변수가 바뀌면 어떻게 되는지 시뮬레이션해 보아야 한다.

② 이 전략이 유행한 지 얼마나 되었는가?

강의장에서 한창 회자되고 있다면 이미 최적의 타이밍은 지났을 가능성이 높다. 선발주자는 이미 수익을 거두었고, 후발주자는 그들의 출구 전략에 활용될 수 있다. 유행의 초입인지 막바지인지 냉정하게 판단해야 한다.

③ 강사는 현재 이 전략으로 투자하고 있는가? 아니면 이미 다른 방향으로 움직이고 있는가?

강사가 가르치는 전략과 실제로 실행하는 전략이 일치하는지 확인해야 한다. 강사가 보유한 자산의 포트폴리오 변화를 살펴보면 힌트를 얻을 수 있다.

④ 강사의 수입원은 무엇인가? 강의료인가, 아니면 강의를 통해 무

강의가 다른 비즈니스의 마케팅 수단이라면 강의 내용의 객관성을 의심해야 한다. 무료 또는 저가 강의는 특히 그 뒤에 숨은 수익 모델을 파악해야 한다.

⑤ 최악의 시나리오는 무엇인가? 금리가 오르고, 공실이 나고, 시장이 얼어붙으면 어떻게 되는가? 그 상황을 버틸 수 있는가?

투자는 최선의 시나리오가 아니라 최악의 시나리오를 기준으로 판단해야 한다. 버틸 수 없는 상황이 발생할 가능성이 있다면 투자 규모를 줄이거나 포기해야 한다.

⑥ 이 정보의 출처는 어디인가? 독립적이고 객관적인 출처인가, 아니면 특정 이해관계와 연결된 출처인가?

분양사, 중개업체, 강사 등 판매자 측 정보만으로 판단하면 안 된다. 제 3자의 객관적인 분석, 반대 의견, 실패 사례 등을 종합적으로 검토해야 한다.

⑦ 나는 이 투자에 대해 충분히 이해하고 있는가? 누군가의 말을 그대로 따라 하는 것이 아니라, 스스로 분석하고 판단할 수 있는가?

투자 결정의 최종 책임은 본인에게 있다. 강사나 유튜버가 잘못된 정보를 주었다고 해서 손실을 보상받을 수 없다. 모르는 것에 투자하지 말고, 투자하려면 먼저 알아야 한다.

부동산 투자에서 가장 중요한 것은 남들보다 먼저 움직이는 것이 아니다. 잘못된 방향으로 움직이지 않는 것이다. 지난 10년간 수많은 투자자가 유행을 좇다가 손실을 입었다. 빌라 경매, 갭투자, 법인 투자, 지식산업센터, 생활형숙박시설. 이름만 바뀌었을 뿐 패턴은 같았다. 강사는 먼저 빠져나가고, 수강생은 출구 없는 미로에 갇혔다.

2026년에도 새로운 유행이 등장할 것이다. 자극적인 제목의 유튜브 및 인스타그램 영상이 쏟아지고, 화려한 성공담이 점차 쌓이며 퍼져나갈 것이다. 하지만 기억하자. 강의장에서 들리는 성공 사례는 철저히 선별된 것이다. 실패한 수백 명의 이야기는 어디에도 소개되지 않는다.

유행을 좇지 말고 강사의 말에 휘둘리지 마라. 누군가 "지금이 기회"라고 외칠 때, 그 기회가 누구를 위한 것인지 생각하라. 스스로 분석하고, 스스로 판단하고, 스스로 책임지는 투자자가 되어야 한다. 손실을 피하는 것이 이익을 얻는 것보다 먼저다. 시장에서 퇴장당하지 않고 살아남는 것이 대박을 터뜨리는 것보다 중요하다. 오래 살아남아야 기회도 잡을 수 있다.

내집마련 트렌드 2026

ⓒ 최윤성, 박지민, 류종희, 정은숙, 최진곤, 전영진, 심형석, 김종후

초판 1쇄 인쇄 2026년 3월 20일

지은이 최윤성, 박지민, 류종희, 정은숙, 최진곤, 전영진, 심형석, 김종후
기　획 조영훈
편　집 조영훈
디자인 김지혜
마케팅 정호윤, 김민지, 송유경, 김은주, 최서환
펴낸곳 모티브
이메일 motive@billionairecorp.com

ISBN 979-11-24370-06-3 (03320)